林謙三『隋唐燕楽調研究』とその周辺

長谷部剛
山寺三知
共編訳

関西大学出版部

林謙三（右）と郭沫若（左）（1936年）

目次

1 出版説明

一

本書は、林謙三著、郭沫若訳『隋唐燕樂調研究』（以下、『隋唐燕楽調研究』と表記）の復元された日本語版原著を中心に、同書の関連資料を付録として収録したものである。燕楽とは、燕饗（宴饗）音楽の意味で、俗楽の一種であり、燕楽調とは、その楽調の意味である。燕楽調は、インドに起源し、中国南北朝時代の末期頃から亀茲《きゅうじ》（キジル）を通じて伝来し、隋を経て唐代に完成し、日本にも伝来して日本雅楽の形成に決定的な影響を与えた。『隋唐燕楽調研究』は、燕楽調の起源・名称・性質等について、インド音楽、日本の雅楽や正倉院楽器をはじめ、古今東西の文献や楽曲・楽器等の分析を通じて、はじめて実証的に解明した、東洋音楽研究史における名著である。

まず、私たちがなぜ『隋唐燕楽調研究』の復元を志したのか、その経緯について説明したい。

はなしは二〇〇二年まで遡る。長谷部剛は、釜谷武志・神戸大学教授を研究代表者とする日本学術振興会・科学研究費補助金・基盤研究（B）「六朝の楽府と楽府詩」の研究分担者として『宋書』楽志の訳注作業に参与した。この研究は、二〇〇六年の佐藤大志・広島大学教授を研究代表者とする科学研究費補助金・基盤研究（B）「南北朝楽府の多角的研究」へと発展し「六朝楽府の会」が組織され、山寺三知が長谷部とともにそれに加わり『隋書』音楽志の訳注作業を行った。この研究会は四年続き、最終的な成果として二〇一六年二月に和泉書院より『『隋書』音楽志訳注』を公刊した。

この『隋書』音楽志訳注作業の際、『隋唐燕楽調研究』は最も重要な研究資料であった。『隋唐燕楽調研究』は、日本の東洋音楽学者、林謙三（一八九九～一九七六）の処女作的著作であるが、中国語版があるのみで日本語版は存在しない。林謙三の日本語原稿も一九四五年の空襲で焼失したものと思われる。

一九二一年、郁達夫らとともに文学結社「創造社」を結成、詩集『女神』を発表して二十世紀中国新文学の中心的人物であった郭沫若（一八九二〜一九七八）は、その一方で社会革命運動に傾斜し二七年には北伐革命軍に参加、さらにまた四・一二クーデタの前夜、蔣介石を批判、地下に潜行し、南昌蜂起に参加するも失敗し、蔣介石からの迫害を恐れて二八年の始めに日本に亡命する。日本亡命中の郭沫若は、甲骨文字の研究資料を求めて訪れた東京、東洋文庫にて、これもまた中国古代音楽資料を求めて同所に通っていた林謙三と出会い、交友を結ぶ。その縁で林の研究を郭が中国語訳し一九三六年に上海の商務印書館より出版したのが『隋唐燕楽調研究』なのである。この時期の林と郭との交友および『隋唐燕楽調研究』出版の経緯については、本書収録の「郭沫若さんと私の『隋唐燕楽調研究』」に詳しい。

『隋唐燕楽調研究』の「燕楽」とはなにか。『音楽事典』第一巻（一九五九年、平凡社）において、「燕楽（宴楽）」の項目を林謙三自身が執筆している。

えんがく　燕楽（宴楽）　中国音楽の楽種。語義は宴享用の音楽であるが、年代的にいろいろそのもちい方の変遷があり、厳密な意味では宋の教坊楽を指し、清代以来は唐宋の同一系の俗楽ほどの意味に用いられている。別に讌楽と書く場合は唐代の一曲名を指している。燕楽の名称は古くは周時代にあり、周礼春官に見え始めるが、その意味するところは宴享用の一種の楽であったことを知るだけである。朝廷の公式宴享に音楽舞踊の効果のあることが認められて、周漢以来なんらかの名目による宴享楽が存在していた。それが隋代になると胡楽を中心とする開皇の七部伎、大業の九部伎の制定となり、これが最も代表的な公式享楽《マヽ》となった。九部伎は清楽・西涼・亀茲・天竺・康国・疏勒・安国・高麗・礼畢の九部の伎で、それぞれ一定の楽器・衣服をもって音楽舞踊を順序正しく奏したものであるが、これを燕楽とは呼んでいない。〈通典〉によると隋代に燕楽五調歌詞があったとのことであるが、これはいわゆる燕楽とはかかわりのないものである。唐の初めは隋の九部伎をそのまま用いたが、高昌を平定して、その楽伎を得たのち、これを九部伎に加え、さらに礼畢を除き讌楽を加えて十部伎を制し、六四二（貞観一六）十一、百官を饗した時初めて奏したという。ここにいう讌楽とは隋制の九部伎とは別に、初唐代に新作した数種の新宴享楽の一つであって、貞観年代景雲が現われ、黄河の水が澄んだのを瑞兆として、時の協律郎であった張文収が新作した舞曲である。新作の宴享楽は雅楽に準ずる取扱を受け、玄宗の代には立部伎（堂下立奏）坐部伎（堂上坐奏）の二部伎となったが、讌楽は坐部伎六曲の中に収められているものと同一曲と認められる。

上記の讌楽をほかにして、唐代燕楽の名称があったかどうかについては否定説が有力である。唐代盛行の俗楽は新旧の胡俗楽の融合したもので、玄宗時代には雅楽以外のものをほとんど包括するほどの内容を有しており、その使用する楽調はいわゆる俗楽調であったが、当時これらを燕楽と総称した根拠はほとんどない。ただ唐代撰で日本にも伝えられた〈律書楽図〉に、俗楽を宴楽と呼んでいる佚文があるが、俗楽はある意味で宴享楽にも用いられる事実から、宴楽と呼ぶものもあったのかもしれない。これを除くと〈唐書〉が讌楽と書いたり、〈宋史楽志〉が宋の教坊楽の原流を隋唐の九部伎・十部伎などに求め、これを燕楽と見立てているのは、みな宋代になって俗楽を燕楽（宴楽）と通称するようになったところから生じた後人の改ざんと見なければならない。宋の俗楽は唐の俗楽系統を受け、初め教坊楽と呼び、北宋末以来燕楽の新称が起った。唐宋の俗楽は内容的には多大の相違があるとはいえ、使用する楽調のシステムは全く同系であるところから、清朝の凌廷堪の〈燕楽攷原〉以来、唐の俗楽をも燕楽と呼ぶならわしが生じた。なお元代では宴楽とした。
〔参考文献〕岸辺成雄：燕楽名義考（東洋音楽研究一、二）

右のように定義する約三十年前に、林謙三は、この広義の唐代俗楽、「燕楽」研究に全精力を注ぎ、郭沫若まで動かして世に出たのが『隋唐燕楽調研究』なのである。同書は、中国では郭沫若訳の中国語版があるために、隋唐音楽研究、および音楽に関連する文学の領域では必読の書と見なされていると言っても過言ではないが、日本での認識は中国ほど高くはない。日本の中国文学研究の領域でも同書を積極的に活用しているのは、管見の限りでいえば村上哲見『宋詞研究―唐五代北宋篇―』（一九七六年、創文社）などごく少数である。

長谷部・山寺を含め「六朝楽府の会」メンバーは必要に応じて同書を日本語訳しつつ『隋書』音楽志の訳注稿を作成したが、もとは日本語で書かれた著作であるにもかかわらず日本語版のないことを恨み無しとはしなかった。専門性が極めて高く、しかもこの研究領域では先駆的で独創的な研究であるために、内容・文辞の両面で難解な郭沫若の中国語訳でどれほど原著者である林謙三の意図が尽くされているか、不明であったからである。

折しも林謙三のご遺族である長屋紀氏（元、関西大学職員）のご厚意により、林謙三旧蔵書・旧稿を調査する機会に恵まれ、二〇一〇年十二月以降、複数回にわたり、長谷部・山寺・佐藤と狩野雄（相模女子大学教授）が奈良の林謙三旧邸を訪問した。林謙三旧邸調査の結果、大部の未発表原稿を発見し、そのなかには「唐楽調の淵源」と題する原稿があった。表紙に「『東亜楽器考』附録　冨山房」とあり、「唐楽調の淵源」は、一九四二年冨山房より出版を計画するものの実現せぬまま終戦を迎え出版計画は途絶した『東亜楽器考』の附録として収められるはずであった論文であることがわかった。『東亜楽器考』は後年『東アジア楽器考』（一九七三年、カワイ出版）として出版されたが、一九七三年版には「唐楽調の淵源」は収められていない。同論文の内容を閲するに『隋唐燕楽調研究』と重なるところが多く、このことから中国語版『隋唐燕楽調研究』の出版後、林謙三みずから同書の日本語版を執筆していたことがわかる。前述したように同書は先駆的な研究であり、発表後の補訂や修正が必要な箇所もあったはずである。「唐楽調の淵源」はそれがなされていることになり、『隋唐燕楽調研究』とペアで公開され研究者に活用されるべきものと私たちは判断している。ただし、分量的に『隋唐燕楽調研究』の全部に対応しているわけではなく、カバーできない部分は中国語版を日本語訳し、それと「唐楽調の淵源」の解読・翻刻作業によって『隋唐燕楽調研究』の全貌を新しくよみがえらせようと考えたのである。

二

林謙三（本名、長屋謙三）は明治三十二（一八九九）年大阪市に生まれ、東京美術学校（現、東京藝術大学）彫刻科に進む。彫刻家として大正十三（一九二四）年以降、ほぼ毎年連続して帝展に入選し、その前年からはホルンの演奏・作曲も始める。昭和二（一九二七）年、東洋古典音楽に関心を抱き、翌年その資料を求め通い始めた東洋文庫で郭沫若と知己となる。『隋唐燕楽調研究』完成後は、敦煌琵琶譜と天平琵琶譜（正倉院宝物）の解読に着手、さらに研究対象を東洋古楽器全般へと拡大。昭和十七年、『東亜楽器考』として冨山房より出版を計画するものの、実現せぬまま終戦を迎え出版計画は途絶する。昭和二十二年、初めて正倉院宝庫に入り翌年には宮内庁図書頭より正倉院楽器調査の委託を受ける。その業績「東洋古代音楽の研究と正倉院古楽器の復元」をもって昭和二十四年度朝日賞を受賞。昭和二十六年、奈良学芸大学（現、奈良教育大学）教授に就任。昭和二十八年には催馬楽の研究にも着手。昭和三十年十二月訪日中の郭沫若と、日中戦争勃発のために電撃的に中国に帰国して以来十八年ぶりの再会を果たす。昭和四十年、奈良学芸大学を定年退官し、布施女子短期大学（現、東大阪大学短期大学部）教授となってからも、正倉院楽器の研究・復元を継続的に行い、さらには伎楽面まで研究範囲を拡大させた。昭和五十一（一九七六）年、七十七歳で没した。

　敦煌琵琶譜や天平琵琶譜などの古楽譜解読の成果は著書『雅楽―古楽譜の解読』（一九六九年、音楽之友社）に、長年にわたる正倉院楽器研究の成果は、『正倉院楽器の研究』（一九六四年、風間書院）に結実したが、林謙三の研究は広範囲かつ膨大な量に及び、もちろんこれに尽くされるものではなく、またその研究の核心的部分について言えば、むしろ中国で広く知られるところとなっている。郭沫若の著作を多く日本語に翻訳した須田禎一氏は、郭沫若『則天武后　筑―始皇帝と高漸離―』（一九六三年、平凡社東洋文庫）の「解説」「筑を奏でるテロリスト―高漸離の敵たちと同志たち―」五「筑という楽器」において、まず郭沫若自身のこの史劇についての解説文「私はかつて日本に住んでいたとき、友人の林謙三君の家で、一種の古楽器を見かけた。（…中略…）今にして考えれば、この楽器こそ往昔の筑だったと思う」を引用したあと、

> 林謙三（長屋謙三）氏は日本よりも中国で有名な学者で、その著『隋唐燕《（ママ）》楽調』は郭さんによって中国語に訳されている。林氏の東京の邸は戦災に遭ったので、問題の古筑もすでに灰になってしまったろう。ぼくはいちど林氏の教示を乞いたいと思っているが、いまだにその機を得ない。

と述べる。この「林謙三（長屋謙三）氏は日本よりも中国で有名な学者」という記述は、まさしく私たちの認識そ

のものである。具体的に言えば、『隋唐燕楽調研究』を嚆矢として一九五七年には張虔の訳によって『明楽八調研究』が上海音楽出版社から刊行、同年には潘懐素の訳によって『敦煌琵琶譜的解読研究』が上海音楽出版社から刊行され、さらに昭和三十六（一九六一）年、欧陽予倩からの申し出を受けた林謙三は、日本での刊行が途絶していた『東亜楽器考』の原稿を手渡し、それが同名の中国語版として一九六二年北京、音楽出版社より出版される（『東亜楽器考』の中国語訳を担当したのは銭稲孫であるが一九六二年版には訳者の名前は記されていない。『東亜楽器考』は一九九六年、人民音楽出版社より再版されており、そこには「銭稲孫訳」と記されている）。一九八六年には、『隋唐燕楽調研究』が、ハルピン師範大学古籍整理研究室によって凌廷堪（一七五七～一八〇九）『燕楽考原』、邱瓊蓀（一八九七～一九六四）『燕楽探微』の二書とともに『燕楽三書』として校訂のうえ刊行された（黒竜江人民出版社）。

一方、日本では『東亜楽器考』の日本語版が出版されたのは中国に遅れること十一年後の一九七三年であった（カワイ楽譜）。また、林謙三が一九五〇年代に傾注した催馬楽の研究は『催馬楽の音楽的研究』の題でまとめられているにもかかわらず、未刊行のままである。

そして、今回、本書『林謙三『隋唐燕楽調研究』とその周辺』を刊行するのも、中国語版しか存在しない『隋唐燕楽調研究』を、日本語原著の姿に能うかぎり復元することによって、林謙三の最初期の研究成果を中国に遅れること八十年にして日本に紹介し、それによって林の東洋音楽研究について、再評価・再構築を進めようとするためである。そして、その際には、『隋唐燕楽調研究』に関連する一連の文章を収集して「唐楽調の淵源」とともに「資料篇」に収めた。

なお、『隋唐燕楽調研究』誕生とその後をめぐっては、山寺三知「林謙三と郭沫若─『隋唐燕楽調研究』誕生秘話」（『國學院雜誌』第一一七巻第十一号、二〇一六年十一月）に詳しく紹介されているので、そちらも参照されたい。

三

私たちは『隋唐燕楽調研究』日本語版出版を志し、まず林謙三の著作権継承者である長屋糺氏のご了解を得た。次に、日本郭沫若研究会を主宰される岩佐昌暲・九州大学名誉教授のご仲介により、郭沫若の著作権継承者である郭平英・郭沫若記念館前館長のご了解を得ることができた。『隋唐燕楽調研究』日本語版出版をお許しいただいた長屋糺氏・郭平英氏にはここに衷心より感謝申し上げる。

そして、今回、陳応時・上海音楽学院教授に、『隋唐燕楽調研究』の解説として『「隋唐燕楽調研究」の新見解を論ず（中国語原題「論『隋唐燕楽調研究』的新見」）』をご執筆いただいた。陳応時教授には同文ご執筆にとどまらず、ここ数年にわたって一貫してご指導を賜った。陳教授にここに改めてお礼申し上げる。

本書の編訳の役割分担については、『隋唐燕楽調研究』の翻訳を山寺三知が、「論『隋唐燕楽調研究』的新見」の翻訳を長谷部剛が、それぞれ担当し、それを両者で検討するというかたちをとった。翻訳にあたっては、遠藤徹・東京学芸大学教授、山寺美紀子・関西大学東西学術研究所非常勤研究員より貴重なご教示を賜った。記して感謝申し上げる。

また、本書の関西大学出版部からの出版にあたっては、柏木治・関西大学文学部教授（前文学部長）、藤田髙夫・同教授（文学部長）より推薦文を賜った。ここに多大なる感謝の意を記したい。そして、関西大学出版部には本書刊行の機会をいただき、特に保呂篤志氏には大変お世話になった。記して謝意を表する次第である。

本研究はまた、日本学術振興会・科学研究費補助金・基盤研究（B）「隋唐燕楽歌辞の文学的・音楽学的アプローチによる双方向的研究」（研究代表者：長谷部剛、課題番号：15H03197）による成果である。

長谷部　剛
山寺　三知
西暦二〇一七年三月二〇日記

扉写真紹介

林謙三は一九三六年夏、郭沫若の像二点を制作する。一つを鋳造して、『隋唐燕楽調研究』中国語訳への感謝のしるしとして、郭沫若に贈呈している。写真向かって左側の像がそれである。もう一点、すなわち写真中央の像は同年十一月、文部省招待展に「鼎堂先生（沫若）」として出展された。この写真は東京市滝野川区西ヶ原（現在の東京都北区西ヶ原）にあった林の自宅アトリエで撮影されたもので、現在、長屋紀氏所蔵。なお、この写真は、郭沫若によって、雑誌『宇宙風』二十八期（上海：宇宙風社、一九三六年）に掲載された。

2

翻訳篇

邦訳凡例

底本について

林謙三著、郭沫若訳『隋唐燕楽調研究』は、上海の商務印書館より一九三六年に初版本が出版されているが、本書は一九五五年の重印本を底本として用いた。重印本には、初版の誤りを訂正している箇所があるためである。以下、凡例・邦訳者註等では、この底本を「原書」と略称する。

なお、『隋唐燕楽調研究』初版刊行後、年月不明ながら、「隋唐燕樂調研究勘誤表」（以下「勘誤表（一）」と略称する）、「隋唐燕樂調研究勘誤表（二）」（以下「勘誤表（二）と略称する」の二種の勘誤表が発行された。重印の際には、「勘誤表（一）」に基づいて修正が施されたようであるが、「勘誤表（二）」については、ほとんど踏まえられることはなかった（「勘誤表（二）」は、或いは重印本刊行後の発行か）。従って、本書では、「勘誤表（二）」における訂正を反映させることとし、訂正した箇所についてはその旨を邦訳者註に明記した。但し、「勘誤表（二）」に掲載されたもののうち、明らかな誤植については、以下の凡例に示す原則に従い処理し、逐一註記しなかった。

翻訳の方針

一、郭沫若氏の訳文には、林謙三氏の日本語表現を直訳したと思われる箇所が多々見受けられる。本書では、郭氏の訳文には一定の根拠があると仮定し、邦訳者の語彙・表現等によって妄りに意訳することは避け、林氏の原著の姿に可能な限り近づけるよう努めた。

例えば、林謙三氏が自身の論文・著書において使用している単語、或いは『隋唐燕楽調研究』と同時代の日本語の文献で用いられている単語が、郭氏訳文中に見られる場合には、それらをそのまま日本語の訳語として採用するよう努めた。また、その他、言い回しや表現等についても、林謙三の論文・著作を参考にし、極力それらに倣うように努めた。

体裁について

一、原註の位置については、原書では原文と註が対照できるように各ページの見開き中に収めることを基本としているが、本書では、編集上の都合により、節ごとに（1）（2）等の所謂括弧附き数字によって通し番号を附し、節末に配した。従って、註番号は、原書のそれと必ずしも対応していない。
一、改行については、原書の体裁を可能な限り尊重したが、読みやすさを考慮し、行を改めた箇所がある。
一、表については、原書では、一部、紙面の都合から適切ではない位置に配置されているものがある。それらについては、文脈から判断して本来入るべきと思われる位置へ移動した。
一、表の向きについては、可能な限り、原書を尊重したが、一部、改めた箇所がある。
一、翻訳にあたって特記すべき事項がある箇所については、①②等の所謂丸数字を附して邦訳者註を施し、最文末に配した。

古籍の引用文について

一、古籍の引用文は、書き下し文に直し、その直後に、原文を丸括弧「（　）」内に入れて附した。
一、古籍の引用文における原註は、山括弧「〈　〉」で括った。
一、古籍の引用文に誤字・脱字・衍字等があれば、原典に従って適宜改めたが、逐一註記しなかった。但し、原書には古籍の底本が明示されていないため、通行する標点本等によって妄りに改めることはせず、複数の版本・写本等を参照し、可能な限り原書の表記を尊重するよう努めた。従って、通行するテキストと異なる場合がある。例えば、主要な資料の一つ『隋書』については、諸本を比較した結果、武英殿本を基本としていることが判明したが、現在最も流布する中華書局標点本とは異なる点が散見される。

一、古籍の引用文における句読点については、可能な限り原書の表記を尊重した。従って、通行する標点本と異なる場合がある。

一、書き下し文については、原書における句読点を尊重し、また、あわせて「唐楽調の淵源」(本書所収)所引の古籍に施された返り点等も参照しながら訓読した。

一、古籍の引用文に挿入された林氏自身による註については、「林註:」「林補:」等の語を冠した上で丸括弧「( )」内に入れて示し、古籍の原註と区別した。

文字・表記について

一、本文における漢字の字体については、原則として、常用漢字・代用字を用いたが、一部、それらを用いなかった箇所がある(「餘」・「辯」・「辨」・「絃」等)。

一、古籍の引用文(原文)、書名(『隋唐燕楽調研究』は除く)、篇名については、原則として旧字体を用い、異体字・俗字・通仮字の類は正字または通行の字体に改めた。但し、一部、原典の字体をそのまま用いた箇所がある。

一、書き下し文については、原則として常用漢字、歴史的かなづかいとした。

一、「鐘」と「鍾」、「絃」と「弦」、「簇」と「蔟」等、同一のものを意味しながら異なる二種の文字で表記されるものについては、古籍の引用文では原典の表記を尊重し、本文では原書の表記に倣いそれぞれ「鐘」・「絃」・「簇」に統一した。

一、「沙陁調」・「沙陀調」の表記については、原書では混在しているため、本書では、日本伝を「沙陀調」とし、中国の古籍に見えるものを「沙陁調」として区別し表記した。一般に「陁」は「陀」の俗字とされるが、中国の古籍では「沙陁調」として表記されることが多いためである。

一、明らかな誤植・脱字・衍字等については、適宜改めたが、逐一註記しなかった。

一、参考文献（古籍を除く）の書誌事項については、読者の検索の便を考慮して、適宜補ったが、逐一註記しなかった。また、原書における書誌事項の表記に誤りがある場合は、適宜訂正したが、逐一註記しなかった。

一、アルファベットによる人名表記については、誤植が散見されるため、適宜訂正したが、逐一註記しなかった。

一、アルファベット表記による人名については、原書において、それらに対する漢訳語が示されている場合に限り、カタカナ表記を用いた。例えば、レヴィ（漢訳：勒維）、クーラン（漢訳：枯朗）、ペリオ（漢訳：伯希和）、バラタ（漢訳：巴羅達）、シャヴァンヌ（漢訳：沙畹）、マスウーディー（漢訳：麻索烏提）、アル＝ファーラービー（漢訳：阿法拉比）等である。

一、地名の訳語について、「緬甸」と「亞剌伯（阿剌伯）」は、「唐楽調の淵源」の表記に倣い、それぞれ「ビルマ」・「アラビア」とした。

一、サンスクリット語によるインド音楽用語のカタカナ表記については、原則として、B・C・デーヴァ著、中川博志訳『インド音楽序説』(大阪：東方出版、一九九四年）の表記に従った。林謙三の表記を尊重して「唐楽調の淵源」に準拠することも検討したが、「唐楽調の淵源」に見えるサンスクリット語は『隋唐燕楽調研究』のそれを網羅しておらず、また林氏自身、著作によって表記が統一されていないため、本書では便宜的に該書に拠ることとした。

一、篳篥や竜笛等、日本雅楽器の譜字の表記については、原書では、某譜字に異体字や減筆字による表記がある場合でも、或いは漢字により(例えば「凡」・「干」)、或いは減筆字による(例えば「上」・「丅」)等、統一されていない。本書では、異体字・減筆字によって表記される場合がある譜字については、それらを使用した。従って、原書の表記と異なる場合がある。

隋唐燕楽調研究

林　謙三　著
郭　沫若　漢訳

序

林 謙三《はやしけんぞう》氏は彫刻家であるが、彼は音楽をも得意とし、更に、中国音楽の史的発展に対して透徹した研究を行い二十年近くになろうとしている。彼は芸術家の資質を以って、日本に保存された我が中国に淵源する楽典や楽曲に迫り、時に手ずから古楽器を製作し、実地試験を行うことが出来た。また、梵文及び英仏等の文章にもあまねく通じ、西洋における最近の学者の東洋文化に関する業績にも渉猟するところが多く、彼のような通才は実に稀である。

余が林氏を識ったのは一九二八年のことで、爾来已に八年を歴たが、彼の為人や求学的態度は私の感佩するところである。彼の為人は謙和にして、学問は極めて真摯であり、草稿は山の如く蓄積されているが、これまで発表を見ず、よって日本人の中でも、林氏がこの方面の篤学であることを知る者は少ない。この度この『隋唐燕楽調研究』を撰述されたが、まず漢語での発表を願われ、私は原稿の段階から彼に代わって翻訳を行って来た。私自身が益せられたところは少なくない。私自身、音楽については元来門外漢で、本国の音楽の故実に関しては以前少しく問うたこともあったが、林氏と交わりを結んでより後に、少しばかりその緒餘に与ったと云える。私のような者が本書の翻訳を行うことは、当然のことながらやや不相応であり、文辞の表現はいささか晦渋に過ぎた。加えて、初稿訳成後も、原著者と訳者は更に八、九か月間の長期にわたる推敲や増改を経たために、行文に於いても気勢の不均整な箇所が頗るある。訳者の無力が招いたこれ等の瑕疵は、原著の精粋を少なからず汚損したが、精心な読者は必ずやこれ等の障礙に阻まれることはないであろう。

林氏には本書以外にも『西域音樂東漸史』の大作があり、已に脱稿されているが、尚お整理が待たれる。将来亦た本書の後を継いで漢語によって世に問うて、我が中国文化史中のこの方面に関する分野をいち早く闡明にされることを希望するものである。

郭　沫若

一九三六年三月三日

原作者序

沫若先生は余が長年兄事する畏友であり、数年来の友誼を以って、自ら後進である余のために小著翻訳の労を執って下さったが、これは尋常の翻訳ではない。訳者自身も亦た探究に努め、その所説に不備があればこれを指摘し、些かでも矛盾があればこれを糾正し、余がその助言によって、初稿訳成後数か月にわたり刪正増修した箇所は枚挙に遑がない。附論数篇も亦た訳者の慫慂によって出来上がったものである。しかし、尚お充分に釈明出来ない事項もある。その最大のものは、唐燕楽の正調名を「為調式」とすべきか、「之調式」とすべきかと云う如き問題がそれである。本書附論中に折衷的な仮説を提示したが、しかしそれも亦た遽かに定めることは出来ない。このことの徹底した決定は尚お他日に期さねばならないが、その他は大抵均しく已に解決に至り、旧稿の面目を一新させることが出来たのは、ひとえに訳者の助力の賜物である。本書完成の日に、ここにそのあらましを追記し、沫若先生の労に対して深謝する次第である。

一九三六年二月十九日

林　謙三

巻首挿図

隋唐前後諸律尺黄鐘表

遼東陵壁画の一部分　以下の挿図四幅及び文中の箏策図は共に原作者林氏手筆

唐製螺鈿紫檀阮咸　日本奈良正倉院蔵

正倉院蔵紫檀琵琶

正倉院蔵木画琵琶頭部

隋唐前後諸律尺黄鐘表

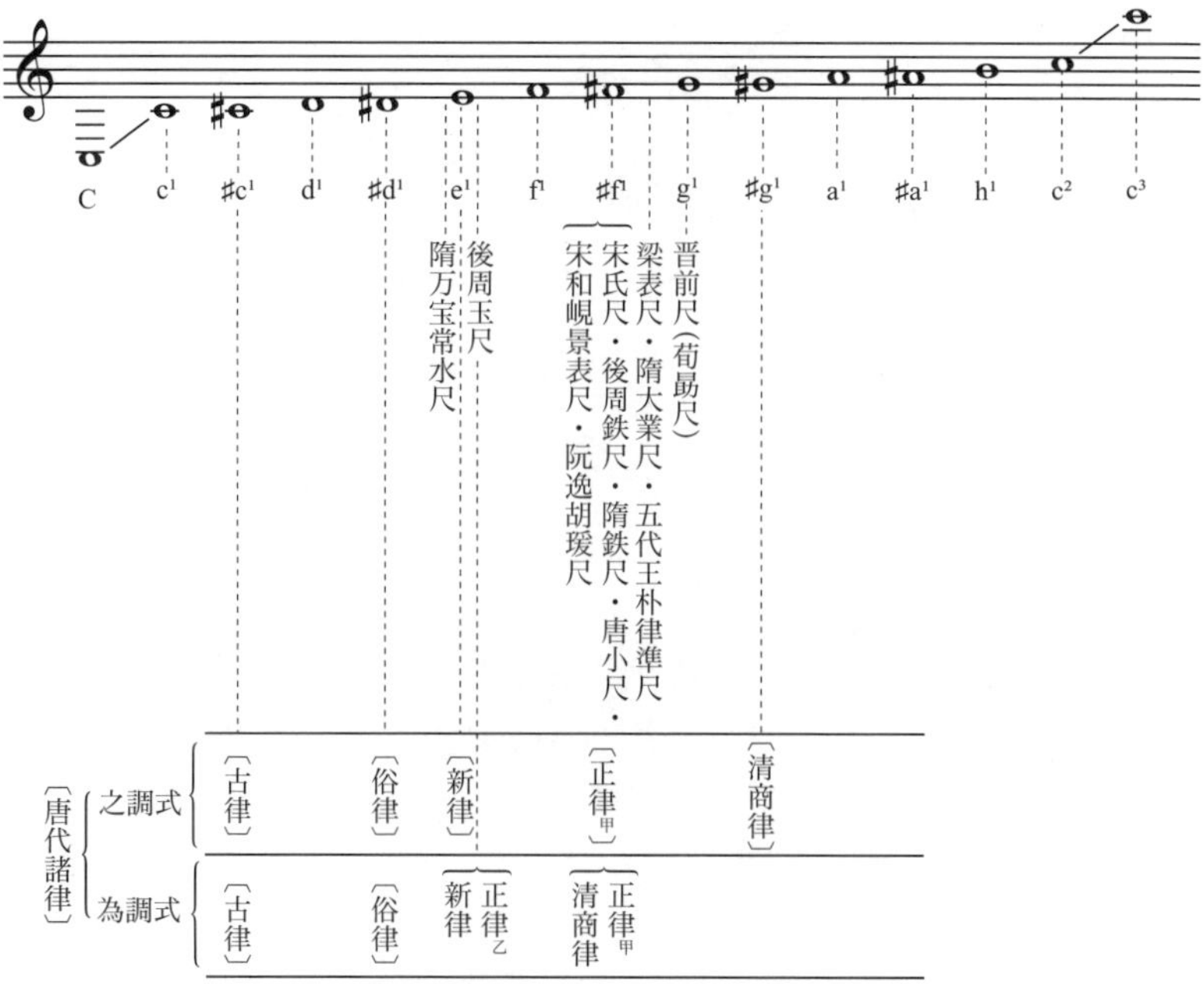
C
c¹
♯c¹
d¹
♯d¹
e¹
f¹
♯f¹
g¹
♯g¹
a¹
♯a¹
h¹
c²
c³
隋万宝常水尺
後周玉尺
宋和峴景表尺・阮逸胡瑗尺
宋氏尺・後周鉄尺・隋鉄尺・唐小尺・
梁表尺・隋大業尺・五代王朴律準尺
晋前尺（荀勗尺）
唐代諸律
之調式
為調式
古律
俗律
新律
正律甲
清商律
正律乙

遼東陵壁画の一部分
（その四柱琵琶に注意）

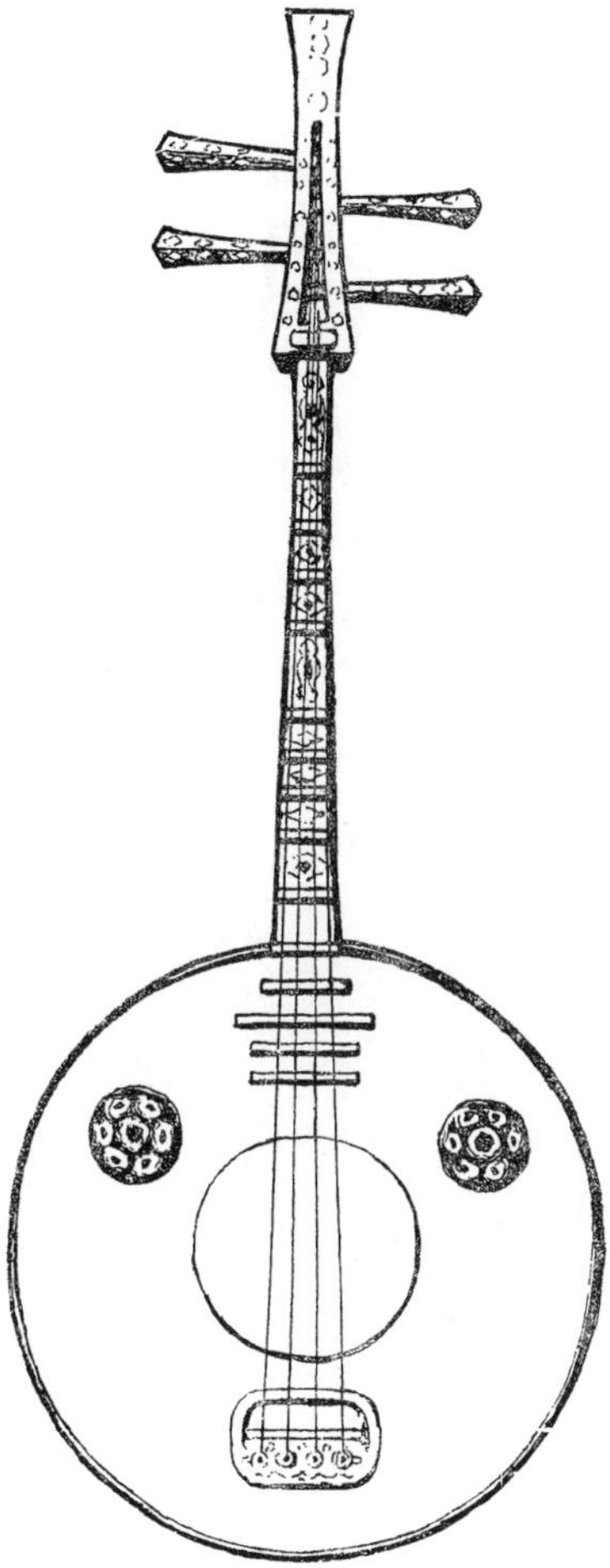

唐製螺鈿紫檀阮咸

日本奈良正倉院蔵

正倉院蔵紫檀琵琶

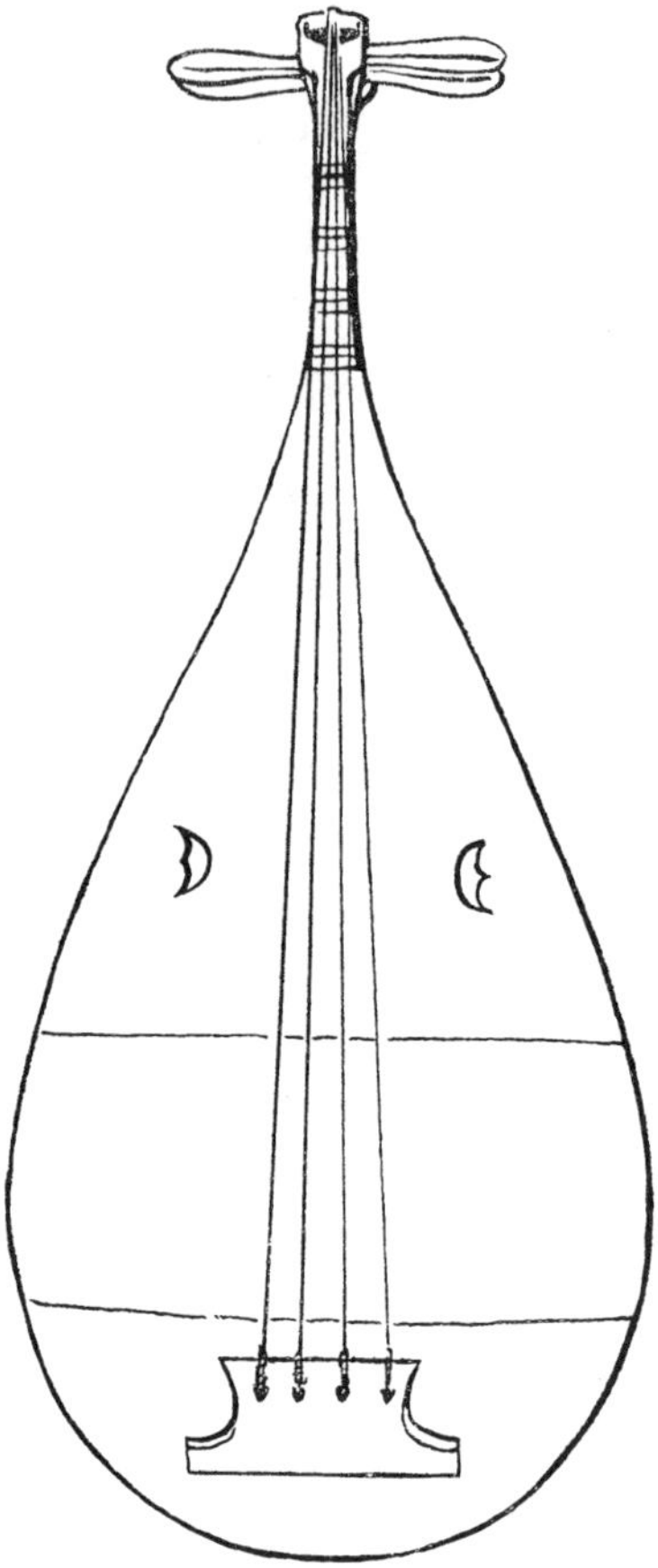

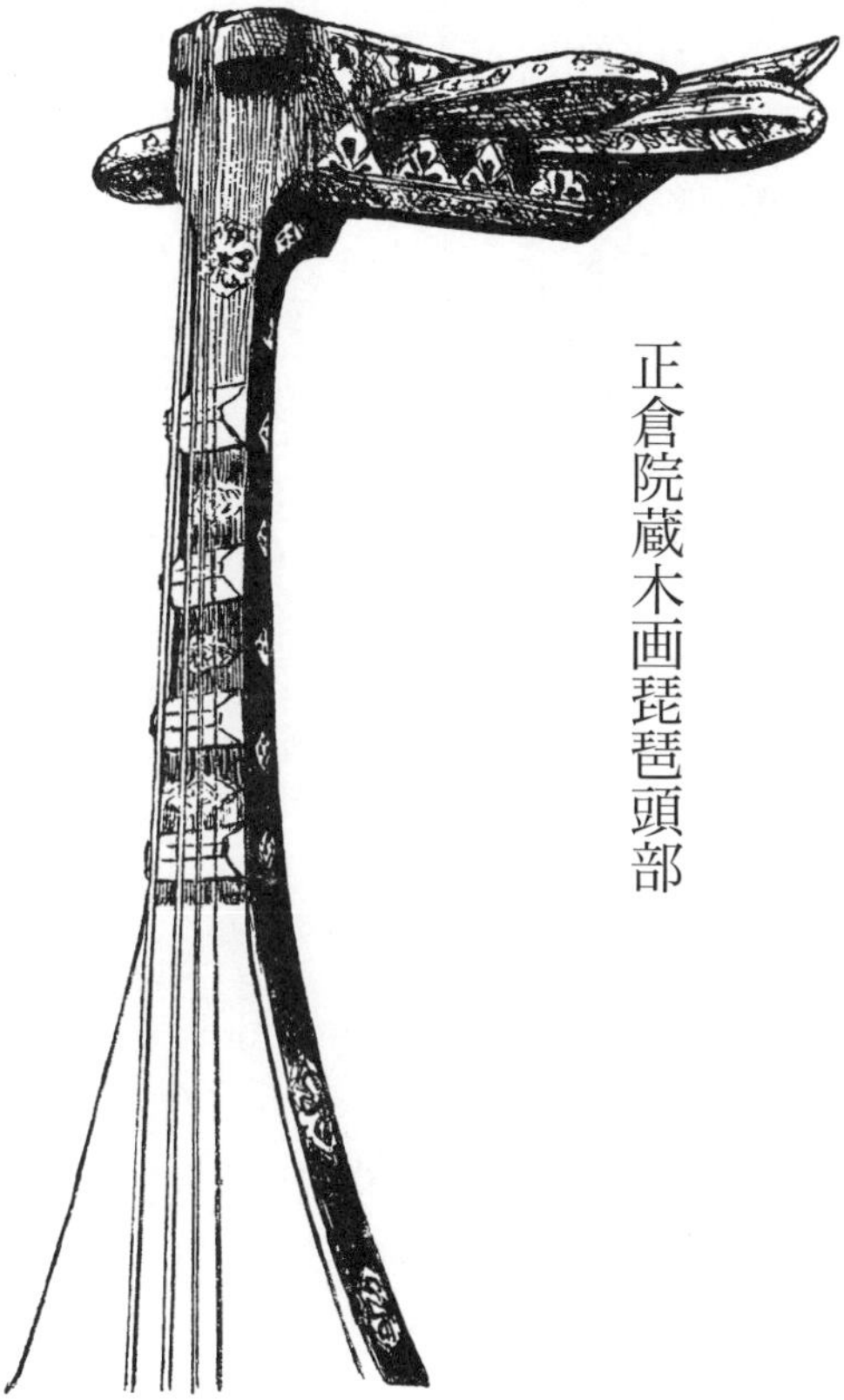

正倉院蔵木画琵琶頭部

目次

隋唐燕楽調研究

隋唐燕楽調研究

前　言

燕楽は燕饗時に用いた音楽であり、胡であるか俗であるかを問わず、凡そ隋の高祖の七部楽、煬帝の九部楽、唐の九部楽（後に十部楽となる）及び坐立部伎等は皆、燕楽と称して好い。燕楽諸調は清楽（一名、清商）・胡楽・俗楽の三種に大別され、就中、清楽を除くと、胡俗二調は殆んど一体であり、唐代では区別がなかったと云える。何故ならば、胡楽調、殊に亀茲楽調が中国に伝入した後、やや漢化し増損したものが即ち俗楽調であるからである。胡俗は同源であり、所謂俗楽二十八調中、その過半が胡名を沿用するか、或いは胡名に淵源する用語を冠しているのは、まさしくこの故に他ならない。清商は唐に滅び、後世の燕楽調は胡楽調から進化した二十八調から出たものばかりであった。宋元以来、使用を見たものは漸次減少し、近世になると僅かに九宮（九調の意）の名を伝えるのみであった。また、唐代に日本に伝わった約十調は、近世になると半減したが、数十種の楽曲を伴い今日まですべて依然として命脈を保っている。

清人淩廷堪の『燕樂考原』以来、燕楽諸調の闡発に従事する者が頗る多く、陳澧『聲律通考』の如きはその傑出した者である。ただし、（1）調の性質、（2）調名の由来、（3）調の律の高度に関しては、先人の所論には依然尽くされぬものが大いにある。この三点の闡明に関して潜心苦慮すること数年、調の性質や調名の由来については獲るところがあったが、各調の相互関係の解釈に於いては、困難な問題に遭遇した。即ち、隋唐楽調を相通ずるものと仮想し、唐代の資料によって遡るとき、相矛盾する調式組織が二種存在することが予想されたのである。その一つは、北宋や日本所伝に求めるものに合致し、当時の正調名を「之調式」と解するもの（例えば、「黃鐘商」は「黃鐘之商（黃鐘の商）」）であり、もう一つはそれに対立するもので、正調名を当時の雅楽調名と同じと見做し、「為調式」と解するもの（例えば、「黃鐘商」は「黃鐘爲商（黃鐘を商と為す）」）である（更に名目は「為調式」であるが、実際には「之調式」に相応させるべきと云う解法がある）。この二説の取捨に関して大いに躊躇し、労心焦思して考究すると数か月、ついに北宋と日本所伝の伝統には相当の根拠があるものと仮定し、それに応じて両伝に合う第一種の調式を主とし、第二種の調式をこれに副えた。かくして本篇の研究を書き上げたが、先人の業績に増補せんとするものである。よって、所論の大抵は上述の三項の新見解に限られ、その他は概ね簡略に言及したに過ぎない。

隋の世は僅か三十八年であり、唐が興ってこれに代わると、制度文物は大抵前代を踏襲した。音楽に於いても、唐初は何等改革の痕跡も見当たらない。

『新唐書』禮樂志十一に云う、

唐興りて即ち隋の楽を用ひ、武徳九年、始めて太常少卿祖孝孫・協律郎竇璡等に詔して楽を定めしむ。（唐興即用隋樂、武徳九年始詔太常少卿祖孝孫協律郎竇璡等定樂。）

祖孝孫はもとは隋朝の楽官であり、そして唐所用の隋楽は、雅楽に限らず、燕饗の九部楽も隋制を踏襲し、後になってから徐々に増広し始めた。燕楽は唐代に空前絶後の発展を成し遂げ、後世の俗楽部はそこから派生発育したわけであるが、その基礎は隋代に已に定まり、隋唐二代に使用された楽調は共通のものと考えられる。それならば、隋唐の楽調は一つにして叙述しても何の不可もないのである。私は今便宜上八章に分けて叙述する。

前三章では、隋代燕楽調中、最も枢要な地位を占めるインド系の亀茲（現在の新疆クチャ県）楽調の由来とその名義・その楽調の性質を考察し、併せてそれらが如何にして唐代燕楽調の基礎となったのかを論じた。

後五章では、唐代燕楽調中、前代のものと契合するものを挙げ、爾餘のものも、つまりは前代のものから繁衍したものと推測し、諸調の声律の高度に関して、特に詳細に叙述するようにした。

かくして、本来一貫した隋唐二代の燕楽調は、調の性質、調名の由来、調の律の高度に関して、これ等前後八章で述べたものを合わせることにより、いくらか明白に整理することが出来たのである。

更に行文の便宜上いくつかの規定があり、今暫く箇条にして列挙すると次の如くである。

(一) 十二律、黄鐘・大呂・太簇・夾鐘等は、時にアラビア数字を用いて表示する。

(二) 十二律の声調の高度 (pitch) は、時にヨーロッパ音楽の形式c・d・e・f・g・a・hを借用し表示する。中国古来の十二律管は底を閉じて吹いたとき、その音域[①]は大抵c^1よりも高くなる。[(1)] 標準の異なる二種類以上の楽律を対照し、倍律と半律の区別をしないときには、c・d等の右肩には1、2の指数を附さない。その他はおおむね臨時に処理する。

(三) 十二律の音の高度には特に定準はなく、実験方法が異なれば僅かな高下の差があり得る。目下採用したものは、暫く著者の実験を基準とし、先人の考案を参照しながら定めたものである。

(四) ローマ字・梵文には種々の方式がある。今便宜上、最も通行するもので統一した。よって、引用するところの原著に於いては、字体上、時に出入のあるを免れない。

(五) 原名中の為字と之字の有無は問わず、例えば「黄鐘商」は、「黄鐘為商」と解すれば「為調式」と命名し、「黄鐘之商」と解すれば「之調式」と命名した。

（六）均とは、七声（或いは五声）一群の主声が位するところ（律）であるが、一均と云えば、必ずある一律に立脚する主声と必然的な関係を持つ爾餘の諸声を予想しなければならず、従ってここでは七声乃至五声に相応する一群の律を一均とし、その主声が位するところの律名を均名とする。宮を主声とするのが古来の定式であり、漢魏以来共にそうである。本書で用うるものはこの定式に従う。

（1）　巻首「隋唐前後諸律尺黄鐘表」を参看せよ。

第一章　隋代前後の調の意義の変遷

調は均によって成り、均は律によって定まる。律には黄鐘・大呂・太簇・夾鐘・姑洗・仲呂・蕤賓・林鐘・夷則・南呂・無射・応鐘の十二あり、律の首は黄鐘である。声には宮・商・角・変徴・徴・羽・変宮の七あり(1)（二変声は時に用いず）、声の首は宮である。十二律夫々に宮を配し、更に爾餘の声を互いに順応させるとき、十二段の七声（或いは五声）の列が得られ、これを換言すれば、即ち十二均である。十二均の首は黄鐘均である。(2)一均は宮声に当たる律を首（楽曲上最も重要な音）として調を成し、一均が一調を得、十二均は十二調を得る。調の首は黄鐘宮である。(3)その他の十一宮は皆、調となることが出来る。これは『禮記』禮運の「五声・六律・十二管、還りて宮を相為《あひ》すなり（五聲、六律、十二管還相爲宮也）」の旋宮の理想論である。(4)このとき、調が宮以外の声律を用いて調首とすることには、まだ思い至らなかったようである。(5)従って、均＝調＝宮（宮調の意）である。(6)

『隋書』②牛弘傳に牛弘が議して云う、

『周官』に「大司楽は成均の法を掌る」と云ひ、鄭衆の注に「均は調なり。楽師は其の音を調ふるを主《つかさど》る」と云ひ、『三禮義宗』に称へらく、「『周官』に、黄鍾を奏する者は黄鍾を用ひて調と為し、大呂を歌ふ者は大呂を用ひて調と為すと。奏とは、堂下の四懸を謂ふ。歌とは、堂上の歌ふ所を謂ふ」と。但だ一祭の間、皆二調を用ふれば、是れ宮に拠りて調と称し、其の義一なるを知るなり。六律・六呂迭ひに宮を相為《あひ》し、各《おのおの》自《みづか》ら調を為すを明らかにするなり。（周官云「大司樂掌成均之法」、鄭衆注云「均調也。樂師主調其音」、三禮義宗稱周官奏黄鍾者用黄鍾爲調、歌大呂者用大呂爲調。奏者、謂堂下四懸。歌者、謂堂上所歌。但一祭之間皆用二調、是知據宮稱調、其

義一也。明六律六呂迭相爲宮、各自爲調。）

古人は旋宮によって十二調を得る理論を持ってはいたが、実際上実用に供せられることはなく、雅楽に伝わる漢の世以来用うるところは、殆んど黄鐘一均（『通典』巻百四十三[3]、樂三を参照）のみであった。しかし、六朝以来、盛行した胡楽の影響を受け、中国楽調は空前の革新的気運を呈し、胡調が併行したために、調の意義は複雑化した。従前、宮以外の声律は調首とは考えられなかったものが、ここに爾餘の六声を調首として通用する曲調が出現したのである。

隋初は、楽調の革新がまさに実現する前の混乱の頂点であって、前後九年に亙る開皇楽議が、まさしくこの消息を物語っている。或る者は七調の採用を主張し（鄭訳）、或る者は雅楽は僅かに宮調に限ると主張した（何妥・牛弘）。結局は、隋代雅楽は黄鐘一宮のみを奏したが、俗楽は商・角・徴・羽を用い、唐代の絶後の繁栄を導き出したのである。

（1）七声の列、即ち一均の音程は、例えば、

1	2	3	4	5	6	7	8	9	10	11	12
宮		商		角		変徴	徴		羽		変宮

となる。

（2）黄鐘均とは、黄鐘を宮とし、太簇を商とし、姑洗を角とし、蕤賓を変徴とし、林鐘を徴とし、南呂を羽とし、応鐘を変宮とする（『魏書』樂志引『左傳』昭公二十年の服虔註・『通典』巻百四十三[3]、樂三・『宋史』巻百二十八、樂志三の楊傑の所言参照）。

（3）黄鐘宮とは、黄鐘均の宮を調首とするものである。

（4）宮を主眼とするときは、旋宮となるが、同時に旋商・旋角等にもなる。『樂書要錄』巻七に云う、「夫れ旋りて宮を相《あひ》為すは、其の一隅を挙ぐるのみにして、若し声の意を窮論すれば亦た旋りて相《あひ》当に商を為し、旋りて角を（林補：相《あひ》）為すべし。餘声も亦た爾り、故に一律に其の七声を得るなり。（夫旋相爲宮擧其一隅耳、若窮論聲意亦旋相當爲商、旋爲角。餘聲亦爾、故一律得其七聲。）」また、『通典』巻百四十三③、樂三、旋宮の条参照。

（5）調首とは一調中の最も重要な声律であり、ヨーロッパ音楽のTONICA（主音）に当たる。通例では、一調は調首の声律で終結しなければならず、例えば、黄鐘宮の曲が宮声に相応する黄鐘律で終わるのが、それである。

（6）宋人が調を云うに、七宮は「宮」と称す。七商・七角・七羽は「調」と呼び、元明以来、皆これに倣う。ただし、唐時はそうではなく、例えば、沙陁調・道調（『新唐書』に「道調宮」と称す）、また、『唐六典』巻十四、唐諸帝樂舞の註に見える黄鐘宮調・太簇宮調・姑洗宮調の類の如きが、即ち宮が調とも称せられる証である。

〔附説〕調性を決定するものは、一曲中で使用される諸声の動向と、その中で最も主要な活動を行う一声である。普通は一調一曲の終声を主声（調首）と考えるわけであるが、終声には必ずしも主声に当たらないものがあり、また、所謂主声の宮・商等の名称を錯乱するものがあり、世に「宮調」と称謂するものが実際上宮調でないと云う例は頗る多い。従って某曲の調性を定めるときは、一調一曲中の諸声を明辨し、更にはその中、何れの一声を最も主要とするかを考慮しなければならない。

第二章　隋代の亀茲楽調

第一節　隋代の胡俗楽調

『隋書』音樂志下に云う、

始め開皇の初めに、令を定め七部楽を置き、一に「国伎」（林註：西涼伎）と曰ひ、二に「清商伎」と曰ひ、三に「高麗伎」と曰ひ、四に「天竺伎」と曰ひ、五に「安国伎」と曰ひ、六に「亀茲伎」と曰ひ、七に「文康伎」（林註：後に「礼畢」に改名）と曰ひ、又雑に「疎勒」・「扶南」・「康国」・「百済」・「突厥」・「新羅」・「倭国④」等の伎有り。……大業中に及び、煬帝乃ち「清楽」・「西涼」・「亀茲」・「天竺」・「康国」・「疎勒」・「安国」・「高麗」・「礼畢」を定めて以て九部楽と為す。（始開皇初，定令置七部樂，一曰國伎，二曰清商伎，三曰高麗伎，四曰天竺伎，五日安國伎，六日龜茲伎，七日文康伎，又雜有疎勒・扶南・康國・百濟・突厥・新羅・倭國④等伎。……及大業中煬帝乃定清樂・西涼・龜茲・天竺・康國・疎勒・安國・高麗・禮畢以爲九部樂。）

この中の「天竺」・「安国」・「亀茲」・「疎勒」・「康国」・「突厥」の諸伎は何れも胡楽に属す。胡楽の調は当然、彼此共通のものもあろうし、独特のものもあろうが、亀茲楽が最も盛んであったために、亀茲楽は中国楽調に最も深い感化を与え、その他諸楽の調は共に「亀茲」に覆われ、表面に現れなかったのである。

音樂志下に云う、

「亀茲」は、呂光、亀茲を滅ぼし、因りて其の声を得たるより起こる。呂氏亡びて、其の楽、分散するも、後魏、中原を平らげ、復た之を獲たり。其の声、後に変易すること多し。隋に至り、「西国亀茲」・「斉朝亀茲」・「土亀茲」等凡そ三部有り。開皇中、其の器大いに閭閈に盛んなり。時に曹妙達・王長通・李士衡・郭金楽・安進貴等有り、皆、弦管に妙絶なり。新声奇変、朝改暮易し、其の音技を持して、公王の間に估衒すれば、時を挙げて争ひて相慕尚す。……煬帝、音律を解せず、略《ほぼ》関懐せず。後に大いに艶篇を製し、辞極めて淫綺なり。楽正白明達[1]をして新声を造らしめ、「万歳楽」……等の曲を刱《はじ》めしむるも、掩抑として蔵を摧《くだ》き、哀音断絶す。（龜茲者起自呂光滅龜茲、因得其聲。呂氏亡、其樂分散、後魏平中原、復獲之。其聲後多變易。至隋、有西國龜茲・齊朝龜茲・土龜茲等凡三部。開皇中其器大盛於閭閈。時有曹妙達・王長通・李士衡・郭金樂・安進貴等、皆妙絶弦管。新聲奇變、朝改暮易、持其音技、估衒公王之間、擧時爭相慕尙。……煬帝不解音律、略不關懷。後大製豔篇、辭極淫綺。令樂正白明達造新聲、刱萬歲樂……等曲、掩抑摧藏、哀音斷絕。）

『大唐西域記』巻一に云う、

屈支国（林註：即ち亀茲）、……管絃伎楽、特に諸国より善し。（屈支國、……管絃伎樂、特善諸國。）

隋代の俗楽調は、大抵亀茲楽調を中心とする胡調を借用しながらもやや漢化したものであった。『通典』巻百四十六、樂六に云う、

周隋より以来、管絃雑曲は数百曲に将《ちか》く、「西涼楽」を用ふること多く、鼓舞曲は「亀茲楽」を用ふること多し。（自周隋以來、管絃雜曲將數百曲、多用西涼樂、鼓舞曲多用龜茲樂。）

「西涼楽」も、もとは「亀茲」から出たのである。[2] また、『新唐書』禮樂志十二に

周陳より以上、雅鄭淆雑して別無く、隋の文帝始めて雅俗の二部に分かつ。唐に至り、更めて部当と曰ひ、凡そ所謂俗楽は二十有八調なり。（自周陳以上、雅鄭淆雜而無別、隋文帝始分雅俗二部。至唐、更曰部當、凡所謂俗樂者

二十有八調。）

と云い、そして『遼史』樂志に

四旦二十八調は、黍律を用ひず、琵琶の絃を以て之を叶はしむ。……蓋し九部楽の亀茲部より出づと云ふ。

（四旦二十八調、不用黍律、以琵琶絃叶之。……蓋出九部樂之龜茲部云。）

と云う。隋唐の俗楽は、これ等によって見れば、亀茲楽調の苗裔に他ならない。

鄭訳は開皇楽議のときに、この亀茲楽調を提出した。中国楽調に大革命を起こした本楽調は、周隋間の亀茲琵琶工、蘇祇婆 Sujīva（梵語。華言は「妙生」）により伝来されたものである。

（1）白明達は亀茲人と思われる。亀茲王は白姓、『魏書』西域傳・『隋書』龜茲傳・『新唐書』西域傳・『悟空入竺記』等の書に見える。桑原隲蔵氏は「白明達に就いては『隋書』巻十五の音樂志に、……とある。彼の生國は明記されてない。されど『隋書』に彼の名を龜茲樂中に列し、又その姓を白と稱するより推して、彼が龜茲人たること殆ど疑惑を容れぬ」と云っている（「隋唐時代に支那に來住した西域人について」、羽田亨編纂『支那學論叢　内藤博士還暦祝賀』、京都：弘文堂書房、一九二六年）。⑤中国人の中には例えば白敏中があり、また亀茲以外の胡人には白元光（突厥）があるが、しかし白明達・白智通は確かに亀茲人である。

（2）『隋書』音樂志下に云う、「「西涼」は、苻氏の末、呂光・沮渠蒙遜等、涼州を拠有し、亀茲の声を変じて之を為《つく》り、号して「秦漢伎」と為《な》すに起こる。魏の太武、既に河西を平らげ、之を得、之を「西涼楽」と謂ひ、魏周の際に至り遂に之を「国伎」と謂ふ。（西涼者起苻氏之末、呂光沮渠蒙遜等據有涼州、變龜茲聲爲之、號爲「秦漢伎」。魏太武既平河西、得之、謂之「西涼樂」、至魏周之際遂謂之「國伎」。）」

第二節　蘇祇婆七調

『隋書』音樂志中に、鄭訳の言説を載せて云う、

「楽府の鍾石の律呂を考尋するに、皆宮・商・角・徵・羽・変宮・変徵の名有るも、七声の内、三声乖応す。毎に恒に求訪するも、終に能く通ずる莫し。是に先んじて周の武帝の時、亀茲人有り、蘇祇婆と曰ひ、突厥の皇后（林註：阿史郍氏）に従ひて入国し（林註：『周書』巻九、武帝阿史郍皇后傳に「天和三年三月、后至る（天和三年三月、后至）」）、胡琵琶を善くす。其の奏する所を聴くに、一均の中、間に七声有り、因りて之に問ふに、答へて云ふ、『父は西域に在りて、称して知音と為す。代相《よよあひ》伝習し、調に七種有り』と。其の七調を以て、七声に勘校すれば、冥すること符を合するがごとし。

一に曰はく、娑陁力、　華言は平声、　即ち宮声なり。
二に曰はく、雞識、　華言は長声、　即ち南呂声なり。
三に曰はく、沙識、　華言は質直声、即ち角声なり。
四に曰はく、沙侯加濫、華言は応声、　即ち変徵声なり。
五に曰はく、沙臘、　華言は応和声、即ち徵声なり。
六に曰はく、般贍、　華言は五声、　即ち羽声なり。
七に曰はく、俟利箑[6]、華言は斛牛声、即ち変宮声なり」と。

訳、因りて習ひて之を弾ずれば、始めて七声の正しきを得たり。然して其れ此の七調に就きては、又五旦の名

有り。旦ごとに七調を作す。華言を以て之を訳せば、旦とは則ち均を謂ふなり。其の声、亦た黄鍾・太簇・林鍾・南呂・姑洗の五均に応ずるも、已外の七律は、更に調声無し。（考尋樂府鍾石律呂、皆有宮商角徵羽變宮變徵之名、七聲之內三聲乖應。每恆求訪、終莫能通。先是周武帝時、有龜茲人、曰蘇祇婆、從突厥皇后入國、善胡琵琶。聽其所奏、一均之中、間有七聲、因而問之、答云「父在西域、稱爲知音。代相傳習、調有七種。」以其七調、勘校七聲、冥若合符。一曰娑陁力華言平聲卽宮聲也。二曰雞識華言長聲卽南呂聲也。三曰沙識華言質直聲卽角聲也。四曰沙侯加濫華言應聲卽變徵聲也。五曰沙臘華言應和聲卽徵聲也。六曰般贍華言五聲卽羽聲也。七曰俟利[6]箑華言斛牛聲卽變宮聲也。譯因習而彈之、始得七聲之正。然其就此七調、又有五旦之名。旦作七調。以華言譯之、旦者則謂均也。其聲亦應黃鍾・太簇・林鍾・南呂・姑洗五均、已外七律、更無調聲。）

七調名の原語は、梵語であること疑いなく、その大部分は今已に闡明にされている。これ等の原語の闡明に努力した学者の中、高楠順次郎、クーラン（Maurice Courant）、レヴィ（Sylvain Lévi）の諸氏が最も著しく、近年、『法寶義林』の編者（高楠氏を主とする）が一々南インドのクディミヤーマライ（Kuḍimiyāmalai）碑銘に刻せられた梵語の調名と対照したことにより、七調名の語原は殆んど疑いなくなった。最後にペリオ氏（Paul Pelliot）がこの書記の補正を行ったことにより、調名遡源の作業は殆んど完璧に近づいた。調名がインド起源を示している以上、調そのものもインド系の筈であるが（レヴィ氏は二点を挙げインド系であると考えている）、この点の正確な解釈に関しては、作者の寡聞では、まだそれを行った人はいないようである。中国楽調の生長上、一大転機をもたらした蘇祇婆調そのものの本質や系統が、我等の知ろうとするところであり、その名称及び名称の系統に劣らないと思われる。余はこれに鑑み、『法寶義林』の著者及びペリオ氏の後に追随しようと、隋唐代インド楽調中からその名称乃至調性が蘇祇婆調に適合するものを求め、更に、後者から派生したと思われる唐俗楽調と日本所伝の諸調の高度の研究によって、蘇祇婆七調のみならず、隋唐代のインド楽調そのものの高度をも考究してみようと思う。隋唐燕楽調は、周隋代のインド楽調、蘇祇婆七調、唐伝、宋伝、日本伝の諸調を一つにすると、始めてその全貌に接することが出来るのであって、夫々の間には密接な関係がある筈であり、このことはこの研究に従事している間中、絶えず抱いていた見解である。

蘇祇婆七調の原調名に関して、かつて考察を加えたものに、左記の諸家の著述がある。

一、高楠順次郎「奈良朝の音樂　特に「臨邑八樂」に就て」『史學雜誌』（史学会）第十八編第六号（一九〇七年）、第十八編第七号（一九〇七年）。

二、Maurice Courant, "Essai historique sur la musique classique des Chinois," in Albert Lavignac and Lionel de la Laurencie, ed., *Encyclopédie de la musique et dictionnaire du Conservatoire,* 1re partie : Histoire de la musique, tome I（Paris : Delagrave, 1913）.

三、Édouard Chavannes and Paul Pelliot, "Un traité manichéen retrouvé en Chine," *Journal asiatique*（Paris : Société asiatique）11e série, tome I（1913）.

四、Sylvain Lévi, "Le Tokharien B, langue de Koutcha," *Journal asiatique*（Paris : Société asiatique）11e série, tome II（1913）.

五、向達「龜茲蘇祇婆琵琶七調考原」『學衡』（上海：学衡雑誌社）第五十四期（一九二六年）。

六、Paul Pelliot, "Neuf notes sur des questions d'Asie Centrale," *T'oung Pao* 通報（Laiden : E. J. Brill s. a.）2e série, vol. XXVI, nº 4-5（1929）.

七、田辺尚雄『東洋音樂史』東洋史講座第十三巻（東京：雄山閣、一九二九年）。

八、Sylvain Lévi and Junjirō Takakusu（高楠順次郎）, eds., *Dictionnaire encyclopédique du Bouddhisme d'après les sources chinoises et japonaises*（『法寶義林』）, 2me fasc.（Tokyo : Maison franco-japonaise, 1930）, s. v. "Bugaku."

九、Paul Pelliot, review of *Hôbôgirin, Dictionnaire encyclopédique du bouddhisme d'après les sources chinoises et japonaises,* Deuxième fascicule（『法寶義林』第二輯批評）, edited by Sylvain Lévi and Junjirō Takakusu（Tokyo : Maison franco-japonaise,

1930), *T'oung Pao* 通報（Laiden：E. J. Brill s. a.）2e série, vol. XXVIII, nº 1-2（1931）.

第三節　蘇祇婆七調の原調

蘇祇婆は周隋間の人であって、彼が伝えた楽調をインド楽調と校定しようとするとき、同一時代のインド楽論と比較しなければならない。インド古楽論を研究する上で最も重要となるバラタ（Bharata）の『ナーティヤ・シャーストラ（*Nāṭyā-Śāstra*）』（『演劇論』）[1]は、多分遅くとも五世紀（中国の宋斉時代）を過ぎることはなく、蘇祇婆調の解釈上、重要な手がかりであることは云うまでもない。

更に関係がいよいよ密接なものは『ナーラディー・シクシャー（*Nāradī-śikṣā*）』（「シクシャー（śikṣā）」は、華言「学」）一書中の所説と、西暦一九〇四年に南インドのプドゥコーッタイ州（Pudukkōṭṭai）クディミヤーマライ（Kuḍimiyāmalai）で発見された「七調碑」の記事である。[2]『シクャー（*śikṣā*）』の年代は不詳だが、その説は碑文に相応し、その古さを証明するに足る。碑文はその書体より判断して、七世紀（中国の隋初から唐の武后時代）のものと考えられ、蘇祇婆の時代とほぼ同じである南インドの楽調を表していると云う点で、最も貴重な資料である。

この碑文は、当時行われていた、琵琶の一種と思われる四絃楽器の七箇の「調」（rāga.「調」と訳す以外、他義なし）を、次の順序によって刻んで記している。

一、マディヤマ・グラーマ（Madhyama-grāma）

二、シャドジャ・グラーマ（Ṣaḍja-grāma）

三、シャーダヴァ（Ṣāḍava）

四、サーダーリタ（Sādhārita）
五、パンチャマ（Pañcama）
六、カイシカ・マディヤマ（Kaiśika-madhyama）
七、カイシカ（Kaiśika）

夫々の調では、使用されているスヴァラ（svara）（華言「声」）とニヤーサ（nyāsa）（終止音、華言「殺音」・「結声」）をすべて明示している。本来中国七声に似るインド七声は、sa・ri・ga・ma・pa・dha・niであるが、碑文上では更に二つの声、即ちa・kaを加え、全部で九声を数える。ただし、九声の全部を使用するわけではなく、大抵はその中の七声或いは六声を用いているだけである。九声の排列は次の如くである（Bhandarkar 氏による）。

1	2	3	4	5	6	7	8	9	10	11	12
sa		ra	ga	a	ma		pa		dha	na	ka
羽		変宮	宮		商		角		変徴	徴	

sa＝シャドジャ（ṣaḍja）、ri＝リシャバ（ṛṣabha）、ga＝ガーンダーラ（gāndhāra）、ma＝マディヤマ（madhyama）、pa＝パンチャマ（pañcama）、dha＝ダイヴァタ（dhaivata）、ni＝ニシャーダ（niṣāda）、a＝アンタラ（antara）、ka＝カーカリー（kākalī）ra＝ri、na＝ni 普通の用法では本来ri・niとするが、この碑文の七声はa・i・u・e四母韻と結合し、特殊な意味を表しているため、一律にa母韻を以って表示する。

インド七声の音階は、バラタ（Bharata）氏の所説によると、シャドジャ・グラーマ（ṣadja-grāma）とマディヤマ・グラーマ（madhyama-grāma）にはもともと微細な差異があるが、中国七声と対応させるときは、その差異は軽視して好い。バラタの所説は、Sir William Jones 以来久しく誤解されていたが、Bhandarkar に至って、ようやく旧解の誤謬が糺正された。今、新旧二説のシャドジャ・グラーマ（ṣadja-grāma）の音程を共に中国七声と対照させ、表解すると次の如くである。

⑦　2　4　3　2　4　4　3　2*

旧説	sa		ri		ga	ma		pa		dha		ni
新説	ni		sa		ri	ga		ma		pa		dha
中国七声	徴		羽		変宮	宮		商		角		変徴

（Rao Sahib Prabhakar R. Bhandarkar, "Contribution to the Study of Ancient Hindu Music," *The Indian Antiquary*, Bombay：Education Society's Press vol. 41（1912）, p. 185 seq.）

＊各声間のアラビア数字はインドの律シュルティ（śruti）の数を表す。

マディヤマ・グラーマ（madhyama-grāma）の pa は一律低い（附録を参看せよ）。

左記の二書を参看せよ。

Ernest Clements, *Introduction to the Study of the Indian Music*（London, New York [etc.]：Longmans, Green and Co, 1913）, p. 52.

Arthur Henry Fox Strangways, *The Music of Hindostan*（Oxford：The Clarendon Press, 1914）, pp. 109-110.

この二家は共に新説である。

蘇祇婆所伝のインド調は何れの説に合うであろうか。

新説と符合する。

a・ka二声は、中国ではこれに適応するものはないが、鄭訳はそれらを採用し、「応声」と称した（後に詳しい）。この両声は転調に於いて役立つものを有している。[3]

碑文七調の諸声には、a・ka二声を含まないもの、僅かにaを含むもの、a・ka二声を共に含むものの三種ある。中国の言葉で云えば、黄鐘・林鐘・太簇三均の調があるわけである。

均＼九声	sa		ra	ga	a	ma		pa		dha	na	ka	
I	sa		ra	ga		ṁa		pa		dha	na		−a, ka
	羽		変宮	宮		商		角		変徴	徴		
II	ṡa		ra		a	ma		pa		dha	na		+a
	商		角		変徴	徴		羽		変宮	宮		
III	sa		ra		a	ma		ṗa		dha		ka	+a, ka
	徴		羽		変宮	宮		商		角		変徴	

●印……インド均（旦）首－商声

⑧碑文七調は、『ナーラディー・シクャー（*Nāradī-sikṣā*）』所言の七調と大抵一致するが、次に碑文七調の各声に中国七声を当てはめて表解すれば、一目瞭然である（Rao Sahib Prabhakar R. Bhandarkar, "Kudimiyamalai Inscription on Music,"

Epigraphia Indica（Calcutta：Superintendent Government Printing, India), vol. 12（1913-14), pp. 229-230を参照）。

表中の均（旦）Ⅰ・Ⅱ・Ⅲは、上述の三様の七声を表す。Ⅰはa・kaを含まず、Ⅱは僅かにaのみを含み、Ⅲはa・ka二声を共に含む。これ等の声に照応している中国七声により、インド九声が三均の間で如何に使用されているのか看取することが出来る。更に七調首の律が僅か二律に限られることも注意すべきである。

Kuḍimiyāmalai 碑文の七調

七調名	七調の声												均(旦)	中国調	蘇祇婆調
1. Madhyama-grāma	羽		変宮	宮		商•		角		変徴	徴		Ⅰ	商調	
2. Ṣaḍja-grāma	羽		変宮	宮		商•		角		変徴	徴		Ⅰ	商調	
3. Ṣaḍava	商		角		変徴	徴•		羽		変宮	宮		Ⅱ	徴調	沙臘
4. Sādhārita	徴		羽		変宮	宮•		商		角		変徴	Ⅲ	宮調	婆陁力
5. Pañcama	商		角		変徴	徴		羽•		変宮	宮		Ⅱ	羽調	般贍
6. Kaiśika-madhyama	徴		羽		変宮	宮•		商⑨		角		変徴	Ⅲ	宮調	
7. Kaiśika	徴		羽		変宮	宮		商•		角		変徴	Ⅲ	商調	鶏識
碑文九声	sa		ra	ga	a	ma		pa		dha	na	ka			

•印……調首⑩

右表に見られるように、七調の中、三種は調首が商声、二種は調首が宮声、一種は調首が羽声である。調首が商声のものは商調、調首が宮声のものは宮調、調首が羽声のものは羽調である。宮調以外は中国では外来のものである。七調中、a・kaを含まず、僅か七声からなる調は、マディヤマ・グラーマ（madhyama-grāma）とシャドジャ・グラーマ（ṣadja-grāma）の両調で、調首maは中国の商声である。maは中国の宮声ほどの主要な地位を占めていて、従ってインド均は中国均とその性質が異なる。[4]

碑文七調を蘇祇婆七調と比較するとき、サーダーリタ（sādhārita）と「娑[⑪]陁力調」は共に宮調、カイシカ（kaiśika）と「鶏識」は共に商調、シャーダヴァ（ṣāḍava）と「沙臘調」は共に徴調、パンチャマ（pañcama）と「般贍調」は共に羽調であり、夫々が相一致している。これ等の調の調名はすべて対訳であって、爾餘の三調がやや合わないとは云え、蘇祇婆調がインド楽調から出たことは、断じて疑いない。[5] 碑文のその他の三調は、二つが商調、一つが宮調である。中国の角調・変徴調・変宮調に相応するものは、碑文中には記述がない。ただし、バラタ（Bharata）の所説によると、角調・変徴調・変宮調に比擬出来るものがあったことは明らかである。この三調が共にインド楽調から出たものと考えても、それほど大きな間違いはあるまい。[6]

（1）この書の出版には左記の二種がある。

1. Bharata Muni, *The Nâtyaśâstra of Bharata Muni,* edited by Paṇḍit Śivadatta and Kâśînâth Pâṇdurang Parab, Kâvyamâlâ no.42 (Bombay : "Nirnaya-Sâgara" Press, 1894).

2. Bharata Muni, *The Nāṭya Śāstra of Bharata,* edited by Batuk Nāth Sharmā and Baldeva Upādhyāya, Kashi Sanskrit Series 60 (Benares : Chowkhamba Sanskrit Series Office, 1929).

原書は梵文で、計三十三章。音楽に関係のあるものは[⑫]二十八章以下の六章である。古楽論を知る上で最も重要となる第二十八章 Jātilakṣaṇa「調相」は、Joanny Grosset の訳註が世に行われている。"Contribution à l'étude de la musique hindoue," in *Mélanges de philologie indo-européenne,* Bibliothèque de la Faculté des lettres de Lyon, t.6 (Paris : Leroux, 1888). また、Emest Clements, *Introduction to the Study of the Indian Music,* pp. 45-53 にはその重要部分の訳註がある。ただし、この書には後人が竄入した箇所があり、音楽に関する部分は四世紀以前に遡ることは出来ず、更にその後でなければならない。Rao Sahib Prabhakar R. Bhandarkar, “Contribution to the Study of Ancient Hindu Music,” *The Indian Antiquary*（Bombay : Education Society’s Press）, vol. 41（1912）, pp. 158-159 を参照。

（2）碑文の解釈及び研究は、Rao Sahib Prabhakar R. Bhandarkar, “Kudimiyamalai Inscription on Music,” *Epigraphia Indica*（Calcutta : Superintendent Government Printing, India）vol. 12（1913-14）, pp. 226-237 に見える。

（3）七声中の ga を a に替えるときは、五度（七律）高い新調に転じ得るし、新調中の ni を ka に替えるときは、更に五度（七律）高い新調に転ずることが出来る。

（4）近代では sa を首位とするが、古時はそうではなく、ma を中心とする。R. Bhandarkar, “Contribution to the Study of Ancient Hindu Music,” *The Indian Antiquary*（Bombay : Education Society’s Press）vol. 41（1912）, pp. 254-255 を参看せよ。

（5）レヴィ氏は初め、七調中、少なくとも（三）沙識＝シャドジャ（ṣaḍja）、（六）般贍＝パンチャマ（pañcama）、（七）俟利箑＝ヴリシャ（vṛṣa）、（四）沙侯加濫＝サハ・グラーマ（saha grāma）であり、それらは、亀茲楽が術語と理論の何れに於いても明らかにインドに起源することを示しているとした。Sylvain Lévi, “Le Tokharien B, langue de Koutcha,” *Journal asiatique*（Paris : Société asiatique）11e série, tome II（1913）, p. 352 に見える。その後、『法寶義林』中で、始めて七調碑と蘇祇婆調との親近さが提示された（同書一五六頁）。次いでペリオ氏は、遂に蘇祇婆調が確かにインド調であることを保証した（「義林批評」一〇四頁）。

（6）シャドジャ・グラーマ（ṣaḍja-grāma）とマディヤマ・グラーマ（madhyama-grāma）所属の七声は、夫々調首に相当する役割があり、十四のムールチャナー（mūrchanā）（旧訳では「解」とする）をなす。『撰集百縁經』（呉、月氏、優婆塞、支謙訳）乾闥婆作「樂讚佛縁」に云う、「一弦琴を弾きて、能く七種の音声を出ださしめ、声に二十一解有り。（彈一弦琴、能令出於七種音聲、聲有二十一解。）」梵文原典では「解」字は mūrchanā に作る。Jacob Samuel Speyer, ed., *Avadānaçataka : a century of edifying tales belonging to the Hīnayāna* vol. 1, Bibliotheca Buddhica III（St.-Pétersbourg : Commissionnaires de l’Académie impériale des sciences, 1902）p. 95.

第四節　蘇祇婆五旦の新釈

『隋書』音樂志中に云う、

（林補：蘇祇婆の）七調に又五旦の名有り、旦ごとに七調を作し、華言を以て之を訳せば、旦とは則ち均を謂ふなり。其の声、亦た黄鍾・太簇・林鍾・南呂・姑洗の五均に応ずるも、已外の七律は、更に調声無し。（七調又有五旦之名、旦作七調、以華言譯之、旦者則謂均也。其聲亦應黃鍾・太簇・林鍾・南呂・姑洗五均、已外七律、更無調聲。）

旦は、ターナ（tāna）の音訳とする者もあるが、原語には中国の均字の義はない。(1) 誤伝でないとすれば、恐らくは別の語源を求むべきであろう（附録二十三項を参看せよ）。

碑文の調は三均に渉り、調首が二律の何れかの一律に存することは、前述の如くであるが、蘇祇婆調では、五旦即ち五均があることを云う。五旦の復原は一見容易なようだが、種々の問題が介在しており、隋唐二代に通ずる、秩序ある説明を求めようとしても、目下のところ、いささか困難である。私が現在考案した一つの仮説も一、二の難点があるを免れず、真の解決は暫時保留にしなければならない。

（一）鄭訳の黄鐘・太簇・姑洗・林鐘・南呂の五均と唐代の五商調の間には密接な関係があり、五商調の調首の位置から五旦解釈の重要な暗示が得られる。インド楽調中、商調が中心であることは前述の如くであるが、唐俗楽調中には、中国律名によらない特殊な時号をもつもの（この中、「道調」一種は中国式か）があり、商調が亦た最も多数を占めている（角調は商調の名に準拠するが、「七調碑」中には角調はないので、今は省略する）。時号のあるものは、宮調が二つ（「沙陁」・「道」）、羽調が二つ（「平」・「般渉」）であるが、商調は五つ（「越」・「大食」・「双」・「小食」・「水」）であり、これによって、俗楽中での商調の重要さがわかる（高大食は大食調に準じ、高平・高般渉は平調・般渉調に準ずる。『唐會要』は、俗楽時号に於いて凡そ高字のあるものは皆省略している。高字の調は二次的なもので、蓋し鄭訳以後増益したものであり、今亦た省略する）。凡そ特殊な時号をもつ調は、大概もとはインド楽調で、もとの高度を中国楽調に化したものである。五商調の調首の音程は鄭訳所言の五均の律の音程と完全に一致し、これによって、五商調は蘇祇婆の時代から連綿と伝えられて来たことがわかり、しかも彼の五旦は、或いは五商調の調首の五律と五商調の夫々の七声により構成されたものであるかも知れないと思わせるのである。今、鄭訳五律と五商調の調首の律とを対照するときは、次の如くなる。

	1	2	3	4	5	6	7	8	9	10	11	12
鄭訳五律	林		南			黄		太		姑		
唐五商調	越調		大食調			双調		小食調		水調		
調首	黄鐘商		太簇商			仲呂商		林鐘商		南呂商		

鄭訳の所謂「均」が、もし旧来の均の意義、五声の首である宮声の位するところを指すとは限らず、同時に商調の商、角調の角等が当たる律をも指すのであれば、右表は正しいことになる。しかも、この表は、五商調の調首に五律が与えられていて、インドの商声を首位とする「旦」の本義に合う。しかしながら、唐の越調の調首は当時の

正律の南呂（黄鐘商の調首が南呂と考えられることについての解説は後に詳しい）に当たるようで、唐正律を鄭訳律より二律低く見做さなければ、越調の調首は林鐘に相応させるすべがない。もし鄭訳の律を唐正律と同格と考えれば、越調の調首は二律高くなり、これを南呂に置かざるを得ない。これは所謂五律を宮声の首位とみなす中国式の均の五律と同じであり、よって五律は五調首より夫々二律低くなるのである。

	1	2	3	4	5	6	7	8	9	10	11	12
鄭訳五律	林		南			黄		太		姑		
唐五商調調首			越調		大食調			双調		小食調		水調

（二）鄭訳の五律が当時施行したものと考えるにしても、一体、玉尺律であったのか、鉄尺律であったのか、或いは清商律であったのか。『隋書』律暦志上に、

　陳を平らぐるの後、周の玉尺律を廃し、便ち此の鉄尺律を用ふ。（平陳後廢周玉尺律、便用此鐵尺律。）

と云い、しからば、開皇七年は陳平定の前であり、玉尺律を用いたのである（周代は、玉尺〔保定中の創成〕の後に已に鉄尺〔乾徳六年、斉平定の後、蘇綽制定〕を用いてはいたが、玉尺は古く鉄尺は新しいと云うことには、尚お疑いがある。両尺の併用を云うものもある）。玉尺の黄鐘をe^1とすれば、鉄尺では$\sharp f^1$となる。しかしながら、鄭訳律は鉄尺律の筈であって、その所言の五均の律はこの律に準じた筈である。[2]

鉄尺律の倍律林鐘は$\sharp c^1$であり、従って越調の調首は、前の二表によると、もし$\sharp c^1$でなければ、$\sharp d^1$の筈である。唐

貞元中、驃国が貢献した両頭笛（その制は隋唐楽調の解釈上、大いに貢献するところがある。後に詳しい）が、もし当時の律尺―鉄尺（小尺）によったのであれば、黄鐘商、越調の調首は♯d¹とするのが至当である。それならば、鄭訳五均は鉄尺律に準拠した中国式の均（宮声が首位）であると解することが出来る。

(三) 隋の娑陁力調と唐の沙陁調は共に宮調で、隋の般贍調と唐の般涉調は共に羽調であり、更にその名称が夫々類似していることから見て、夫々一調に帰すべきものであることは疑うべくもないが、これ等と唐の五商調の、律上での関係はどうであろうか。これは調の高度に関する中で最も難しい問題であり、結局のところ、唐俗楽正調名（『唐會要』所録）を「之調式」と考えるか、「為調式」と考えるかにより、相反する二説を導き出すことが出来る。

第一に、蘇祇婆七調を、七調もとのままの相互関係を表しているものと考え、七調の調首が同律でないとすれば、娑陁力調は鶏識調よりも調首が二律低く、般贍調よりも調首が九律低くなる。鶏識調がもし大食調であるならば、娑陁力調と越調は調首が並び、般贍と般涉は完全に一致する。この相互関係は、唐俗楽正調名を「之調式」と解するものと一致し、宋伝及び日本所伝と符合する。

隋	娑陁力調		鶏識調							般贍調
唐	越調 沙陁調		大食調			双調		小食調		般涉調 水調

第二に、蘇祇婆七調を、調首がすべて同律の七調と考えれば、娑陁力・鶏識・般贍三調の調首同律の関係は、唐

の沙陁・大食・般渉三調中にも認められる筈であり、それならば、唐俗楽正調名を「為調式」と解するものと一致する。

ここでは暫く「七調碑」を引き列ねて、この両説では何れの一説が原義に合しているかを検討しよう。

碑文七調中、蘇祇婆調名と関係のあるものは娑陁力・鶏識・沙臘・般贍の四調である。この中、鶏識と般贍の調首は同律で、娑陁力と沙臘の調首は共にそれらより二律低い。蘇祇婆七調を第一説として見るときは、娑陁力対鶏識、沙臘対般贍以外は、その差が大きすぎる。第二説として見るときは、鶏識・般贍の調首は同律で問題はないが、娑陁力と沙臘の調首は共に二律低く一致しない。碑文七調（実際には宮・商・徴・羽の四調のみ）は三均に渉り、調首の律は二律に配分されており、蘇祇婆調を第一説として解すれば、七調は皆一均の上にあると思われるが、相互関係が異なる。それ故、蘇祇婆調は中国調に化する必要上、原調を改編してから一均の上に羅列させたものかも知れず、これは可能性が大いにあるけれども、亦た遽かには断じ難い。何故ならば、蘇祇婆調と碑文七調は同じくインド系ではあるが、碑文七調と完全に一致するものではなく、——角・変徴・変宮の三調は碑文にないものであり、且つ蘇祇婆調には五均があるが、碑文は僅かに三均のみである——両者は恐らくは同源にして異流であって、調名と調の高度は共に蘇祇婆七調の原型となるものが、恐らくは尚お別にあったのであろう。とも角、その中、亀茲の仲介を経たものは、多少いくらかの変化があった筈である。目下の吟味では、結局、何れの説が適当であるのか実に断定し難い。

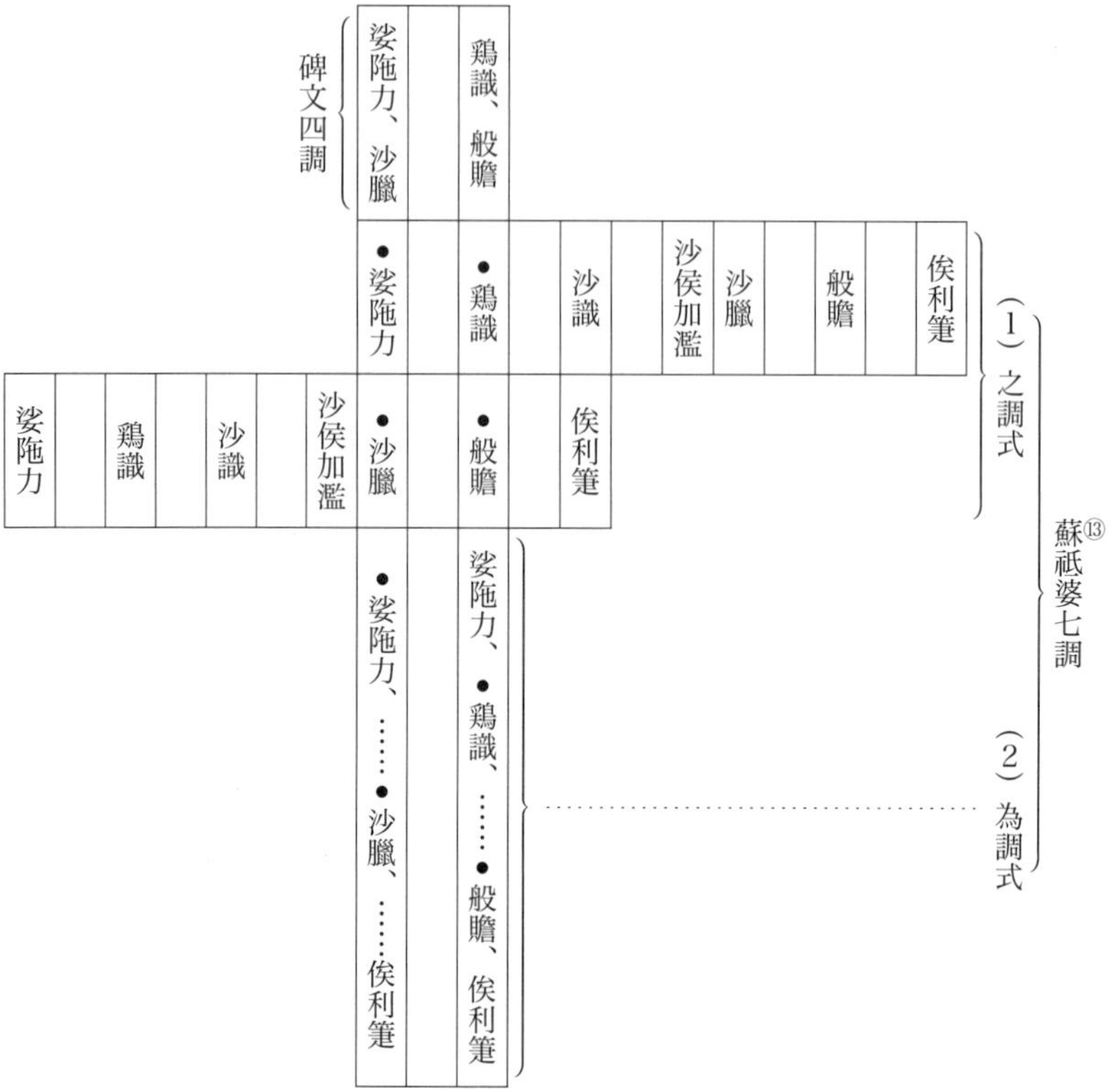
蘇⑬祇婆七調
（1）之調式
（2）為調式
碑文四調
娑陁力、沙臘
鶏識、般贍
侯利箑
般贍
沙臘
沙侯加濫
沙識
●鶏識
●娑陁力
侯利箑
●般贍
●沙臘
沙侯加濫
沙識
鶏識
娑陁力
娑陁力、●鶏識、……●般贍、侯利箑
●娑陁力、……●沙臘、……侯利箑

以上の所説を撮合するときは、次の如くなる。

（1）蘇祇婆五旦は唐五商調所属の五均と密接な関係がある。

（2）唐五商調の第一調——越調の調首の律は鉄尺律の南呂♯d⑭である。

（3）唐俗楽正調名を「之調式」と解するときは、沙陁調・越調の両調首は同律である。それが隋代にあっては、「七調碑」と同様、娑陁力調は、越調の原型たるシャドジャ・グラーマ（ṣadja-grāma）、マディヤマ・グラーマ（madhyama-grāma）の調首と同律であり、また鶏識調と唐の大食調の調首は共に同律である（もし「為調式」説を採れば、越調は沙陁調より調首が二律低くなる）。

これを根拠として考え出した蘇祇婆五旦の復原は、下図の如くなる。

下表中、＊印が標示してある下部は、鄭訳の原義の通り、五律を五商調の調首とした場合に有する情況を示している。ただし、このときは隋唐楽調の間に二律の移動があったと見做さなければならない。

蘇祇婆五旦想像図

		♯c	d	♯d	e	f	♯f	g	♯g	a	♯a	h	c	
五旦		ni		sa		ri	ga		ṁa 5		pa		dha	
		ga		ṁa 1		pa		dha	ni		sa		ri	1 七調碑の三旦
			dha	ni		sa		ri	ga		ṁa 2		pa	2
			ri	ga		ṁa 3		pa		dha	ni		sa	3
			pa		dha	ni		sa		ri	ga		ṁa 4	
唐五商調調首				ma 1		ma 3			ma 5		ma 2		ma 4	
				越調		大食調			双調		小食調		水調	
五均の律（鉄尺律）		林		南			黄		太		姑			

	h	c	♯c	d	♯d	e	f	♯f	g	♯g	a	♯a	
五均の律（鉄尺律）			林		南			黄		太		姑	*

碑文の三旦は、もともと九声を応用しており、その他の諸旦の七声を用うることはないが、この表中では、aとkaを用いなかったため、五旦夫々に対して七声を排比した。旦首は常にma（商声）に当たるわけである。

また、蘇祇婆七調名と唐の五商・二宮・二羽とを併記し、左の図に列すると、五旦の理解がいよいよ容易になろう[15]（図は次頁に見える）。

			♯c	d	♯d	e	f	♯f	g	♯g	a	♯a	h	c
五旦	V	黄鐘均	徴		羽		変宮	宮		商		角		変徴
										双調				
	I	林鐘均	宮		商		角		変徴	徴		羽		変宮
					越調									
	II	太簇均		変徴	徴		羽		変宮	宮		商		角
							平調			道調		小食調		
	III	南呂均		変宮	宮		商		角		変徴	徴		羽
				侯利箑	沙陁調 娑陁力調		大食調 鶏識調		沙識調		沙侯加濫調	沙臘調		般渉調 般贍調
	IV	姑洗均		角		変徴	徴		羽		変宮	宮		商
														水調
		鉄尺律	○林●	夷●	○南●	無	応●	○黄	大●	○太●	夾	○姑●	仲	蕤●

（I・II）驃国の両頭笛及び日本篳篥の律度がこれに応ずる。

○印：鄭訳所言の五律
●印：驃国の両頭笛の律

五旦各旦の七声を調首とするときは、理論上、本来は五×七の三十五調を得られるが、実際にそうであったかどうかわからない。唐代の二宮・五商・二羽の「時号」から推想するとき、蘇祇婆の時代に、七調碑の如き二宮・三商・一徴・一羽及び唐代所用の角調以外に、その他の諸調が理論以上に実用に供せられたことがあったかどうか、実に疑問である。一旦が宮・商・角・徴・羽の五調であるとすると、五旦ではただ二十五調が得られるのみである。そして唐の五商調は、更にその同均の他調中では、夫々二宮・二羽が「時号」を持つのみで、この事実からして、原調の数はいよいよ少なかったように思われる。

もし三十五調とすれば、五商調調首の五律以外の律に於いて調首があるものは十三である。ただし私の想像では、恐らくもともと「七調碑」に示すところ（角声があってもそれを調首とはしない）の如きは、五商調調首に当たる律であって、その全部がすべて使用されたとも思えず――よってその他の律は云うまでもなくすべて調首となり得ないわけである――蘇祇婆調の総数は恐らく三十五調の半数にさえも及ばないであろう。後に、鄭訳によって組成された十二均八十四調は、宛も蘇祇婆の五均三十五調に七均四十九調を加えたものの如くであるが、実際の情況は必ずしもそうとは限らないのである。

「七調碑」には三均あるが、調首の律には二あり、この二律は二商調の調首に当たる。蘇祇婆調は右表によれば、角調と二変調を除くと、その他何れも五商調の調首中の某一調の調首律に等しい。実に不可思議である。「七調碑」の二律、蘇祇婆調の五商調の調首の五律は、恐らくはインド・亀茲楽の実用上、重要な音（とりわけ越調の調首の律を最たるものとする）であり、多分これ等の律を以って絃楽器や鼓類の律を協調したのであろう。『隋書』音樂志中に所謂「此の七調に就きては又五旦の名有り、旦ごとに七調を作す（就此七調又有五旦之名、旦作七調）」とは、或いは恐らくは上述の如く、五商調の調首の五律の上に、その他の七調が夫々その調首を置き、残りの律は調首として用いなかったのであろう。それならば、蘇祇婆の一角・二変の三調は、もし別の均（五律の何れかの一律がこの三調首の声となり得る）のものを南呂均に移したのでなければ、宮・商・徴・羽等の調と同一の律上にその調首があることになるが、この点は尚おも明らかではない。

これを要するに、標準となる重要な五音と五旦との関係の深さから、隋唐間の燕楽律[16]はそれらを厳密に一致させる必要があるが、もしその必要がなければ、五旦即ち五律の意と解するも可である。

唐の黄鐘商越調は五商調の首位にあり（その正調名を観れば自明である）、越調が所属する五旦（インド式）の第一旦は全く鄭訳雅楽律である鉄尺律の林鐘均に相当し、越調の調首の商声（南呂）を亀茲楽の第一標準音とする。この律を宮声とするもの（即ち南呂均）は唐の太簇宮沙陁調、一名正宮であり、正宮は中国俗楽の中心である。よって南呂律は、亀茲でも中国でも標準であると云えるのである。しかしながら伝統上、五商第一の越調が所属する林鐘均を第一均とするため（何故ならば、亀茲楽では、宮声沙陁調に比べて、商声越調を中心とするからである）、その結果、この均首の宮声（林鐘）も亦た中国俗楽標準律として置くことが出来ると云う思想を生み出したのである。鉄尺律の倍林鐘を該律の黄鐘とするときは、鉄尺律より五律低い律を得るが、これが鄭訳が亀茲律を学習し、その楽調を漢化せしめたときに導き出した律（仮にこれを鄭訳俗律と称す）、即ち後の唐代の古律の淵源である。亀茲楽の標準律が一たび漢化を経て唐代俗律となると、鉄尺律が唐代の正律として活用されるようになったのである（諸律の関係は後章に詳しく見える）。

	♯c	d	♯d	e	f	♯f	g	♯g	a	♯a	h	c
鉄尺律	林	夷	南	無	応	黄	大	太	夾	姑	仲	蕤
鄭訳俗律	黄	大	太	夾	姑	仲	蕤	林	夷	南	無	応
蘇祇婆律	無	応	黄	大	太	夾	姑	仲	蕤	林	夷	南

（1）Maurice Courant, "Essai historique sur la musique classique des Chinois," p. 96, note 1.
五世紀の書『パンチャタントラ（*Pañcatantra*）』には、古インドに四十九のターナ（tāna）があったと云う。

（2）『隋書』律暦志上に「是れ万宝常の造る所、水尺律と名づけ、説に称へらく、其の黄鍾の律は、鉄尺の南呂の倍声に当たると（是萬寶常所造名水尺律、説稱其黃鍾律當鐵尺南呂倍聲）」と云い、萬寶常傳に「宝常、詔を奉じ遂に諸楽器を造り、其の声、率ね鄭訳の調を下ること二律なり（寶常奉詔遂造諸樂器、其聲率下鄭譯調二律）」と云うが、鉄尺律は水尺律より三律高い。萬寶常傳の所言の二律とは恐らくは二律半の意で、隋時にはこれに類似した律はなく、鄭訳の律が鉄尺であることは疑いない。
　また、鄭訳と蘇祇婆との関係は陳平定以前のことであり、鄭訳が楽議中このことを提出したのは、『通典』巻百四十三、樂三では、それを開皇二年に属せしめているが、按ずるに、『隋書』音樂志中によると、七年以後の筈であり（その文は「高祖、大いに怒りて曰はく、我、天命を受くること七年、楽府は猶ほ前代の功徳を歌ふか（高祖大怒曰我受天命七年、樂府猶歌前代功德耶）」の後にあり、また高祖紀の開皇九年の記事参照）、しからば、鄭訳が鉄尺を以って均を論じたことは、まさに当然である。

第五節　蘇祇婆七調名の原語

蘇祇婆所伝の七調にその梵語の原名が過半数あることは、上述の如く已に若干の先覚がそれ等を闡明したが、更にこれ等と関係のある調名や旧来の異説がある。ここでは、それらを類聚し、少々批判を加えてみよう。

ペリオ（Paul Pelliot）は、その所著「『法寶義林』批評」中に於いて、かつて碑文七調中に該当する蘇祇婆調名等の音訳の当否について論及した。ただし、今両者の音韻の類似以外にも調性の一致のあるを知ったので、瑣細な音韻の相異は等閑視して好い。

文中で用うる資料の一部の略称：

敦煌＝敦煌石室遺籍「仏曲」。

日本＝日本所伝雅楽。

陳暘＝陳暘『樂書』巻百五十九、胡曲調。

『宋志』＝『宋史』律暦志及び樂志。

一　娑陁力（『隋書』音樂志）

婆陁力（『遼史』樂志・『宋志』〔律〕・『通典』・陳暘）

沙陁[17]・沙陀（『唐會要』・日本）

婆陁（敦煌・陳暘[18]）

「娑陁力」は、七調碑のサーダーリタ（sādhārita）の対訳で、「沙陁」は「娑陁力」の略であるが、「婆」が誤字であり、娑・沙を正しとすべきことを知るに足る。唐の沙陁調は、正宮即ち宮調である。日本所伝は已に後世の変革を経てはいるものの、沙陀調曲中に尚おその宮調の面影を存するものがあり、日本の旧説では「沙陀」は沙陀国の調であるが、それが臆説であることは云うまでもない。(1) 日本所伝の偽林邑楽曲は(2)壱越・沙陀の両調を主とし、或いはその偽伝によって、日本の沙陀調は林邑の直系であって、近世インドの ṣadji 調と実に類似するとしているものもある。(3) 実際には日本の沙陀調は後に改変されたものである。

二　雞識（『隋書』音樂志・『通典』）

稽識（『宋志』〔律〕）
乞食（日本・敦煌・陳暘⑱）
大乞食（陳暘）
大食（『唐會要』・『宋志』・『遼史』樂志・日本）
小食（『唐會要』・『宋志』・『遼史』樂志）
小植（『新唐書』驃國傳）
大石・小石（『琵琶錄』・『宋志』・『夢溪筆談』・日本）

乞食と鶏識は音が近く、両調はまた共に一均の商調であると考えられ、従って乞食も「七調碑」のカイシカ (Kaiśika) の異訳に相違ない。日本の旧説では、「大食」を大食国 (Tajik) の調とするが、(4) 実は大食或いは大石は、即ち大乞食の略で、共に鶏識の異称であり、異均の商調中に小食（小石）がある故に、大の字を加えて区別したのであって、「大」は大小の大に他ならない。識・食・石の三字は音が近く、これ等の調名には密接な関係がある。大食は大〔乞〕食、大石は大〔乞〕石、同様に小食は小〔乞〕食、小石は小〔乞〕石である。陳暘⑲『樂書』（巻百八十八、法曲部条下）には「小訖食」があり、余の説を証するに足る。

三　沙識（『隋書』音樂志・『通典』・『宋志』〔律〕）

涉折（陳暘）

沙識と涉折は、声が共に角声で、調は共に角調と考えられ、そして字音もほぼ近く、大抵同一語原に由来するものであろう。レヴィ氏（Sylvain Lévi）は沙識＝シャドジャ（ṣaḍja）としているが(5)、調の性質が異なる。

四　沙侯加濫（『隋書』音樂志・『通典』）

レヴィ氏はサハ・グラーマ（saha grāma）と解している(6)。「七調碑」にシャドジャ・グラーマ（ṣaḍja-grāma）があり、『法寶義林』は沙侯加濫をシャドジャ・グラーマに当てているが、調の性質が一致しない。

五　沙臘（『隋書』音樂志・『通典』・『宋志』〔律〕）

娑臘（陳暘）

灑臘（『金剛頂經略出經』）

沙臘は即ち「七調碑」のシャーダヴァ（ṣāḍava）の対訳であり、中央アジア地方のḍ→lの音韻転換は珍しいことではない（Pelliot, Ibid., p. 102）。娑が字の誤りであることは云うまでもなく、沙・娑を正しとすべきである。『金剛頂經瑜伽中略出念誦經』（大唐、南印度三藏、金剛智訳）巻四に「灑臘」があり、云う、其の讚詠の法は、晨朝には当に灑臘（林註：即ちシャーダヴァ〔ṣāḍava〕）の音韻を以てすべく、午時には中音（林註：即ちマディヤマ〔madhyama〕）を以てし、昏黄には破音（林註：原語未詳）を以てし、中夜には第五音韻（林註：即ちパンチャマ〔pañcama〕）を以て之を讃せよ。(7)（其讃詠法、晨朝當以灑臘音韻、午時以中音、昏黄以破音、中夜以第五音韻讃之。）

灑臘は勿論同語の異訳である。

六　般贍（『隋書』音樂志・『通典』・〔『宋史』律曆志は「般瞻」に作る。〕）
般涉（『唐會要』・敦煌・『宋志』〔樂〕・陳暘）
盤涉（日本）

蘇祇婆般贍調、日本盤涉調は何れも同均の羽調と考えられ、共に「七調碑」のパンチャマ（pañcama）の対訳であることは勿論疑いない。(8)高楠氏の旧説では、日本の「盤涉」はパンジャブ（Panjab）（インド五河地方）の楽調かと述べるが、信従し難い。(9)

七　俟利箑[20]（『隋書』音樂志）
俟利菙[21]（『宋志』〔律〕）

『隋書』音樂志に「華言、斛牛の声（華言斛牛聲）」と述べるところから、リシャバ（ṛṣabha）(10)・ヴリシャ（vṛṣa）(11)・ヴリシャバ（vṛṣabha）[12]等に比擬する説がある。この三語は何れも牡牛の意である。

（1）　高楠順次郎「奈良朝の音樂 特に「臨邑八樂」に就て」（七九〇頁）はかつてその非を論じた。『法寶義林』一五六頁を参照。ペリオ氏は、高楠氏説に反対し、大食調は大食（アラビア）から来た以上、沙陀調が沙陀国（トルコ族）に因んで名を得たことも、亦た否認するわけにはいかず、もし沙陀調名が沙陀国の出現（九世紀中葉以前）以前より存在したとすれば、その原語は ṣaḍja 乃至 ṣāḍava 等の如き、ṣāḍ に関連する語に求むべきであろうとしている。案ずるに、沙陁調の名は已に天宝十三載（八世紀中葉）に見え、且つ娑陁力・沙陁は共に宮調であって、娑陁力以外の類語に、その宮調たるものを求めることは実に難しい。この二者は共に胡俗楽の中心的地位を占め、その同一に帰すべきは全く疑うべくもない。且つ大食調は、余の見るところ、実は大食国とは無関係で、ペリオ氏説は信ずるに足りない。

（2）　俗に、聖武天皇の代、天竺僧婆羅門僧正菩提・林邑僧仏哲が林邑楽八曲を伝来したと伝えるが、歴史的根拠は全くない。隋唐代に扶南地方から中国に伝わった音楽であると思われるが、当時の楽曲は已に亡んでいる。後世、林邑八曲と称せられるものは、日本製の林邑曲或いは唐楽中の胡曲であろう。高楠「奈良朝の音樂 特に「臨邑八樂」に就て」は旧説に沿って古伝としているが、今はそれに従わない。津田左右吉「林邑樂に就いて」（『東洋學報』第六巻第二号、一九一二年）は偽としている。フランスの Paul Demiéville, "La musique čame au Japon," in *Études asiatiques : publiées à l'occasion du vingt-cinquième anniversaire de l'École française d'Extrême-Orient*, (Paris : G. Van Oest, 1925) 参照。即ち津田説の紹介増補である。

（3）　高楠は同書（七九五―七九六頁）中、一種の仮説を提出し、沙陀は sa・ri・ga・ma・pa・dha・ni音階の略称、即ち sa＋dha＋ni としている（『法寶義林』一五六頁を参看せよ）。田辺尚雄はまた、近世インドの ṣaḍja grāma に相当するために、直接、ṣaḍja grāma の第一調 ṣaḍjī を沙陀調としている（田辺「印度樂律と林邑樂の沙陀調との關係に就て」『東洋學藝雜誌』第三十五巻第四四〇号、一九一八年）。向達氏も田辺氏に類し、沙陀＝ṣaḍja としている（「龜茲蘇祇婆琵琶七調考原」）。ただし、唐の沙陁調は隋の娑陁力から出たものであり、もともと宮調であって、原名も已に判明しており、これ等の学説は云うまでもなく放棄されるべきである。

(4)『大日本史』禮樂志十四に云う、「『唐書』を按ずるに大食は本《もと》波斯の地、此の調は蓋し此より出づるならん、故に名づく。食は一に石に作り、音通す。([22]按唐書大食本波斯地、此調蓋出于此、故名。食一作石、音通)。」高楠「奈良朝の音樂 特に「臨邑八樂」に就て」七九〇頁参照（『法寶義林』一五六頁を参看せよ）。
　クーラン氏も、大食調が大食国の調であることは信じられようが、小食調は何と解すべきかわからないと云っている (“Essai historique sur la musique classique des Chinois,” p. 118)。ペリオ氏は更に、大食調は大食から出たものと深く信じて疑わない。

　また、乞食に関しては、『大日本史』禮樂志十四に異説がある。「乞食調は疑ふらくは歇指調、即ち林鐘商南呂なり（乞食調疑歇指調、即林鐘商南呂也）」と云い、註に「又、狛氏所伝の『猗蘭琴譜』に碣石調有り、他に見る所莫し。碣石と乞食と音亦た近く、疑ふらくは乞食の転ならん（又狛氏所傳[23]猗蘭琴譜有碣石調、他莫所見。碣石乞食音亦近、疑乞食之轉也）」と云う。また日本所伝には大食調曲以外に尚お乞食調曲があり、この二者は多少の区別があるようであるが、未詳。

(5) レヴィ “Le Tokharien B, langue de Koutcha,” p. 352. ペリオ氏は、『金剛頂經略出經』（沙臘の項参照）の「破音」が或いはこの語かと云っている。

(6) 註（5）に同じ。ペリオ氏は、加濫を grāma の音訳とするのは甚だ適しているが、ḍja を侯と訳すのは不可としている（訳者沫若案ずるに、侯は俟字の誤りらしく、ḍja と音が近い）。

(7)『法寶義林』九七頁参照。

(8) 般贍＝pañcama 説は、高楠・クーラン・レヴィ・田辺・向諸氏が皆これを主張している。高楠「奈良朝の音樂 特に「臨邑八樂」に就て」、Courant, “Essai historique sur la musique classique des Chinois,” p. 96, note 4, レヴィ同前、田辺『東洋音樂史』、向達「龜茲蘇祇婆琵琶七調考原」。また、『法寶義林』一五六頁参照。

(9) 高楠「奈良朝の音樂 特に「臨邑八樂」に就て」七九〇頁、『法寶義林』一五六頁。ペリオ氏は、ペルシア語の Panjāb は唐宋代には未だ現れず、この対比は到底合わないと云い、また、この訳語には中央アジアの中間型がある筈と云っている (Pelliot, ibid., p. 97)。

(10) クーラン同上。ペリオ氏はこの説を甚だ好いとしている (Pelliot, ibid., pp. 103-104)。案ずるに、ṛṣabha（略称は Ri）はインド七声の一つである。

(11) レヴィ同上。
(12) 『法寶義林』一五六頁。

第六節　蘇祇婆調即ち亀茲調は唐代燕楽調の源である

蘇祇婆七調がインド楽調に由来することは上述の如くであるが、これが亀茲楽調であったことも亦た疑いない。
(一) 蘇祇婆は亀茲の琵琶工である(『隋書』音樂志)。
(二) 亀茲はインド文化の感化を受くること特に著しく(『大唐西域記』)(1)、亀茲音楽がインド系であっても全く不思議でない。
(三) 唐代の胡楽中、最も有力であった亀茲部の楽調は俗楽調と同じである(『新唐書』・『通典』・『唐會要』等の書に見える。後に詳しい)。
(四)『遼史』樂志に云う、「四旦二十八調……蓋し九部楽の亀茲部より出づと云ふ。(四旦二十八調……蓋出九部樂之龜茲部云。)」
蘇祇婆調中、唐燕楽調と調名(時号)・調性(宮・商・羽)に於いて親近を保つものに娑陁力(唐、沙陁)・般贍(唐、般渉)・鶏識(唐、乞食・大食＝大乞食)の三種がある。その他の諸調は不幸、隋代の文献に欠如しているから、来歴不詳で一々対照し難いが、唐の二十八調を隋以来の亀茲部に胚胎する楽調と考えるのも、大抵誤りではあるまい。また諸調の高さがインドや亀茲の原調固有の高さに由来することも、ほぼ疑いない。

唐代の燕楽諸調は、清商一部を除くと、大抵この亀茲楽調から派生したものを用いている。亀茲楽調が唯一の存在であって、その他は今日では考えようがなくなってしまった。亀茲楽調を唐燕楽調の原型或いは母胎とするのも決して不適当なことではあるまい。

（1）『大唐西域記』巻一に云う、「屈支国、……文字は則を印度に取り、粗《やや》改変する有り。……伽藍百餘所、僧徒五千餘人、小乗教の説、一切有部を習学す。経教律儀は、則を印度に取る。其の習読する者は本文に即く。（屈支國、……文字取則印度、粗有改變。……伽藍百餘所、僧徒五千餘人、習學小乘敎說、一切有部。經教律儀、取則印度。其習讀者卽本文矣。）」

向達氏は、秦漢以来の亀茲文化とインドとの関係の緊密さについて力説している（「龜茲蘇祇婆琵琶七調考原」）。

第七節　蘇祇婆調とイラン楽調の関係の有無

蘇祇婆七調が名称のみならず、調の性質までインド楽調に由来することは最早疑いないが、インド以外に西域文化の重大要素であるイラン（Iran, Eran. ペルシアを盟主とする）の分子の混入した痕跡がないかどうか。この点に関しては、楽調上では断言し難い。「七調碑」に録するところは琵琶様の四絃楽器の調であり、インドにも四絃琵琶があったが、これ以外にも他証がある。蘇祇婆所用の胡琵琶（蓋し亀茲琵琶）も恐らくは四絃四柱であろう（後章参照）。ただし、楽論上から云えば、四柱琵琶の起源は、インドよりも寧ろペルシアに求めるべきであり、そして遥か古代以来インド・ペルシア両文化の接触は早くから始まっており、音楽上両者に類似した部分があっても何等不思議はない。(1) 四絃四柱琵琶がインド楽調に於いても応用され調和していたとしても、驚愕するに足りない。(2)

蘇祇婆と同時代のインド楽調を探るより遥かに困難なのはペルシア楽調である。ササン朝代に七種の調の行われていたことが、アラビア史家マスウーディー（al-Masʿūdī）によって記録されているが、調名以上にその実際は知ることが出来ない。またコスロー二世（Khusrau II）時代に三十日に応じて三十調が考案されたと云う史話があるが、これも詳細は不明である。(3) これ等の楽調中、ある調は、インドのある調と類似していたであろう。安国楽や康国楽はイラン系と考えられるが、六朝時代、この両楽以外に同系の音楽の東遷があったことは、充分可能である。しかし、中国へ移入の後、インド楽調と混淆して、宮調に当たるものは宮調に、商調に当たるものは商調に混入し、ここに於いてインド楽調名を用いた亀茲楽の優越は、遂に中国楽調名中にイラン系のものの侵入を拒んだのである。従って唐楽の「時号」中、特殊なものは梵語の音訳乃至意訳のみである。しかしイラン系の楽調も、いくらか何処かに混在している筈である。楽器・楽調以外になら、唐代楽曲中にはいくらか梵語以外の西域語らしいものがあり、『唐會要』の天宝十三載改名の楽曲中に見えるのである。(4)

結局、中国楽調に於けるイランの影響は、インド楽の光輝さに蔽われて表面には現れなかった。イランの影響は当然皆無であったとは云えないし、蘇祇婆所伝のものはその調名や調の性質から云って、明らかにインド系であるが、完全に一致するかどうかも断論し難い。多くのインド文化がイラン人の仲介によってややイラン化した後に中国に伝入したが、その痕跡は屢々学者間で指摘されているところであり、音楽上に於いても同様の現象がないかどうか、亀茲楽調中に已にイラン化の片影を見出し得るかどうか。琵琶のような唐代燕楽器の中心と称せられる楽器は、唐時にあっては、音制理論上インドよりも寧ろイラン系のアラビア楽理と厳密に一致し、インド楽調の採用時に若干のイラン化が多少加わったと考えるのも、不可能ではない（唐琵琶とアラビア琵琶の柱声比較表は後に詳しい）。しかし、インド琵琶の実際が理論と一致した声を使用していたかどうかも尚お疑問である。この点に関しては如何なる断案も下し難い。とも角、唐楽が受けたイランの影響の有無は、将来を待たねばならない問題である。

王光祈氏は、胡琵琶とアラビア琵琶の類似を根拠に、周隋時代の「西域各国の音楽は、実はアラビア・ペルシア音楽文化の勢力範囲下にあった」（『中國音樂史』上冊、上海：中華書局、一九三四年、一〇八頁）と断言するが、亀茲について云えば、インド音楽文化の感化が却って強大であったことが、今、蘇祇婆七調の研究により已に闡明にされた。王説は補正を加えなければならない。

（1）Cecil Forsyth（*A History of Music,* New York：Macmillan Co., 1916）は、インド音楽の形式は大部分がアラビア音楽から伝来したとしている。

（2）インド楽論の二十二律から生み出された七声は、唐琵琶の柱声と厳密に一致するわけではないが、理論の実用が一体どの程度に達していたのか実に不明であるものの、イラン楽論の諸声との一致点は大体見出すことが出来る。

（3）Arthur Christensen, *L'empire des Sassanides le peuple, l'etat, la cour,*（Copenhagen：Bianco Lunos Bogtrykkeri, 1907）, p. 104. Marie-Clément Imbault-Huart, "Musique Persane," in *Encyclopédie de la musique et Dictionnaire du Conservatoire,* 1re partie : Histoire de la musique, tome V（Paris：Delagrave, 1922）, p. 3065.

（4）小食調曲「蘇羅密改爲昇朝陽」は、朝陽とあることからすれば、蘇羅を蘇利耶 Sūrya（太陽・日天の意）と解することも不可ではないようであるが、朝陽は寧ろ「密」字の意解である。『宿曜經』（不空訳、楊景風註）に云う、「日曜は太陽、胡名は「蜜（林註：mihr）」、波斯名は曜森勿、天竺名は阿儞底耶（林註：āditya＝sūrya）なり。（日曜太陽胡名「蜜」、波斯名曜森勿、天竺名阿儞底耶。）」経中の所謂「胡」は、ソグドを指す。レヴィ（Sylvain Lévi）「龜茲國語とその研究の端緒（四）」（『現代佛教』第四巻三十九号、一九二七年七月）、四九—五〇頁参照。また『唐會要』所録中、某々胡歌と称するものがあり、その原語の復原は実に難しく、就中、ソグド等イラン系の語に基づくものもある筈である。例えば「蘇莫遮」は原語不明であるが、この楽劇がイラン地方に出ずることは疑いない。向達『唐代長安與西域文明』六五—六九頁参照。

第三章　亀茲楽調の影響の片影

第一節　中国楽調観念の変更

亀茲楽調が中国音楽に与えた影響は種々あるが、その中、中国伝統の調の観念を変更せしめたことがその最たるものと思われる。中国では古時、一均の七声中、宮声以外は調首とはせず、よって調は宮調と同意語に他ならないが、その後、宮声以外の六声もすべて調首となり調を成し得るようになった。かような思想が涵養されたのは、亀茲楽輸入の影響と思われる。それは周隋代の蘇祇婆・鄭訳等少数者によって創められたものとは限らず、六朝或いはそのやや以前から胡楽の輸入と共に徐々に生育されてきたものであろうが[1]、蘇祇婆・鄭訳等は特に偉功ある者と云って好いのである。

(1) 南朝所伝の清商三調（瑟調・清調・平調）中、清調は「商を以て主と為（以商爲主）」していたと伝えられ（『魏書』巻百九、樂志、陳仲儒の所言）、南伝は明らかではないが、商調がある以上、清楽胡化の一証とするに足る。

第二節　鄭訳琵琶八十四調

蘇祇婆調は五旦（均）に止まるが、理論的に発展すれば、十二均全部が応用し得る。鄭訳は琵琶を用いて試み、一均七調、十二均八十四調を創り出した。

『隋書』音樂志中に云う、

訳、遂に其の捻する所の琵琶に因り、絃柱相飲《あひ》して均を為す。其の声を推演して、更に七均を立つ。合せて十二と成し、以て十二律に応ぜしむ。律に七音有り、音ごとに一調を立て、故に七調を成す[24]。十二律なれば、合せて八十四調。旋転して相交《あひ》はり、尽く皆、和合す。仍って其の声を以て太楽の奏する所を考校すれば、林鍾の宮は、応に林鍾を用ひて宮と為すべきは、乃ち黄鍾を用いて宮と為し、応に南呂を用ひて商と為すべきは、乃ち太簇を用ひて商と為し、応に応鍾を用ひて角と為すべきは、乃ち姑洗を取りて角と為す。故に林鍾一宮七声、二声並びに戻《もと》る（沫若案ずるに、「二声」は「声声」とすべきである。二は重文符号であり、字形が近いために誤ったのである）。其の十一宮七十七音も、例《おほむ》ね皆乖越し、通ずる者有る莫し。（譯遂因其所捻琵琶、絃柱相飲爲均。推演其聲、更立七均。合成十二、以應十二律。律有七音、音立一調、故成七調[24]。十二律、合八十四調。旋轉相交、盡皆和合。仍以其聲考校太樂所奏、林鍾之宮、應用林鍾爲宮、乃用黄鍾爲宮、應用南呂爲商、乃用太簇爲商、應用應鍾爲角、乃取姑洗爲角。故林鍾一宮七聲、二聲並戻。其十一宮七十七音、例皆乖越、莫有通者。）

隋代には鄭訳以外に八十四調説を提唱したものに万宝常がいる。陳澧は鄭訳説が万宝常から出たかと疑い、ことによると或いはそうかも知れない。余は今『隋書』音樂志によって蘇祇婆・鄭訳所伝の亀茲楽調の消息を探究することを眼目としているので、暫く論外に置く。

唐の祖孝孫の八十四調は云うまでもなく、鄭訳・万宝常等先人の遺志の再興であるが、調の律及びその他に於いては異なる所がある筈である。訳の律は琵琶の絃によるが、孝孫の律は管を用う。孝孫調は雅楽調であるので、今は亦た述べない。

蘇祇婆調の律に関しては已に唐代の俗楽調によって比定を得たが、鄭訳八十四調も、琵琶に準拠していて、蘇祇婆七調の増補にほかならず、当然同一の律に準拠していたのであって、雅楽律とは直接の関係はない。鄭訳の新律は太楽の律に対して五律低いことを示しており、隋唐俗楽律がこれと同じと考えるときは、所謂太楽律は鉄尺律に比すことが出来るのである。

第三節　応声と勾字

蘇祇婆原調の研究によって得られた副産物は「勾」字応声説である。『隋書』音樂志中に云う、（林補：鄭訳）又、編懸に八有るを以て、因りて八音の楽を作り、七音の外、更に一声を立て、之を応声と謂ふ。（又以編懸有八、因作八音之樂、七音之外更立一聲、謂之應聲。）

この種の意義の「応声」は前後の典籍には見られない。(1) 宮・商・角・徴・羽・変宮・変徴の他に更に一声を加えることは、決して単に八音の名に応じて名目を取ったわけではなく、仮に私の推想が誤っていないときは、鄭訳が、インド楽調所用の a（antara）や ka（kākalī）のような両声を蘇祇婆から学んで応用したのである。

応声の名称は後に廃れたが、字譜中に残存しており、しかも胡楽器中でも往々にして応声の律を用いており、鄭訳の所言が単なる一片の空談でないことを証している。応声の位置は宮と商の間にある。『隋書』音樂志下の大業中刪定の楽曲百四曲中に、「宮調黄鍾」・「應調大呂」・「商調太簇」があるが、応調は応声と関係があり、しかもその位置を暗示している。これによって応声は大呂を以って正位とすることを知るのである。

応声を利用するときは、五度（七律）の転調をすることが出来、また八声（七声に応声を加える）に当たる八律を二均に通ずることが出来る。応声を変徴として見るときは、徴は宮に当たる。こうすれば二均に通ずることが出来る。例えば、黄鐘・林鐘の七声である。この二均の関係は、唐貞元中、驃国貢献の両頭笛、及び日本所伝の九孔華箫の律制上（律制は後に詳しく述べる）に見られ、胡楽中では別に珍しいことではなく、鄭訳が蘇祇婆から学んだと考えるのが穏当な見解と云えるであろう。

十二律	黄	大	太	夾	姑	仲	蕤	林	夷	南	無	応
黄鐘均	宮		商		角		変徴	徴		羽		変宮
林鐘均一		変徴	徴		羽		変宮	宮		商		角
林鐘均二		応	商		角		変徴	徴		羽		変宮
鄭訳八声	宮	応	商		角		変徴	徴		羽		変宮

字譜上では「応声」は「勾」字に当たる。それは字譜のもつ音程関係から知ることが出来るが、その結果、古来問題の多い「合」字が一体宮声であるか、それとも徴声であるかを決定することが出来る。「合」字は徴声で、林鐘をその正位とする。

林	夷	南	無	応	黄	大	太	夾	姑	仲	蕤
合		四		一	上	勾	尺		工		凡
徴		羽		変宮	宮	応	商		角		変徴

宋人は「合」字を黄鐘とし、清人凌廷堪は「合」字を黄鐘徴声としているが、今、応声の位置を根拠とすれば、二説の均しく非なるを知る。しかしながら応声が大呂に固執せないで、もし蕤賓に移行するときは、「合」字は黄鐘徴声となる。

黄	大	太	夾	姑	仲	蕤	林	夷	南	無	応
合		四		一	上	勾	尺		工		凡
徴		羽		変宮	宮	応	商		角		変徴

韓邦奇『律呂通解』[25]と凌廷堪『燕樂考原』[2]は、共に「勾字は即ち低き尺（勾字卽低尺）」と主張するが、これも誤っている。韓氏等が燕楽十字譜を七声に配したとき、「勾」字に対して配すべき声を探し出せず、遽かにこの説をなしたのである。この二家は共に、鄭訳の所説の「応声」に注意を払うことがなかった。

唐の七角は尚お疑問を含んでおり、仁宗『景祐樂髓新經』及び沈括『夢溪筆談』の示すところによれば、宋の七角は正角ではなく、変宮位の角調である。宋人の言を借りて一名を閏とすることが出来る。[3] 閏は応声の使用から導き出された五度（七律）関係の異均上の正角に他ならない。例えば、黄鐘閏は黄鐘均と五度関係をなす林鐘均の正角である。

（1）この他、宮の清宮に対する類の如く、声の相応ずるものも亦た「応声」と云う。『夢溪補筆談』樂律に云う、「琴瑟の絃には皆応声有り、宮絃は則ち少宮に応じ、商絃は即ち少商に応じ、其の餘は皆四を隔てて相《あひ》応ず。（琴瑟絃皆有應聲、宮絃則應少宮、商絃卽應少商、其餘皆隔四相應。）」朱載堉の所謂「應」もそうである（『律呂精義』を参看せよ）。ただし、これ等は勿論別である。

（2）『燕樂考原』總論に云う、「案ずるに、『遼史』に云ふ所の五・凡・工・尺・上・一・四・六・勾・合の十声の内、四字は即ち低き五字、合字は即ち低き六字、勾字は即ち低き尺字にして、其の実止だ七声のみ。（案遼史所云五凡工尺上一四六勾合十聲內、四字卽低五字、合字卽低六字、勾字卽低尺字、其實止七聲也。）」

（3）宋人の所謂、閏は、頗る一致しない。『宋史』[26]巻七十一、律暦志四、房庶説に「当に変徴を改めて変羽と為し、変を易へ閏と為すべし。（當改變徵爲變羽、易變爲閏。）」また、『宋史』巻百二十九、樂志四、政和七年、左旋右旋七均の法では、閏徴・閏宮を以って変徴・変宮に代えている。変宮位の角声を閏とするものは、張炎『詞源』巻上に見える。『詞源』に所謂「黄鍾閏」は黄鐘の閏の意であり、応鐘を角声とするものである。『宋史』巻百四十二、樂志十七所載、蔡元定『燕樂書』所言の俗楽七声は頗る異なり、別に解せなければならないが、その中にも閏がある。云う、「一に宮、二に商、三に角、四に変を宮と為し、五に徴、六に羽、七に閏を角と為し、五声の号は雅楽と同じ。惟だ……変宮は七声の及ばざる所を以て、閏餘の義を取る、故に之を閏と謂ふ。……俗楽は閏を以て正声と為し、閏を以て変に加ふ、故に閏を角と為すも実は正角に非ず。（一宮二商三角四變爲宮、五徵六羽七閏爲角、五聲之號與雅樂同。惟……變宮以七聲所不及、取閏餘之義、故謂之閏。……俗樂以閏爲正聲、以閏加變、故閏爲角而實非正角。）」（王光祈の解説は、『中國音樂史』上冊、一二四頁以下を参看せよ。ただし、隋唐の俗楽調を論ずる上では、雅楽式の七声を用いても差し支えない。）本書では『詞源』により変宮位の角声を閏或いは閏角とする。

第四章　唐代の燕楽

隋を去って唐に入ると、雅俗楽は更に混淆した姿で、我々の眼前に展開する。唐代は雅楽がなかったわけではない。唐初は隋楽を沿用し、その後、祖孝孫・張文収等が前後して雅楽を定めたが、その楽調は亀茲楽調とも関係がないわけではなく、当代の亀茲の隆盛は俗楽の勃興を更に促し、高宗「立部伎」の「破陣楽」（名を改めて「七徳」とする）・「慶善楽」（「九功」）・「上元楽」を三大舞として、遂に俗楽系の燕楽を以って雅楽の領域に侵入せしめた。唐代は諸楽の大成期である。燕楽・立坐部・散楽等は、すべて前代の俗楽の流れを継承したもので、清楽以外では大抵亀茲楽調から進化した俗楽諸調を用いている。(1) 隋氏以来、胡楽は亀茲楽一種に限らないが、中国楽調に移入した胡楽は大抵亀茲楽調に蔽われ、宮調に比すべきものは宮調として、商調に比すべきものは商調として、ほとんどが亀茲楽調によって組織された俗楽諸調の中に混入した。従って当時の胡調は即ち俗楽調であり、『通典』巻百四十六、樂六に

周隋より以来、管絃雑曲は数百曲に将《ちか》く、西涼楽を用ふること多く、鼓舞曲は亀茲楽を用ふること多く、其の曲度は皆、時俗の知る所なり。（自周隋以來、管絃雜曲將數百曲、多用西涼樂、鼓舞曲多用龜茲樂、其曲度皆時俗所知也。）

と云うのである。

(1)　天宝年代には、清楽曲も俗楽調に移入したようで、『唐會要』天宝十三載改名楽曲中の林鐘角曲「堂堂」はもとは清楽

曲中にあったものである。また日本所伝の唐楽（唐俗楽調を用う）に「玉樹後庭花」・「泛竜舟」があるが、この二曲も本来は清楽である。恐らく日本に伝入する以前、已に俗楽調を用いていたのであろう（「泛竜舟」は白明達所造で、恐らく亀茲楽と関係がある）。それから、『唐會要』によると、天宝年代の清楽・立坐部伎・法曲等に所属の諸曲はすべて共通の俗楽調を用いていたことを知る。これは「詔して道調・法曲をして胡部新声と合作せしむ（詔道調法曲與胡部新聲合作）」の真相の一面を示している。

第一節[27]　狭義の燕楽

唐時、燕饗楽所用の胡楽[28]は、高昌楽一部を除くと、何れも已に隋の世に用いられていた。『通典』巻百四十六、樂六に云う、

讌楽は、武徳の初、未だ改作するに暇あらず。讌享する毎に隋の旧制に因り、九部楽を奏し〈一に「燕楽[29]」、二に「清商」、三に「西涼」、四に「扶南」、五に「高麗」、六に「亀茲」、七に「安国」、八に「疎勒」、九に「康国」。〉、貞観十六年十一月に至りて百寮を宴するに、十部を奏す。是に先んじて高昌を伐ち、其の楽を収め太常に付す。是に至り増して十部伎と為す。其の後分ちて立坐二部と為す。（讌樂武徳初未暇改作。每讌享因隋舊制、奏九部樂〈一燕樂[29]・二清商・三西涼・四扶南・五高麗・六龜茲・七安國・八疎勒・九康國。〉、至貞觀十六年十一月宴百寮、奏十部。先是伐高昌、收其樂付太常。至是增爲十部伎。其後分爲立坐二部。）

ただ九部楽の次第や内容は亦た隋とはやや異なり、隋の九部楽は「清楽」・「西涼」・「亀茲」・「天竺」・「康国」・「疎勒」・「安国」・「高麗」・「礼畢」（『隋書』音樂志下）である。唐は「扶南」を以って「天竺」に代えたが、その楽

はもともと同系で、一㉚の「燕楽」は九の「礼畢」である。「礼畢」は即ち「文康伎」であり、『隋書』音樂志下に云う、

「礼畢」は、本《もと》晋の太尉、庾亮の家より出で、亮卒し、其の伎、亮を追思し、因って仮りて其の面を為し、翳を執りて以て舞ひ、其の容を象り、其の謚を取り以て之に号し、之を謂ひて「文康楽」と為す。九部を奏する毎に、楽終れば則ち之を陳ぬ、故に「礼畢」を以て名と為す。其の行曲に「単交路」有り、舞曲に「散花」有り、楽器に笛・笙・簫・篪・鈴槃・鞞・腰鼓等七種有り、三懸を一部と為す。工は二十二人なり。（禮畢者本出自晉太尉庾亮家、亮卒、其伎追思亮、因假爲其面、執翳以舞、象其容、取其謚以號之、謂之爲文康樂。毎奏九部、樂終則陳之、故以禮畢爲名。其行曲有單交路、舞曲有散花、樂器有笛・笙・簫・篪・鈴槃・鞞・腰鼓等七種、三懸爲一部。工二十二人。）

これを見れば清楽系であることを知り、唐に入ると「燕楽」と改名し、はじめにこれを奏したのである。『新唐書』禮樂志十一に

燕楽は、高祖即位するに隋制に仍り九部楽を設く。「燕楽伎」は楽工舞人に変ずる者無し。（燕樂、高祖即位仍隋制設九部樂。燕樂伎樂工舞人無變者。）

と云い、九部は隋制によるから、狭義の「燕楽」は、即ち隋の「礼畢」もしくは「文康」であることを知る。清楽系である故に、唐はこれを「清商」の上に冠し、胡部とは別に類聚したのである。

狭義の「燕楽」は後に増益があり、『新唐書』禮樂志十一に

高宗即位するに、景雲見はれ、河水清《す》む。張文収、古誼を采り（沫若案ずるに、『宋史』樂志一に載せる和峴の言に、「古の「朱鴈」・「天馬」の義より採る（採古朱鴈・天馬之義）」と）、「景雲河清歌」と為し、亦た「燕楽」と名づ

く。……四部に分かれ、一に「景雲舞」、二に「慶善舞」、三に「破陣舞」、四に「承天舞」。（高宗卽位、景雲見、河水清。張文收采古誼爲景雲河淸歌、亦名燕樂。……分四部、一景雲舞、二慶善舞、三破陣舞、四承天舞。）

と云い、これ等は坐部伎の中にある。

第二節　法曲

狭義の「燕楽」にはまた法曲の名がある。『舊唐書』音樂志三に云う、

（林補：開元中）時に太常に旧より相《あひ》伝ふるに、宮・商・角・徴・羽讌楽五調の歌詞各《おのおの》一巻有り。或いは、貞観中、侍中の楊仁恭の妾、趙方等の銓集する所と云ひ、詞は鄭衛多く、皆近代詞人の雑詩にして、縚（林註：太常卿韋縚）に至りて又太楽令の孫玄成をして更に整比を加へしめ七巻と為す。又開元より已来、歌者は胡夷里巷の曲を雑へ用ひ、其の孫玄成の集むる所の者は、工人多く通ずる能はずして、相《あひ》伝へて謂ひて「法曲」と為す。……其の五調の法曲は、詞多く経《ただ》しからず。（時太常舊相傳有宮商角徵羽讌樂五調歌詞各一卷。或云貞觀中侍中楊仁恭妾趙方等所銓集、詞多鄭衛、皆近代詞人雜詩、至縚又令太樂令孫玄成更加整比爲七卷。又自開元已來、歌者雜用胡夷里巷之曲、其孫玄成所集者、工人多不能通、相傳謂爲「法曲」。……其五調法曲、詞多不經。）

『新唐書』禮樂志十二には「法曲」は隋に起こると述べて、云う、

初め隋に法曲有り、其の音清くして雅に近く、其の器に鐃・鈸・鐘・磬・幢簫・琵琶有り、琵琶は円体修頸にして小、号して「秦漢子」と曰ふ。蓋し絃鼗の遺製にして、胡中より出で、伝へて秦漢の作る所と為す。其の声は金・石・糸・竹、次を以て作《おこ》る。隋の煬帝は其の声の澹なるを厭ひ、曲の終はりに復た解音を加ふ。玄宗

既に音律を知り、又酷《はなは》だ法曲を愛し、坐部伎の子弟三百を選び梨園に教へ、声に誤り有れば、帝必ず覚《さと》りて之を正し、皇帝梨園弟子と号す。宮女数百も亦た梨園弟子と為し、宜春北院梨園法部に居らしむ。更に小部音声三十餘人を置く。……文宗、雅楽を好み、太常卿馮定に詔して開元雅楽を采り、「雲韶法曲」及び「霓裳羽衣舞曲」を製せしむ。「雲韶楽」に玉磬四虡、琴・瑟・筑・簫・篪・籥・跋膝・笙・竽皆一、登歌四人有り、分かれて堂の上下に立ち、童子五人は繡衣にして金蓮花を執りて以て導き、舞ふ者三百人。……楽成り、法曲を改めて「仙韶曲」と為す。（初隋有法曲、其音清而近雅、其器有鐃・鈸・鐘・磬・幢簫・琵琶、琵琶圓體修頸而小、號曰「秦漢子」。蓋絃鼗之遺製、出于胡中傳爲秦漢所作。其聲金石絲竹以次作。隋煬帝厭其聲澹、曲終復加解音。玄宗既知音律、又酷愛法曲、選坐部伎子弟三百教於梨園、聲有誤者、帝必覺而正之、號皇帝梨園弟子。宮女數百亦爲梨園弟子、居宜春北院梨園法部。更置小部音聲三十餘人。……文宗好雅樂、詔太常卿馮定采開元雅樂、製雲韶法曲及霓裳羽衣舞曲。雲韶樂有玉磬四虡・琴・瑟・筑・簫・篪・籥・跋膝・笙・竽皆一、登歌四人、分立堂上下、童子五人繡衣執金蓮花以導、舞者三百人。……樂成、改法曲爲仙韶曲。）

その実際は、隋に濫觴すと云うべきであるが、実は唐に新製するところである。『樂府詩集』[31]巻九十六に云う、

『唐會要』に曰はく、文宗開成三年、法曲を改めて「仙韶曲」と為すと。按ずるに、法曲は唐より起こり、之を「法部」と謂ふ。其の曲の妙なる者、其れ「破陣楽」・「一戎大定楽」・「長生楽」・「赤白桃李花」なり。餘曲に「堂堂」・「望瀛」・「霓裳羽衣」・「献仙音」・「献天花」の類有り、総べて法曲と名づく。（唐會要曰、文宗開成三年改法曲爲仙韶曲。按法曲起於唐、謂之「法部」。其曲之妙者其破陣樂、一戎大定樂、長生樂、赤白桃李花。餘曲有堂堂・望瀛・霓裳羽衣・獻仙音・獻天花之類、總名法曲。）

「法曲」は、所用の楽器及び「清楽」曲の「堂堂」があることから見て、確かに清楽系であるが、しかしまた坐

立部伎と同名の「破陣楽」・「大定楽」等があるのは、蓋し清楽器を利用して新声を演奏したものであって、実は清楽が胡俗楽化したものであろう。

第三節　清商

清商は即ち清楽である。『通典』巻百四十六、樂六に云う、

清楽は、其の始まりは即ち清商三調是れなり。並びに漢氏以来の旧曲[32]なり。……晋朝遷播するに属《つづ》き、夷羯窃拠し、其の音分散す。苻永固、張氏を涼州に平らげ、之を得たり。宋武、関中を平らぐるに、因りて南に入り、復た内地に存せず。隋の陳を平らぐるの後に及び之を獲たり。……微かに更めて損益し、其の哀怨なる者を去りて、之を補ふに新定の呂律を以てし、更めて楽器を造り、因りて清商署を置き、総べて之を清楽と謂ふ。……隋室以来日益《ひびますます》淪欠す。……楽に鐘一架・磬一架・琴一・三絃琴一・撃琴一（林註：「三絃」以下の「三絃琴一撃琴一」の七字はもと「一絃琴一」に作るが、ここでは『舊唐書』によって校改した）・瑟一・秦琵琶一・臥箜篌一・筑一・箏一・節鼓一・笙二・笛二・簫二・篪二・葉二・歌二を用ふ。長安より以後、朝廷は古曲を重んぜず、工伎転《うた》た欠く。能く管絃に合する者は唯だ「明君」・「楊叛」・「驍壺」・「春歌」・「秋歌」・「白雪」・「堂堂」・「春江花月夜」等八曲のみ。（清樂者、其始即清商三調是也。並漢氏以來舊曲[32]。……屬晉朝遷播、夷羯竊據、其音分散。苻永固平張氏於涼州、得之。宋武平關中、因而入南、不復存於内地。及隋平陳後獲之。……微更損益、去其哀怨者、而補之以新定呂律、更造樂器、因置清商署、總謂之清樂。……隋室以來日益淪缺。……樂用鐘一架・磬一架・琴一・三絃琴一・擊琴一・瑟一・秦琵琶一・臥箜篌一・筑一・箏一・節鼓一・笙二・笛二・簫二・篪二・葉一・歌二。自長安以後、朝廷

不重古曲、工伎轉缺。能合於管絃者唯明君・楊叛・驍壺・春歌・秋歌・白雪・堂堂・春江花月夜等八曲。）

第四節　道調

「清楽」の流れを承けて、終に胡楽化に至ったものに、尚お所謂道調がある。

道調の名は老子の所謂「道」に起こる。『新唐書』禮樂志十一に云う、

高宗自《みづか》ら李氏は老子の後と以《おも》ひ、是に於て楽工に命じて道調を製せしむ。(1)（高宗自以李氏老子之後也、於是命樂工製道調。）

玄宗の時にそれを増広した。同志に云う、

帝（林註：玄宗）方に寖《やうや》く神仙の事を喜び、道士司馬承禎に詔して「玄真道曲」を製せしめ、茅山の道士李会元をして「大羅天曲」を製せしめ、工部侍郎賀知章をして「紫清上聖道曲」を製せしむ。太清宮成り、太常卿韋縚、「景雲」・「九真」・「紫極」・「小長寿」・「承天」・「順天楽」六曲を製し、又商調「君臣相遇楽曲」を製す。（帝方寖喜神仙之事、詔道士司馬承禎製玄眞道曲、茅山道士李會元製大羅天曲、工部侍郎賀知章製紫清上聖道曲。太清宮成、太常卿韋縚製景雲・九眞・紫極・小長壽・承天・順天樂六曲、又製商調君臣相遇樂曲。）

「景雲」以下の諸曲は、『唐會要』では天宝十三載に坐立部胡俗楽曲と共に沙陁調（俗楽調）曲中に列し、同年また「道調・法曲をして胡部新声と合作せしむ（道調法曲與胡部新聲合作）」との詔があり、『唐會要』の曲目はこの詔と表裏をなしている。しからば、少なくとも天宝年代には道調も明らかに俗楽調を用いていたのである。

（1）『唐會要』天宝十三載改名楽曲の林鐘宮、時号「道調」の名の由来はこれと関係があるか。

第五節　立坐部伎

立坐部伎は、『舊唐書』音樂志二に云う、

高祖登極の後、享宴は隋の旧制に因り、九部の楽を用ふ。其の後分ちて立坐二部と為す。[1] 今、立部伎に「安楽」・「太平楽」・「破陣楽」・「慶善楽」・「大定楽」・「上元楽」・「聖寿楽」・「光聖楽」凡そ八部有り。……「破陣舞」より以下、皆大鼓を雷《う》ち、雑ふるに亀茲の楽を以てし、声振ふこと百里、山谷に動蕩す。「大定楽」は金鉦を加へ、惟だ「慶善舞」は独り「西涼楽」を用ひ、最も閑雅を為す。「破陣」・「上元」・「慶善」の三舞は皆其の衣冠を易へ、之に鐘磬を合はせ、以て郊廟に享《すす》む。……「安楽」等八舞の声楽は皆之を立奏し、楽府は之を立部伎と謂ひ、其の餘は総べて之を坐部伎と謂ふ。……坐部伎に「讌楽」・「長寿楽」・「天授楽」・「鳥歌万歳[33]楽」・「竜池楽」・「破陣楽」凡そ六部有り。……「長寿楽」より已下は皆「亀茲楽」を用ふ。……惟だ「竜池」のみ備《つぶ》さに雅楽を用ふるも鐘磬無し。（高祖登極之後、享宴因隋舊制、用九部之樂。其後分爲立坐二部。今立部伎有安樂・太平樂・破陣樂・慶善樂・大定樂・上元樂・聖壽樂・光聖樂凡八部。……自破陣舞以下皆雷大鼓、雜以龜茲之樂、聲振百里、動蕩山谷。大定樂加金鉦、惟慶善舞獨用西涼樂、最爲閑雅。破陣・上元・慶善三舞皆易其衣冠、合之鐘磬、以享郊廟。……安樂等八舞聲樂、皆立奏之、樂府謂之立部伎、其餘總謂之坐部伎。……坐部伎有讌樂・長壽樂・天授樂・鳥歌萬歲[33]樂・龍池樂・破陣樂凡六部。……自長壽樂已下皆用龜茲樂。……惟龍池備用雅樂而無鐘磬。）

坐部伎中の「讌楽」は即ち張文収の所造である。凡そ坐部伎中の楽は何れも高宗以後の新楽であり、最も尊重され

た。白居易の楽府詩「立部伎」に云う、

……太常の部伎　等級有り
堂上の者は坐し　堂下は立つ
堂上の坐部　笙歌清く
堂下の立部　鼓笛鳴る
笙歌一声　衆　耳を側だて
鼓笛万曲　人の聴く無し
立部は賤しく
坐部は貴し
坐部は退けられて立部伎と為り
鼓を撃ち笙を吹きて雑戯に和す
立部又退けられ何の任ずる所ぞ
始めて楽懸に就きて雅音を操す……

（……太常部伎有等級、堂上者坐堂下立。堂上坐部笙歌清、堂下立部鼓笛鳴。笙歌一聲衆側耳、鼓笛萬曲無人聽。立部賤、坐部貴、坐部退爲立部伎、撃鼓吹笙和雜戲。立部又退何所任、始就樂懸操雅音。……）

（1）『文獻通考』巻百四十六、樂考十九に云う、「玄宗の時、楽を分かちて二部と為し、堂下の立奏は之を立部伎と謂ひ、堂上の坐奏は之を坐部伎と謂ふ。（玄宗時分樂爲二部、堂下立奏謂之立部伎、堂上坐奏謂之坐部伎。）」しかし、高宗儀鳳二年、太常卿韋万石の奏中に、已に立部伎の名があり、またその曲を記す（『唐會要』巻三十二参照）。

第六節　散楽

散楽は、『舊唐書』音樂志二に云う、

散楽は歴代之れ有り、部伍の声に非ず、俳優歌舞雑奏す。（散樂者歴代之有、非部伍之聲、俳優歌舞雜奏。）

また云う、

大抵散楽雑戯は幻術多く、幻術は皆西域より出で、天竺尤も甚だし。……歌舞戯に「大面」・「撥頭」・「踏揺娘」・「窟礧子」等の戯有り。（大抵散樂雜戲多幻術、幻術皆出西域、天竺尤甚。……歌舞戲有大面・撥頭・踏搖娘・窟礧子等戲。）

後世の戯劇はこれより萌芽した。宋元以来、その劇の分子が特別に発達し、近代戯劇を導き出したのである。

第五章　燕楽二十八調

亀茲楽調に胚胎した燕楽調の典型は、唐代二十八調を最たるものとする。『新唐書』禮樂志十二に云う、

凡そ所謂俗楽は二十有八調なり。正宮・高宮・中呂宮・道調宮・南呂宮・仙呂宮・黄鍾宮を七宮と為す。越調・大食調・高大食調・双調・小食調・歇指調・林鍾商を七商と為す。大食角・高大食角・双角・小食角・歇指角・林鍾角・越角を七角と為す。中呂調・正平調・高平調・仙呂調・黄鍾羽（林註：羽は調字の誤りか）・般渉調・高般渉を七羽と為す。皆濁より清に至るまで、迭ひに其の声を更ふ。下れば則ち益《ますます》濁り、上れば則ち益《ますます》清む。慢なる者は節を過ぎ、急なる者は流蕩す。其の後、声器寖《やうや》く殊なり、或いは宮調の名有り、或いは倍四を以て度と為し、律呂と同名なるも、声、雅に近からざる者有り、其の宮調は乃ち夾鍾の律に応ず。燕設に之を用ふ。（凡所謂俗樂者二十有八調。正宮・高宮・中呂宮・道調宮・南呂宮・仙呂宮・黄鍾宮爲七宮。越調・大食調・高大食調・雙調・小食調・歇指調・林鍾商爲七商。大食角・高大食角・雙角・小食角・歇指角・林鍾角・越角爲七角。中呂調・正平調・高平調・仙呂調・黄鍾羽・般渉調・高般渉爲七羽。皆從濁至清、迭更其聲。下則益濁、上則益清。慢者過節、急者流蕩。其後聲器寖殊、或有宮調之名、或以倍四爲度、有與律呂同名而聲不近雅者、其宮調乃應夾鍾之律。燕設用之。）

『唐會要』巻三十三に云う、

天宝十三載七月十日、太楽署[34]、曲名及び改むる諸楽名を供奉す。太簇宮は時に沙陁調と号す。……太簇商は時に大食調と号す。……太簇羽は時に般渉調と号す。……太簇角。……林鐘宮は時に道調と号す。……林鐘商は

時に小食調と号す。……林鐘羽は時に平調と号す。……林鐘角調。……黄鐘宮。……黄鐘商は時に越調と号す。……黄鐘羽は時に黄鐘調と号す。……中呂商は時に双調と号す。……南呂商は時に水調と号す。……金風調。（天寶十三載七月十日、[34]太樂署供奉曲名及改諸樂名。太蔟宮時號沙陁調。……太蔟商時號大食調。……太蔟羽時號般涉調。……太蔟角。……林鐘宮時號道調。……林鐘商時號小食調。……林鐘羽時號平調。……林鐘角調。……黄鐘宮。……黄鐘商時號越調。……黄鐘羽時號黄鐘調。……中呂商時號雙調。……南呂商時號水調。……金風調。）

隋代俗楽調は、実用に供せられた調数は不明であって、理論上では八十四調なければならないが、全般的に実用に供せられたとは思えない。

唐の俗楽調は、『新唐書』に宮・商・角・羽二十八調と称せられるが、実際には宮・商・角・徴・羽各七調計三十五調が実用に供せられたと思われ、その後に七徴調が滅亡したために二十八調となったのであろう（宮・商・角・徴・羽の讌楽五調は前引『舊唐書』音樂志三、法曲の項を参照）。

また隋代楽調の俗称は明らかではないが、唐代二十八調の名は大抵隋代より継承したものである。何故ならば、蘇祇婆七調と親近の関係を持つ左列の数種があるからである。

一　沙陁と娑陁力

両者は何れも宮調であり、且つ俗楽の黄鐘を調首とする。

二　大食（大石）と鶏識

両者は何れも商調であり、調首律の関係も亦た同じである。大食は大乞食の略と思われ、乞食は鶏識の異訳である。大食はまた大石と称せられる。同様に小食は小乞食の略と思われ、小食は一に小石と称し、『新唐書』驃國傳ではまた「小植」と称せられる。小食は大食より四度（五律）高く、インド楽調中に於いても両者は関係があったに相違ない。

両者は何れも羽調であり、調首律の関係も同じである。

三　般渉と般贍

その他、高大食・大食角・高大食角・小食角・高般渉調の名は何れも二と三の派生である。

歇指調は胡語と思われ、更には恐らく梵語であろうが、目下のところ比定し難い(1)。

越調は、『新唐書』驃國傳に「伊越調」に作り、日本所伝では「壱越調」と称せられる。或いは恐らく胡語であろう(2)。その他、中国律名を帯びない調名――双調(3)・平調(4)（一に、正平調に作る）・水調等の如き――は恐らく何れも梵語の意訳であろう。

『唐會要』天宝十三載改名楽曲の諸調中、正名と時号とを併記するものに、宮調二（沙陁調・道調）、商調五（越調・大食調・双調・小食調・水調）、羽調三（平調・黄鐘調・般渉調）がある。この他にまた宮調三（中呂宮・南呂宮・黄鐘宮）、羽調二（中呂調・黄鐘調）[35]があり、その律名からその位置を判定することが出来、前者と合わせて十五調が得られる。尚お一羽調（高平調）があり、宋人はまた南呂調と称す。もし所伝が確実であれば、更に一調を加えなければならない。また二角調（太簇角・林鐘角）があるが、角調の位置に二説あり、尚お定めることが出来ない。

一　宮調

「太簇宮時號沙陁調」

「林鐘宮時號道調」

沙陁調は正宮とも称せられ、その調首をもし俗楽の黄鐘とするのであれば、これより二律低い黄鐘がある筈であり、それが即ち黄鐘宮の所在である。同様に、仲呂宮・南呂宮もすべて俗律の仲呂・南呂より二律低くなる（以下、表に列するところは専ら「之調式」を用いたが、後章に「為調式」の二十八調表を附してある。参照すべし）。

古律	俗律	五宮
黄	無	黄鐘宮
大	応	
太	黄	太簇宮沙陁調
夾	大	
姑	太	
仲	夾	仲呂宮
蕤	姑	
林	仲	林鐘宮道調
夷	蕤	
南	林	南呂宮
無	夷	
応	南	

その他の二宮調は、北宋所伝によれば、高宮が古律の夾鐘（宋の大呂）に当たり、仙呂宮[5]が古律の無射（宋の夷則）に当たる。

二　商調

「黄鐘商時號越調」（驃國傳「黄鍾商伊越調」、日本壱越調）

「太簇商時號大食調」
「中呂商時號雙調」
「林鐘商時號小食調」（驃國傳「林鍾商小植調」[6]）
「南呂商時號水調」

越調と沙陁調の両調首は同律で、古律の太簇（俗律の黄鐘）であり、日本所伝と驃国両頭笛から帰納すると、調首の律は$\sharp d^{1}$に相当する。太簇宮（沙陁調）と黄鐘商（越調）の調首は同律であり、従って黄鐘商は「黄鐘之商」（黄鐘を宮と為し、太簇を商と為す）と解すべきである。

古律	黄	大	太	夾	姑	仲	蕤	林	夷	南	無	応
俗律	無	応	黄	大	太	夾	姑	仲	蕤	林	夷	南
五商			黄鐘商越調		太簇商大食調			仲呂商双調		林鐘商小食調		南呂商水調*

*日本所伝の水調は、小食調の位置にあるが、蓋し誤伝であろう。

その他の両商調は、北宋所伝によると、高大食調が古律の仲呂（宋の夾鐘）に、林鐘商が古律の黄鐘（宋の無射）になければならない。

三　羽調

「林鐘羽時號平調」（『新唐書』の正平調も同じ。）

「黄鐘羽時號黄鐘調」

「太簇羽時號般渉調」

日本所伝の右三調の位置から求めれば、平調は大食調と同位で、調首は古律の姑洗（俗律の太簇）にあり、黄鐘調は南呂にあり、般渉調は応鐘にある。

中呂調はその律名が自らその位置を示していること、宮調の中呂宮と同じである。

かくして求め得た四調は、古律では、林鐘羽は「林鐘之羽」となり、黄鐘羽は「黄鐘之羽」となる。

古律	黄	大	太	夾	姑	仲	蕤	林	夷	南	無	応
俗律	無	応	黄	大	太	夾	姑	仲	蕤	林	夷	南
五羽			中呂調		林鐘羽平調		〔南呂羽＝高平調〕			黄鐘羽黄鐘調		太簇羽般渉調

〔　〕唐代文献には徴すべきものなし。

その他三羽調は、北宋所伝によると高平調（また「南呂調」と呼ぶ）は古律の蕤賓（宋の姑洗）に、仙呂調は林鐘（宋の仲呂）に、高般渉調は黄鐘（宋の無射）にある。

羽調は、この他に尚お「移風調」一曲があり、「敦煌仏曲」中に見える。陳暘『樂書』胡調六調の般贍調は平調移風であるから、羽調であることは疑いない。

四　角調

『唐會要』に記すところの角調には、太簇角と林鐘角の二つがある。両者は共に時号を附していない。『新唐書』俗楽二十八調中には七角の時号があるが、七角中にもしこの二角に相当するものがあれば、時号の併記があった筈である。宋人の所説によれば、七角は正角位にはなく、変宮位にあり、『唐會要』の二角も宮・商・羽の三調の後にあり、これによって見れば、二角は恐らく宋人の閏角に相当するものであろう。『新唐書』二十八調の七角は却って同じでなく、その順位は宮・商の後、羽の前、即ち正角位にあり、『唐會要』とは異なる。そしてその時号は宋の閏位の角調と同じである。しからば、『新唐書』の七角は正角、『唐會要』の二角は閏角であり、二者は蓋し別のものであろう。

『唐書』	宮	商	角 a	羽	
『唐會要』	宮	商		羽	角 b
宋教坊楽	宮	商		羽	角 b（閏）

今、『唐會要』の二角を、正角（角^{a}）、閏角（角^{b}）の両方面からその位置を求め、表に列すれば次の如くなる。

古律	黄	大	太	夾	姑	仲	蕤	林	夷	南	無	応
俗律	無	応	黄	大	太	夾	姑	仲	蕤	林	夷	南
正角						太簇角（大食角）						林鐘角（小食角）
閏角		太簇角（大食角）				林鐘角（小食角）						

宋の七角は沈括の所言から判断するときは、正調名は何れも七律高く読まなければならず（黄鐘角を林鐘角として読むが如き）、所属の均の正角を用うることはなく、用うるものは応声（宮と商の間の一声）を使用して正角より五律低い（あるいは七律高い）変宮位に立つ角調（変宮調に非ず）である。今、小石角（南呂角[7]）を例とする。小石角は、仲呂均に於ける道調宮・小石調・正平調に用いられる九声――高五・高凡・高工・尺・上・高一・高四・六・合――の他に勾字を加え十声としたものを云うが、実際には勾字までは用いない。勾は応声であり、小石角では変徴声に転ずる。その結果、道調宮・小石調・正平調の三者に共通する均（仲呂均）から、五度関係を有する均（黄鐘均）の角調に転ずる。その調首はもとの均の変宮位にあるが、決して調首が変宮声である変宮調ではない。[36]小石角が、もし上字を併用する筈ならば、黄鐘・仲呂の二均に通じ、閏角以外に、正角等とも相応することが出来る。

宋教坊律	仲呂均 道調宮・小石調・正平調 字譜	九声	調首	黄鐘均 小石角㊲ 字譜	九声	調首
黄	合	徴		合	宮	
大						
太	高四	羽	正平調	高四	商	
夾						
姑	高一	変宮		高一	角	小石角
仲	上	宮	道調宮			
蕤				勾	変徴	
林	尺	商	小石調	尺	徴	
夷						
南	高工	角		高工	羽	
無						
応	高凡	変徴		高凡	変宮	
黄清	六	徴		六	宮	
大清						
太清	高五	羽		高五	商	
夾清						

沈括は云う、「今の燕楽二十八調は布《し》きて十一律に在り。唯だ黄鍾・中呂・林鍾の三律のみ各《おのおの》宮・商・角・羽の四音を具へ、其の餘は或いは一調より二・三調に至るまで有り、独り蕤賓の一律にのみ都《すべ》て無し。（今之燕樂二十八調布在十一律。唯黃鍾中呂林鍾三律各具宮商角羽四音、其餘或有一調至二三調、獨蕤賓一律都無。）」（『夢溪筆談』巻六）。この説に合せようとすれば、七角調は正角でなければならない。後掲の唐燕楽二十八調図Ⅰ「之調式」参照。宋教坊律は唐俗律に相当し、沈氏説は該表と確かに一致することがわかる。しかしながら字譜上は閏角に相応するのである。沈括が記したものは前後相矛盾しているようであり、この点は恐らく特殊な解釈方法がある筈である。前例の小石角がもし黄鐘・仲呂の二均に通ずるのであれば、その殺声（高一）から判断するときは閏角であるが、高工を殺声とするときは正角となる。

時号中に所謂「金風調」があるが、尚お何れに属すべきものか知らない。

二十八調所属の均は凡そ七つで、その中、古律の黄鐘・太簇・仲呂・林鐘・南呂の五均は最も確実であって、蓋し蘇祇婆の五旦から伝わって来たものであろう。残りの夾鐘・無射両均は、唐人の文献には徴すべきものがなく、暫く宋人の説に従うほかない。亀茲楽調には本来五旦有るが、残りの二旦は隋唐人が考案した筈で、その源は鄭訳の八十四調にあるのである。

　クーラン氏は、唐楽調中、黄鐘・仲呂・林鐘（余の太簇・林鐘・南呂）三均に特殊な名が多いことを根拠として、これ等の調は唐楽調中、最も古く、最も多用されたものとしている。また同氏の俗楽調名に対する意見も参照すべし（“Essai historique sur la musique classique des Chinois,” p. 119）。

（1）『大日本史』禮樂志十四に云う、「乞食調は疑ふらくは歇指調、即ち林鐘商南呂なり。（乞食調疑歇指調、卽林鐘商南呂也。）」乞食・歇指は音が近いが、亦た遽かには定め難い。

（2）『法寶義林』（一五六頁）は、「壱越」はトルファン附近の Idiqutshari 地方の調としている。ペリオ氏は、この地名は極く近代のものであって、比擬出来ないとしている。また、伊越の伊は、伊州（Qomul）らしいと云う（Pelliot, ibid., p. 98）。クーランは、越の語義は不明であるが、某かの運指法かと疑われ、歇指の称も亦た恐らくは然りと云っている（“Essai historique sur la musique classique des Chinois,” p. 119）。

（3）『法寶義林』（一五七頁）は、双調をインドの dvipadī とし、また水調をインドの rāga sindhuka としているが、この二解は恐らく確かではない。

（4）清楽三調の一にも亦た「平調」があり、『玉海』引『魏書』樂志に「平調は羽を以て主と為す（平調以羽爲主）」と云い、それならば、関係がないではない。ただし、現行本『魏書』に「宮を以て主と為す（以宮爲主）」に作るのは、恐らく誤りであろう。

（5）羽調に仙呂調がある。クーラン氏は、仙呂の名は恐らく亦た道教的意義を含むものかと云っている（Essai. mus. ch., p. 119）。

（6）陳暘『樂書』巻百三十七では、高大食角は高大植角に作る。『琵琶錄』以下では、凡そ大食・小食は大石・小石に作ることが多く、食・植・石は、音通する。

（7）仁宗『景祐樂髓新經』に云う、「姑洗角を……小石調（林註：調は角字の誤り）と為す。（姑洗角……爲小石調。）」『筆談』と『新經』とでは角調の正名が合わないが、その実質は同じである。[38]

第六章　燕楽調の律

第一節　唐の五律

燕楽諸調の実際の高度に関して隋代の資料には徴考すべきものがないので、今、唐代のものについて詳論を加える。

『唐會要』所載の俗楽調は全部で十四調、この中「金風調」一調を除くと、何れも律名を正調名に応用したものであるが、これ等正調名が依拠する律は何であろうか。陳澧は宋人の説によって唐宋俗楽宮調の黄鐘は王朴律より二律低いものとしているが、この律によると、正宮（沙陁調）がもし黄鐘宮でないときは、宋の正宮と一致しない。しかるに唐の正宮は太簇宮であり二律高い。これは陳澧説の疏漏の一点である。

唐律は凡そ五つあり、律尺所造の律（正律）、新・古の雅楽律、俗律及び清商律がそれである。雅楽の律は、唐初のものと玄宗時代のものは同じであり、並びに古律と称せられ、粛宗以後のものは新律と称せられる。俗律は蓋し隋以来の亀茲楽から出たもので、胡律と称しても好い。玄宗時代の俗楽調名は、俗律によらず逆に古律に基づいており、その存在は頗る疑わしいものがあるが、俗楽の一標準としてこれを認めることも不可ではない。正宮の調首の位するところがそれである。古律は実際には、亀茲楽の標準音から導き出された俗律の一種と考えて好い。この法は、蓋し隋代以来存在していたものであろう。清商律は漢魏以来の清楽で用いられた律である。

以上五律の高度及びその相互関係は、陳澧がかつてそれを考証したが、私は今完全に別の根拠によって立論しようと思う。五律の中で互いに不即不離の関係にある古律と俗律を、正律に依拠してまず究明するとき、古律との比較から、新律と清商律とを闡明にすることが出来る。

俗律に関して、『遼史』では琵琶絃を用いて定めるものとしているが（「四旦二十八調は、黍律を用ひず、琵琶の絃を以て之を叶はしむ。（四旦二十八調、不用黍律、以琵琶絃叶之。）」）、絃音は一定したものではないので、調絃時は云うまでもなく管色を用いなければならないが、別に標準律がないときは、管絃の協調は依然不可能である。この標準律の謎は、幸いにも『新唐書』驃國傳中にその管鍵を発見することが出来る。

第二節　驃国楽調の律

驃国は今のビルマ地方にあり、その地理的関係によって、西隣のインド文化の恩恵に浴する処が甚だ深い。貞元時、徳宗朝に貢献した楽曲や楽器中に明白に表現されている。驃國傳に云う、

雍羌（林註：驃国王）は亦た弟悉利移・城主舒難陀を遣はして其の国の楽を献ぜしめ、成都に至る。韋皐（林註：剣南西川節度使）復た其の声を譜次し、其の舞容・楽器の異常なるを以て、乃ち図画して以て献じ、工器は二十有二なり。（雍羌亦遣弟悉利移城主舒難陀獻其國樂至成都。韋皐復譜次其聲、以其舞容樂器異常、乃圖畫以獻、工器二十有二。）（『舊唐書』巻百九十七南蠻傳を参看せよ。）

そのときに献ぜられたものを、今、楽曲と楽器について分けて論ずることにする（附論四を参看せよ）。

一　楽曲

凡そ曲名は十有二。一に曰はく「仏印」、……二に曰はく「讃娑羅花」、……三に曰はく「白鴿」、……四に曰はく「白鶴游」、……五に曰はく「闘羊勝」、……六に曰はく「竜首独琴」、……七に曰はく「禅定」、……七曲の唱舞は皆、律は黄鍾商に応ず。八に曰はく「甘蔗王」、……九に曰はく「孔雀王」、……十に曰はく「野鵝」、……十一に曰はく「宴楽」、……十二に曰はく「滌煩」、亦た「笙舞」と曰ひ、……五曲の律は黄鍾（・林鍾）（林註：林鍾の二字はもと脱す）両均に応じ、一は黄鍾商伊越調、一は林鍾商小植調なり。（凡曲名十有二。一曰佛印、……二曰讃娑羅花、……三曰白鴿、……四曰白鶴游、……五曰闘羊勝、……六曰龍首獨琴、……七曰禪定、……七曲唱舞皆律應黄鍾商。八曰甘蔗王、……九曰孔雀王、……十曰野鵝、……十一曰宴樂、……十二曰滌煩、亦曰笙舞、……五曲律應黄鍾〔林鍾〕兩均、一黄鍾商伊越調、一林鍾商小植調。）

十二曲が用うるところは、黄鐘商＝伊越調、林鐘商＝小植調の二商調に限られる。唐の越調は黄鐘商、小食調は林鐘商であり、従って、

伊越調＝越調＝壱越調（日本壱越調は越調と同位）

小植調＝小食調

である。

商調、殊に越調がインド調の基礎であることは、已に上述した如くである。インド系に属する驃国楽は僅かに商調を用うるのみであって、このことは深甚な意義を持つ。

貢献せられた楽器二十二種は大半がインド系であり、爾餘は土俗器である。楽曲は已に黄鐘・林鐘二均に限られ、これ等の楽器の律が二均の楽に適したものと考えるのも当然であるが、事実、驃國傳もこの期待に背くことはない。諸均に通ずる絃楽器を除くと、凡そ黄鐘・林鐘二均と関連のあるものは次の如くである。

二　楽器

横笛一　黄鐘商。

横笛二　荀勗律　清商律、蓋し林鐘均。

両頭笛　黄鐘・林鐘両均。

小匏笙　林鐘商。

この中、両均に通ずる両頭笛は、唐楽律の決定上、最も重要な効用を有している。

両頭笛二有り、長さ二尺八寸。中に一節を隔て、節の左右に衝気穴を開き、両端皆分かれ、洞体は笛量を為す。左端は太蔟に応じ、管末に三穴あり、一は姑洗、二は蕤賓、三は夷則。右端は林鍾に応じ、管末に三穴あり、一は南呂、二は応鍾、三は大呂。下に托指の一穴あり、清太蔟に応ず。両洞体は七穴にして、共に黄鍾・林鍾両均を備ふ。（有兩頭笛二、長二尺八寸。中隔一節、節左右開衝氣穴、兩端皆分、洞體爲笛量。左端應太蔟、管末三穴、一姑洗、二蕤賓、三夷則。右端應林鍾、管末三穴、一南呂、二應鍾、三大呂。下托指一穴、應清太蔟。兩洞體七穴、共備黃鍾林鍾兩均。）

驃国両頭笛律制

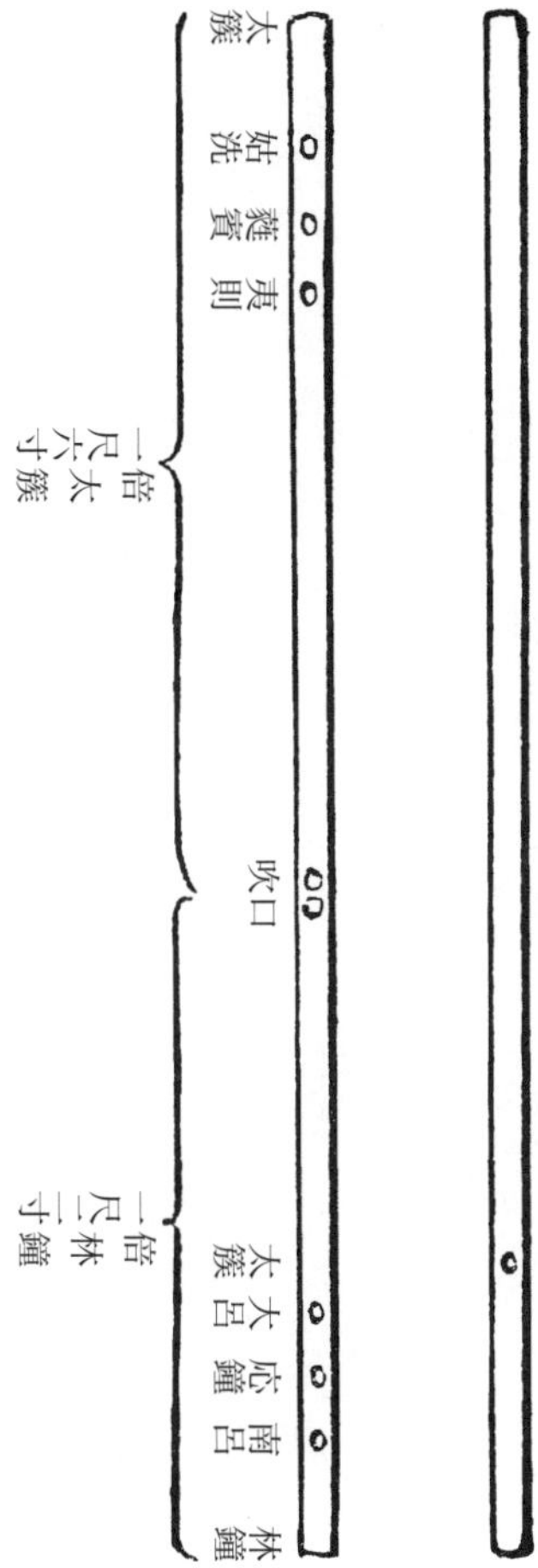

「黄鍾・林鍾両均」と云うのは、黄鐘商（伊越調）・林鐘商（小植調）の両調を吹奏するに堪えることを指す。この笛は、両端が開口し、中間に二つの吹口が並んで接していた笛で、宛も長短二管の横笛が吹口の一端を連結したものの如くである。両吹口の中隔は両端が応ずる太簇律と林鐘律の比4：3の分割点上にあり、この一点から両端までの長さは、夫々、応ずる律のちょうど二倍に当たる（朱載堉『律呂精義』内篇八に、黄鐘篪と名づくやや類似した笛があり、外形は似ているものの、構造は実に異なる）。

黄鐘＝9寸

林鐘＝9寸×$\frac{2}{3}$＝6寸　従つて12寸＝倍林鐘

太簇＝6寸×$\frac{4}{3}$＝8寸　従って16寸＝倍太簇

この事実は最も注目に値する。外邦からの楽器であるにかかわらず、当時の造律尺が定める律と長さに於いても、また音に於いても皆協合し得ることを示しており、この笛の律の絶対値を認識する上で、重大な暗示を与えるものであると云わなければならない。唐制の鐘磬等の楽器の尺度は、造律尺の小尺を用いていた筈であり、『唐六典』巻三に云う、

凡そ度は北方の秬黍の中なる者の一黍の広さを以て分と為し、十分を寸と為し、十寸を尺と為し、一尺二寸を大尺と為す。……凡そ秬黍を積み度・量・権・衡と為す者は、鍾律を調ふる、晷景を測る、湯薬を合はす、及び冠冕の制には則ち之（林註：小）を用ふ。内外官司悉く大なる者を用ふ。（凡度以北方秬黍中者一黍之廣爲分、十分爲寸、十寸爲尺、一尺二寸爲大尺。……凡積秬黍爲度量權衡者、調鍾律、測晷景、合湯藥、及冠冕之制則用之。内外官司悉用大者。）

唐の三百年間、律尺の制は前後一ではない。尚おその結論を得られずにいるが（「附論二」を参看せよ）、今暫く、現時最も広汎に人に承認されている、律尺即ち鉄尺説によって、各律の高度を求めるときは、次の如くなる。

#f^1	g^1	#g^1	a^1	#a^1	h^1	c^2	#c^2	d^2	#d^2	e^2	f^2
黄	大	太	夾	姑	仲	蕤	林	夷	南	無	応

驃國傳に記載された両頭笛の律を検するときは、与えられた律には林鐘均七声があるが、黄鐘均は黄鐘を欠き、

従って不完備である。しかもまた別に両均に無用の夷則律があり、驃國傳に云う黄鐘・林鐘の両均が、与えられた律と無関係であることは明瞭である。

両頭笛律	太		姑		蕤	林	夷	南		応		大清	太清
黄鐘均	商		角		変徴	徴		羽		変宮	宮		商
林鐘均	徴		羽		変宮	宮		商		角		変徴	徴
太簇均	宮		商		角		変徴	徴		羽		変宮	宮

右表を観れば、かえって、与えられた律が太簇・林鐘二均に通ずることを知る。この太簇・林鐘二均を黄鐘・林鐘二均と見做すとき、別種の律の存在を想定しなければならない。即ち前者の林鐘を後者の黄鐘とし、前者の太簇を後者の林鐘とすれば、これは結局、造律尺に依拠した律より五律低い（俗楽調がもし「為調式」であれば三律低い）律である。[1] この種の律は、まさしく唐人の調名が基準として依拠した律であり、唐史に称する古律、宋人の称する唐律である。

日本所伝の壱越調（唐の越調）の調首はd^1であるが、両頭笛に依拠する伊越調の調首は、鉄尺によれば♯d^1となり一律高くなる。しかしながら日本所伝の九孔篳篥を検するとき、古時は現今より一均高かったと仮定すると[2]、両頭笛と殆んど符を合わせたように一致し、従って両頭笛の尺寸は実は鉄尺に準依しているのである。鉄尺の律は調名に於いて直接の関係はないが、最早、唐代に用いられていたことは少しも疑いない。尺度に準依する律は、以下これを正律と称す（本書では鉄尺律を正律とする）。

	♯g		♯a		c	♯c	d	♯d		f		g	♯g		a
両頭笛管律（小尺律）	太		姑		蕤	林	夷	南		応		大清	太清		
唐古律	林		南		応	黄	大	太		姑		蕤	林		
古律 黄鐘均	徴		羽		変宮	宮		商		角		変徴	徴		
古律 林鐘均	宮		商		角		変徴	徴		羽		変宮	宮		
日本篳篥譜	舌		ㄊ		工	凢	ム	六		四		一	丄		丅
同復原	合		四		一	上	勾	尺		工		凡	六		ㄊ
陳暘『樂書』 漆觱篥律（六孔）	太		姑		蕤		夷	南		応		大			
陳暘『樂書』 双觱篥律（七孔）*	太		姑		蕤		夷	南		応		大			

＊全閉音の律は不明。

右表中、古律の大呂声に当たるものが、鄭訳が創立した「応声」である。蓋し鄭訳はそれを亀茲の蘇祇婆に学んだのであり、その源はインドに発するのである。

篳篥は、もとは亀茲から出たと伝えられる。唐の李頎「安万善の觱篥を吹くを聴くの歌（聽安萬善吹觱篥歌）」に云う、

南山　竹を截りて觱篥を為す
此の楽　本《もと》是れ亀茲より出づ

（南山截竹爲觱篥、此樂本是龜茲出。）

『樂府雜錄』に云う、

觱篥とは本《もと》亀茲国の楽なり。（觱篥者本龜茲國樂也。）

『事物紀原』巻二、樂舞聲歌部引、唐の令狐揆[39]『樂要』に云う、

篳篥は胡中より出づ、或いは亀茲国と云ふなり。（篳篥出於胡中、或云龜茲國也。）

ただし、この楽器の源は更に西方にあると思われ（Curt Sachs, *Geist und Werden der Musikinstrumente* (Berlin : Reimer, 1929), Kurz Oboe の条下を参看せよ）、その律制はインド楽調を主とする亀茲楽調と和合して制定されたもののようである。天南地北の懸隔があるにかかわらず、驃国の両頭笛と亀茲系の篳篥、この二種の楽器の律制が完全に契合していることは、まことに千載の後の我々を驚かさずには置かない。陳暘『樂書』所載の漆篳篥・双篳篥（唐制であろう）の律制が何れも林鐘一律を欠く他、共に両頭笛の律に相応していることも一奇事である。

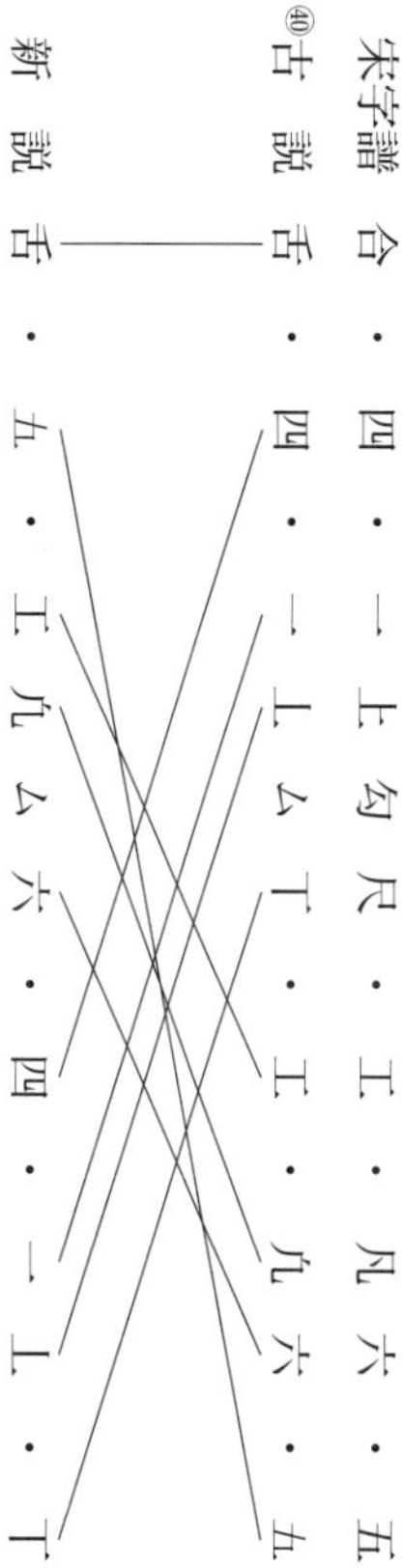

日本篳篥図

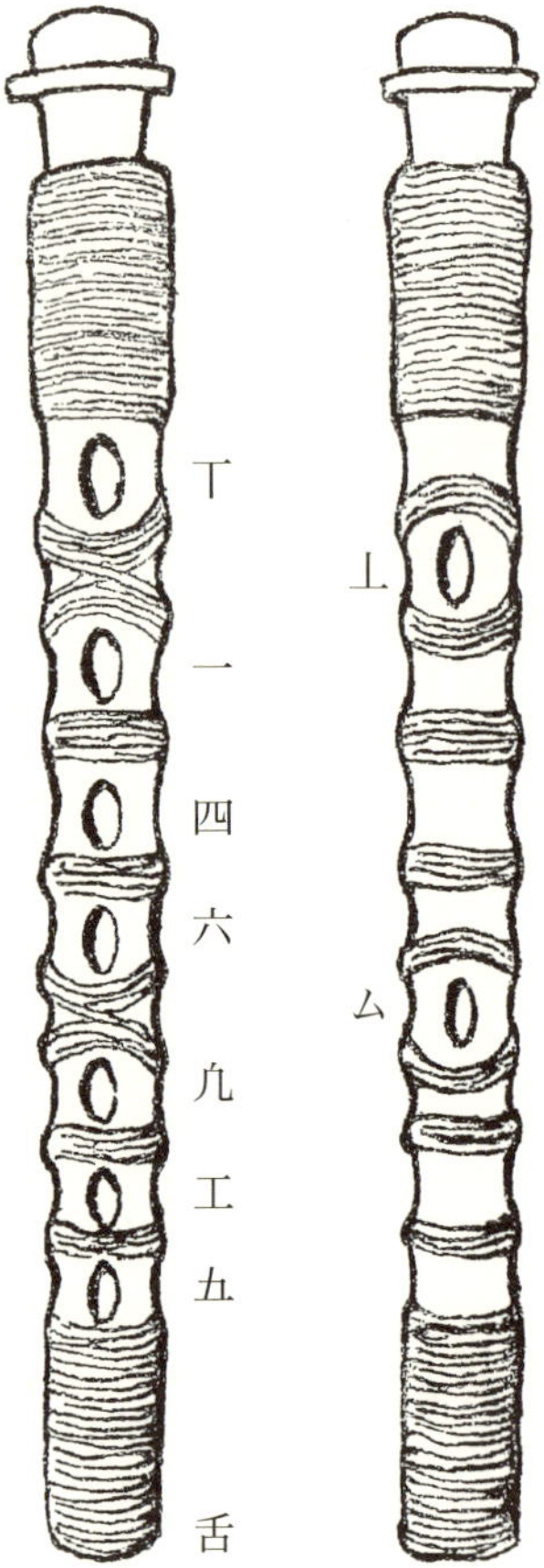

日本篳篥の字譜に関しては、今古二説ある。『教訓抄』[41]（狛近真撰、天福元年、宋理宗紹定六年）に云う、「穴名、四・一・丄・丅・工・凢・五・六（林註：五六の二字は蓋し顛倒せん）古説、今世には之を用ひず。四・一・丄・丅・五・工・凢・六。舌は皆塞音、ムは裏の下穴の名。当世には之を用ふ。（穴名四一丄丅工凢五六　古説、今世不用之。四一丄丅五工凢六。舌皆塞音、ム裏下穴名。當世用之。）」私の考察するところによれば、所謂「古説」は殆んど宋代の字譜と相一致しており、後に改変したのである。舌は合、ムは勾、丅は尺である。転変したときに、舌・ムは旧位にとどまり変わらなかった。

（1）唐俗楽調の正調名がもし「為調式」であれば、各均の七声は調性によって異なる筈である（僅かに宮調だけが「之調式」と同じ）。黄鐘・林鐘両均に通ずる両頭笛を「黄鐘爲商」と「林鐘爲商」の二調に協わせようとすれば、所謂、二均の首は商声でなければならない。

両頭笛律	太		姑		蕤	林	夷	南		応		大
調名の依拠する律	仲	蕤	林	夷	南	無	応	黄	大	太	夾	姑
黄鐘均「黄鐘爲商」	徴		羽		変宮	宮		商		角		変徴
林鐘均「林鐘爲商」	宮		商		角		変徴	徴		羽		変宮

均首宮声の他に、均首商声を承認するときは、驃國傳に別に、驃楽の調は黄鐘・林鐘の二商に止まることを云っているから、その所論に、両頭笛は「共に黄鍾・林鍾両均を備ふ（共備黄鍾林鍾兩均）」とあるのは、二均の商調に適用する意と解しても亦た通ずる。

（2）日本所伝の曲尺（唐の大尺）は後世やや長くなり、管笛もそれに随って長くなり音律が低下したことは、当然のことである。現今所伝の律が往時より一律或いは半律低いと見ることは、事実とはかけ離れていないのである。

第三節　古律

もう一度、前節で述べた律尺所造の律より五律低い律に還るが、余がこれを古律に擬し、またこれを宋人の所謂唐律に擬する理由について論じたい。

一　宋人の所謂唐律に擬する理由

宋人は何れも唐楽は宋楽（太常楽）より低いと述べているが、或いは五律低いと云い、或いは六律半低いと云う[1]。宋楽の黄鐘から推算するとき、唐楽の黄鐘はほぼ$\sharp c^1$—d^1を得る。両頭笛から推算した黄鐘は$\sharp c^1$であり、相一致させることが出来、これを唐律に擬して差し支えない。

二　古律に擬する理由

驃國傳の南詔「奉聖楽」が示すところでは、古律は当時の新律よりも三律低い。その文に云う、南呂羽の宮は、古律黄鍾を君と為すの宮に応ず。楽は古黄鍾方響一・大琵琶・五絃琵琶・大箜篌・倍黄鍾觱篥・小觱篥・竽・笙・壎・篪・搊箏・軋箏・黄鍾簫・笛・倍笛・節鼓・拍板等を用ひ、工皆一人、坐して之を奏す。（南呂羽之宮、應古律黄鍾爲君之宮。樂用古黄鍾方響一・大琵琶・五絃琵琶・大箜篌・倍黄鍾觱篥・小觱篥・竽・笙・壎・篪・搊箏・軋箏・黄鍾簫・笛・倍笛・節鼓・拍板等、工皆一人坐奏之。）新律の絶対値は尚お疑問である。(2) 使用する楽器から見ると、俗楽・胡楽・清楽で用いるもの（坐部伎の讌楽と類似する）であって、天宝年間の所謂「詔して道調・法曲をして胡部新声と合作せしむ（詔道調法曲與胡部新聲合作）」と云う情況を彷彿とさせる。南詔楽中、殊に古律の黄鐘宮の曲を奏する楽器に、古律の黄鐘に協うものが数種ある。古律が胡俗律と密接な関係のあることは疑いを容れない。唐楽の黄鐘は宋人の所説の宋楽よりも甚だ低いが、驃国楽調のものとは近い。(3) 後者の律を以って古律に擬することに誤りはなかろう。かような説がもし間違っていないときは、新律の黄鐘の高度は e^1 である。これは玉尺律の黄鐘と極めて近い。(4)

（1）『玉海』巻七、景祐二年、李照の建言に云う、「王朴の律準は古楽（林註：唐楽）に視べて高きこと五律、禁坊楽（林註：『玉海』巻百五の註に胡部と云う）に視べて高きこと二律、黄鐘を撃てば則ち仲呂を為し、夾鐘を撃てば則ち夷則を為す。（王朴律準視古樂高五律、視禁坊樂高二律、撃黄鐘則爲仲呂、撃夾鐘則爲夷則。）」

王応麟『困學紀聞』引、范鎮『仁宗實錄』序に云う、「王朴始めて尺を用ひ律を定めて、声と器と皆之を失す。太祖、其の声の高きを患ひ、特に一律を減ず。是に至りて、又半律を減ず。然れども太常楽は唐の声に比べて猶ほ高きこと五律、今の燕楽に比べて高きこと三律なり。（王朴始用尺定律、而聲與器皆失之。太祖患其聲高、特減一律。至是、又減半律。然太常樂比唐之聲猶高五律、比今燕樂高三律。）」

『宋史』巻百三十一、樂志六[42]に云う、「鎮[43]（林註：范鎮）、収むる所の開元中の笛及び方響を以て、仲呂に合はすれば、太常楽に校べ下ること五律、教坊楽より下ること三律なり。（鎮[43]以所收開元中笛及方響、合於仲呂、校太常樂下五律、教坊樂下三律。）」

沈括『夢溪補筆談』巻一に云う、「本朝の燕部楽は、五代の離乱を経て、声律差舛す。伝へ聞く、国の初めは唐楽に比べて高きこと五律なりと。近世の楽声は漸く下るも、尚ほ高きこと両律なり。（本朝燕部樂、經五代離亂、聲律差舛。傳聞國初比唐樂高五律。近世樂聲漸下、尚高兩律。）」

宋人所論の唐宋律の差に、何れも僅かの差があるのは、唐律がもともと時によって異なるからである。

（2）新律に関しては、『新唐書』禮樂志十一に「然れども漢律を以て之を考ふれば、黄鍾は乃ち太蔟なり。当時の議する者以為へらく、是に非ずと（然以漢律考之、黄鍾乃太蔟也。當時議者以爲非是）」と云い、所謂「漢律」の指すものが何であるのか明らかではないが、新律の黄鐘がe^1であれば、漢律の黄鐘はd^1となる（もし高下が逆であるときは、#f^1（＝鉄尺黄鐘）となる）。

（3）宋の范鎮所収の開元中の笛及び方響は、太常楽より五律低いが、蓋し南詔楽の古律黄鐘に協う笛や方響と同類である。

（4）仮に新律が玉尺律であるとするときは、両頭笛は新律に依拠し、当時の正調名は「為調式」と解さなければならない。

第四節　俗律（燕律）

古律によるときは、越調と調首を同じくする正宮は太簇に当たり、黄鐘には当たらない。正宮の調首を俗楽の黄鐘とするときは、律尺所造の律より三律低いものがあると仮定しなければならない。亀茲原調中では、越調と正宮の調首が基礎である故に、この調首の律がまさしく俗楽の標準となる筈である。今、これを俗律とする。俗律とは唐代胡俗楽の律で、もしこの名が雅馴でないとすれば亦た燕律と称しても好い。ただし十二律名の称呼があったかどうかは明らかでない。正宮は俗律の黄鐘を調首とし、黄鐘宮は古律の黄鐘を調首とする。

第五節　黄鐘宮と正宮(1)（古律と俗律が対立して存在している理由）

太簇宮を正宮とし、これより二律低くして黄鐘宮があるのは、旧説によれば、俗楽律が雅楽律よりも二律高いが故である。『新唐書』では却って三律高いとし、「其（林註：俗楽）の宮調は乃ち夾鍾の律に応ず（其宮調乃應夾鍾之律）」と述べ、二説は一致しない。余はインド原調から判断し、二律の差が妥当であると信ずる。『新唐書』の記事は、多分、粛宗時代の新律が古律よりも三律高く、俗楽の宮調と一律の差で、殆んど接近していたために、遂に混淆を致したのであろう。

インド楽調は商調が中心であると認められ、宮調ではない。蘇祇婆所伝では、商調は鶏識（唐の大食）調によって代表されているが、マディヤマ・グラーマ（madhyama-grāma）とシャドジャ・グラーマ（ṣadja-grāma）両商調の何れか一つが越調となり、沙陁調（正宮）の調首と同律である。中国では、宮調を首位に置くため、越調（商）は遂に沙陁調（宮）に蔽われたが、インドでは反対に、越調が首位で、沙陁調は副位である。この故にインド調が中国に移入したときに、越調の調首の律（ma声、♯d^1）が俗楽の黄鐘であると考えられたのである。しかしながら、越調は商調であり、中国の均上では当然それを二律低い同均の宮調と考えなければならない。それが即ち俗楽の黄鐘宮であり、しかも古律の黄鐘宮でもある。天宝十三載には、雅俗楽部は古律に依拠しており、俗律は調名上、無関係であったのである。黄鐘宮の発生は、インド旦を中国均に換えたときに、彼此の制度が隔たっていたことにより当然導き出されたもので、黄鐘宮より二均高い沙陁調が反対に正宮と称せられ、前者よりも更に枢要として重く見られた理由は、蓋しここにある。黄鐘宮は正宮ほどの重要さはなく、よって宋代のときには、正宮の調首、即ち越調の調首の律を直接、俗楽の黄鐘と考え、黄鐘宮＝正宮、無射宮＝黄鐘宮と云う、二均の差がある調名が使用されていたのである。旧黄鐘宮は僅かに虚位を存していたと云える。その原因は、もしインド原調に溯源したとき、直ちに明瞭にすることが出来る。何故ならば、インドは商を均首とするが、中国は宮を均首としており、この差異がある故に、黄鐘宮は虚位化を馴致したのである。唐の古律は、この虚位化した黄鐘宮の調首を黄鐘とし、マディヤマ・グラーマやシャドジャ・グラーマの調首（$\sharp d^1$）と同均の宮調の調首（$\sharp c^1$）を黄鐘と定めたのである。

		ga	a	ma		pa	
古律		黄	大	太	夾	姑	
俗律		無	應	黄	大	太	
俗律（宋教坊律も同じ）	黄鐘均	宮・		商		角	無射均
		黄鐘宮		越調			
古律	太簇均			宮		商	黄鐘均
				沙陁調		大食調	

（1）　本節の所論は、「之調式」を前提とする。

第六節　正律（小尺律）

唐代には律尺所造の律―正律があるとは云え、燕楽諸調（恐らくは雅楽諸調も然り）の正調名（黄鐘宮、黄鐘商等）が依拠するところとはならず、僅かに楽器の律がこれを称呼としているだけであり、この事実は已に明瞭となったと云えるが、正律と古律の併用と云うことについても次の如く解釈することが出来る。

古律は直接尺度から造り出されたものではなく、それ固有の十二律理論上に規定するところがないため、律尺所造の律を借用した。即ち、正律の倍林鐘を直接古律の黄鐘に転用し、同様に倍南呂を太簇に転用したのである。かように解釈するとき、律尺の分寸に協う鐘・磬・笛があるにかかわらず、正律を以って称呼している諸楽器があるにかかわらず、その一方でまた古律の調名の存するわけが、始めて了解されるのである。古律は已に屢々述べたが、鄭訳が亀茲楽調から考え出したものであり、胡楽全盛の隋唐時代には、胡楽調の高度は度外に置くことは出来ない。それと同時に中国古来の律尺所造の律も度外に置くことは出来ない。その結果がすなわち律尺の律―（正律）と古律の併用である。これを『隋書』所載の鄭訳及び牛弘の説に徴すれば、隋初の雅楽黄鐘は下徴林鐘宮のようである。（1）律尺所造の黄鐘よりも五律低い倍林鐘を黄鐘と考えると、唐の正律と古律との間に現れる関係に等しいのである。これは、南北朝以来、その標準音が中国より低い胡調の流行によって感化された結果であろう。しからば唐代正律と古律の併用の制は、隋以前に始まったものと云って好い。

五代周の王朴に至って、漸く漢魏の古法に返り、専ら尺による律を用いた。宋人はこれに従い雅楽をなした。従って宋楽の律は唐楽より約五律高いのである。宋人は唐楽が何故かくの如く低いかを知らず、李照・范鎮等が尺度を以ってこれを推究した結果、李照は遂に大府布帛尺を、(2) 范鎮は遂に真なる黍による、長大な正尺を律尺として用いたのである。

(1)『隋書』音樂志中に云う、「訳、又夔(林註：蘇夔)と倶に云ふ、案ずるに今の楽府の黄鍾は、乃ち林鍾を以て調首と為し、君臣の義を失ふ。……今、請ふ、雅楽の黄鍾宮は黄鍾を調首と為せ。(譯又與夔倶云、案今樂府黃鍾、乃以林鍾爲調首、失君臣之義。……今請雅樂黃鍾宮以黃鍾爲調首。)」牛弘傳に云う、「(林補：弘)議して曰はく、『今、見行の楽は、黄鍾の宮を用ふるも、乃ち林鍾を以て調と為し、古典と違ふ有り。晋の内書監、荀勗、典記に依り五声十二律還りて宮を相《あひ》為すの法を以て、十二笛を制す。黄鍾の笛は、正声、黄鍾に応じ、下徴、林鍾に応じ、姑洗を以て清角と為す。大呂の笛は、正声、大呂に応じ、下徴、夷則に応ず。以外の諸均は例《おほむ》ね皆是くのごとし。然らば今用ふる所の林鍾、是れ勗の下徴の調なり。其の正を取らず、先づ其の上を用ふれば、理に於て未だ通ぜず、故に須らく之を改むべし』と。上、甚だ其の議を善しとす。(議曰、「今見行之樂、用黃鍾之宮、乃以林鍾爲調、與古典有違。晉內書監荀勗依典記以五聲十二律還相爲宮之法、制十二笛。黃鍾之笛、正聲應黃鍾、下徵應林鍾、以姑洗爲清角。大呂之笛、正聲應大呂、下徵應夷則。以外諸均例皆如是。然今所用林鍾、是勗下徵之調。不取其正、先用其上、於理未通、故須改之。」上甚善其議。)」

(2)『玉海』巻百五参照。布帛尺「実は古尺(林註：西晋尺)一尺二寸有奇に比す。(實比古尺一尺二寸有奇。)」

第七節　清商律

『新唐書』驃國傳に、驃国楽器の横笛の一つは「穴は六つにして、以て黄鍾商に応じ、五音七声を備へ(穴六、以應黃鍾商、備五音七聲)」、又一管は「律度、荀勗の笛譜と同じく、又清商部の鍾声と合ふ(律度與荀勗笛譜同、又與清商部鍾聲合）」と云う。案ずるに、荀勗律、即ち晋前尺律の黄鐘はg^1に当たる。唐の清商は漢魏以来南朝所伝の清楽で、陳を平定の後、隋に入り、そして唐に継承されたが、仮に東晋以来の雅楽律が一律下がったことの影響を受けなかったとすれば、その黄鐘はg^1に、仮に影響を受けたとすれば$\sharp f^1$にあると思われる。そこで、驃国横笛の黄鐘商ではない一管を、驃国楽のもう一つの調林鐘商に協うものとするとき、それが得られる七声は西晋律の黄鐘宮の七声より一均高いものである。唐代清商部の律は、蓋し小尺律より二均高いものであろう。

	g	♯g	a	♯a	h	c	♯c	d	♯d	e	f	♯f	g
西晋律	黄	大	太	夾	姑	仲	蕤	林	夷	南	無	応	黄
同 黄鐘均七声	宮		商		角		変徴	徴		羽		変宮	
唐正律（小尺律）	大	太	夾	姑	仲	蕤	林	夷	南	無	応	黄	大
唐古律	蕤	林	夷	南	無	応	黄	大	太	夾	姑	仲	蕤
同 林鐘均七声		宮		商		角		変徴	徴		羽		変宮
唐清商律	応	黄	大	太	夾	姑	仲	蕤	林	夷	南	無	応
同 黄鐘均七声		宮		商		角		変徴	徴		羽		変宮

第八節　燕楽と五律の関係

唐五律の存在とその相互関係が已に明瞭となった。その燕楽の規準となるものは本来俗律であったが、正調名は古律に基づき、楽器の律は小尺律（正律）に基づいたのである。新律施行後は、俗律は新律と混淆したようである。清商一律を除き、唐の四律はすべて燕楽と交渉があったわけである。唐代雅楽は、初めは古律に従い、後に改めて新律に従ったのであろう。従って古律時代には、雅俗楽は同一水準であったと考えられる。天宝年代の調名は古律と関係があるだけで、俗律の存在は疑いがないではないように思われるが、越調（黄鐘商）と正宮（太簇宮）の調首ma（商）の高度がインド亀茲楽以来の中心であることからして、それ等の高度（古律の黄鐘より二律高い）が当時の俗楽の一標準であると考えるのも、単なる推臆ではあるまい。宋伝は、正宮及び越調両調首の律を黄鐘とし、日本所伝も亦た壱越調・沙陁調両調首の律を黄鐘位（日本では「壱越」と称す）に置き、相対的な関係に於いて何れも唐の俗律に合っており、これは恐らく唐代に承受するところがあったのであろう。

唐代五律の高度及びその相互関係等は已に上文で述べた如くであるが、今、更に五律の対照を表に列すれば次の如くなる。

	$\sharp c^1$	d^1	$\sharp d^1$	e^1	f^1	$\sharp f^1$	g^1	$\sharp g^1$	a^1	$\sharp a^1$	h^1	c^2	$\sharp c^2$	d^2	$\sharp d^2$	e^2	f^2	$\sharp f^2$	g^2
正律（鉄尺律）						黄	大	太	夾	姑	仲	蕤	林	夷	南	無	応		
古　律	黄	大	太	夾	姑	仲	蕤	林	夷	南	無	応							
俗律（燕律）			黄	大	太	夾	姑	仲	蕤	林	夷	南	無	応					
新　律				黄	大	太	夾	姑	仲	蕤	林	夷	南	無	応				
清商律								黄	大	太	夾	姑	仲	蕤	林	夷	南	無	応

右表のよるところは、正律即ち鉄尺律説、正調名即ち「之調式」説であって、もし「為調式」とするのが好いときは、やや異なる。

古律の黄鐘の高度は、隋時では鉄尺の倍林鐘であると考えるのが至当であるから、依然♯c^1として考えるのが好い。しかし、もし「為調式」を採るときは（殊に両頭笛に於いては）、正律は玉尺律であると考えなければならない（ただし、ある時期に於いては正律は鉄尺律である）。よって、玉尺律は同時に新律であり、清商律の黄鐘は鉄尺律の黄鐘とほぼ一致するのである。

	♯c^1	d^1	♯d^1	e^1	f^1	♯f^1	g^1	♯g^1	a^1	♯a^1	h^1	c^2	♯c^2	d^2	♯d^2	e^2	f^2
正律甲（鉄尺律）清商律						黄	大	太	夾	姑	仲	蕤	林	夷	南	無	応
正律乙（玉尺律）新律				黄	大	太	夾	姑	仲	蕤	林	夷	南	無	応		
古律	黄	大	太	夾	姑	仲	蕤	林	夷	南	無	応					
俗律（燕律）			黄	大	太	夾	姑	仲	蕤	林	夷	南	無	応			

第九節　唐燕楽二十八調図

唐の燕楽諸調は、凡そその中で互いに比較することが出来るもの、つまりその名称・調性・律高が、隋氏以来の亀茲楽調と密接な関係にあると考えるのも、何等困難ではない。隋代の俗楽は調名が明らかではないとは云え、唐の俗楽二十八調は、隋代には已にそれ等の先駆者があったであろう。二十八調中、七角調が一体正角であるか、或いは閏角であるかは依然疑問であるが、その他の諸調は、調名・調性・律高の三点に関してすべて闡明にすることが出来た。現在、諸調の関係を表解すると次の如くであるが、まず「之調式」を列し、「為調式」をこれに副え、一覧の中に容易に辨別出来るようにした。

七角は暫く正角として仮定し、その調首が明らかでないものは、北宋の所伝によった。沈括は各調に於いて、或いは九声を挙げ、或いは僅かに七、八声を挙げるのみだが、今悉く九声とする（ただ「為調式」中に例外が一つあり、僅か八声のみである）。[44]各調の声は厳密に十二律と合っているわけではない。一部の標準音以外では、琵琶絃音によったと考えられる。また「之調式」の表は、宋伝の越調・沙陁調調首の律（唐古律の太簇、宋教坊律の黄鐘）を最濁とする調首律によって排列した。「為調式」の表は、古律に依拠した正調名をその本位に排列したため、最濁の調首律は古律の黄鐘にある。[45]

唐燕楽二十八調図

Ⅰ．之調式

		$\sharp c^1$	d^1	$\sharp d^1$	e^1	f^1	$\sharp f^1$	g^1	$\sharp g^1$	a^1	$\sharp a^1$	h^1	c^2	$\sharp c^2$	d^2	$\sharp d^2$	e^2	f^2
古律		黄	大	太	夾	姑	仲	蕤	林	夷	南	無	応	黄	大	太	夾	姑
俗律				黄	大	太	夾	姑	仲	蕤	林	夷	南	無	応	黄	大	太
太簇均	声			宮		商		角		変徴	徴		羽		変宮	宮		商
	調			正宮 沙陁調 太簇宮		大食調 太簇商		大食角					般涉調 太簇羽			*		*
夾鐘均	声			変宮	宮		商		角		変徴	徴		羽		変宮	宮	
	調				高宮		高大石調		高大石角					高般涉調			*	
仲呂均	声			羽		変宮	宮		商		角		変徴	徴		羽		変宮
	調			中呂調			中呂宮		双調 中呂商		双角					*		

現在の高度	日本雅楽律	同字譜	宋教坊律	林鐘均 声	林鐘均 調	南呂均 声	南呂均 調	無射均 声	無射均 調	黄鐘均 声	黄鐘均 調
d^1	壱越	合	黄	徴				角	林鐘角	商	伊越調 越調 黄鐘商
$\sharp d^1$	断金	下四	大			変徴					
e^1	平調	高四	太	羽	正平調 平調 林鐘羽	徴		変徴		角	越角
f^1	勝絶	下一	夾					徴			
$\sharp f^1$	下無	高一	姑	変宮		羽	高平調			変徴	
g^1	双調	上	仲	宮	道調宮 道調 林鐘宮			羽	仙呂調	徴	
$\sharp g^1$	鳧鐘	勾	蕤			変宮					
a^1	黄鐘	尺	林	商	小植調 小食調 林鐘商	宮	南呂宮	変宮		羽	黄越調 黄越羽
$\sharp a^1$	鸞鏡	下工	夷					宮	仙呂宮		
h^1	盤渉	高工	南	角	小食角	商	歇指調 水調 南呂商			変宮	
c^2	神仙	下凡	無					商	林鐘商	宮	黄鐘宮
$\sharp c^2$	上無	高凡	応	変徴		角	歇指角				
		六	黄清	徴				角	*	商	*
		下五	大清			変徴					
		高五	太清	羽	*	徴		変徴		角	*
		緊五	夾清								

II．為調式

	♯c¹	d¹	♯d¹	e¹	f¹	♯f¹	g¹	♯g¹	a¹	♯a¹	h¹	c²	♯c²	d²	♯d²
古律	黄	大	太	夾	姑	仲	蕤	林	夷	南	無	應	黄	大	太
俗律			黄	大	太	夾	姑	仲	蕤	林	夷	南	無	応	黄
声	宮		商		角		変徴	徴		羽		変宮	宮		商
調	黄鐘宮		大食調 太簇商							高平調			*		*
声	変宮	宮		商		角		変徴	徴		羽		変宮	宮	
調				高大石調		双角					仙呂調				
声		変宮	宮		商		角		変徴	徴		羽		変宮	宮
調			正宮 沙陁調 太簇宮												*
声	羽		変宮	宮		商		角		変徴	徴		羽		変宮
調	黄鐘調 黄鐘羽			高宮		双調 中呂商		小食角					*		
声	徴		羽		変宮	宮		商		角		変徴	徴		羽
調			般渉調 太簇羽			中呂宮		小植調 小食調 林鐘商		歇指角					*

声	変徵	徵		羽		変宮	宮		商		角		変徵	徵	
調				高般涉調							林鐘角				
声		変徵	徵		羽		変宮	宮		商		角		変徵	徵
調								道調宮 道調 •林鐘宮		歇指調 水調 •南呂商					
声	角		変徵	徵		羽		変宮	宮		商		角		変徵
調	越角					中呂調					林鐘商		*		
声		角		変徵	徵		羽		変宮	宮		商		角	
調										南呂宮					
声	商		角		変徵	徵		羽		変宮	宮		商		角
調	伊越調 越調 •黄鐘商		大食角					正平調 平調 •林鐘羽			仙呂宮		*		*
声		商		角		変徵	徵		羽		変宮	宮		商	
調				高大食角											

(注意) 表中の●印は、『唐會要』天宝十三載改名楽曲中の正調名（太簇角と林鐘角は除外）である。
＊印は、正声の調首をそこで取ることも出来、清声律を用うることを表わす。

第七章　唐楽調の後継者

第一節　燕楽二十八調の流転

唐末五代の乱を経て、楽工は四散し、唐代の遺曲は大抵滅亡したが、幸いにも宋初には教坊が置かれ、散亡した楽工が招集され、燕楽はまたやや再興の気運を呈した。当時二十八調中、七角と高宮・高大石・高盤渉の十調の他、十八調がそのまま使用されていたのである（『宋史』巻百四十二、樂志十七）。ただし、その調の高度は、唐代に比べ若干の差異があった筈である（教坊律に関しては数説ある。前章の唐の古律を論じたる条下を参看せよ）。燕楽調の正名は唐代とは合わない。それが合わない理由は、（一）正宮の調首を黄鐘に当て、（二）唐代の黄鐘商は「黄鐘之商（黄鐘の商）」であり、北宋のものは「黄鐘爲商（黄鐘を商と為す）」であるからである。南宋は、唐と同式であるが、律は北宋と同じく正宮を標準としたため、唐代に比べ二均の差が生じた。例えば、越調は、唐では黄鐘商であるが、南宋では無射商である。

沈括によると、角調は宋代では明らかに変宮位に置かれていたが、その理由は詳らかにすることが出来ない。『宋史』巻百二十九、樂志四には、徽宗時にかつて徵角二調を復興したが、その後また廃したと云い、南宋時では、張炎『詞源』によれば、当時実用されたものは七宮と十二調（計十九調）に過ぎない。二十八調中、九調、即ち一商（高大石調）・一羽（高般渉調）と七角が失われた。『詞源』中には、八十四調の名を羅列しているが、僅かに名目を存するのみである。

宮調は単に「宮」と称し、爾餘の諸調は「調」と通称すると云う区別法は、多分宋以来のことと思われ、後人は皆この種の称呼を沿用しているのである。

元代には六宮十一調があったが（『中原音韻』を参看せよ）、最も通行したのは実は五宮四調だけであった。この九調は九宮とも称せられた。

近代の燕楽調に関しては、呉梅『顧曲塵談』上（上海：商務印書館、一九一六年）、童斐『中樂尋源』（上海：商務印書館、一九二六年）及び許之衡『中國音樂小史』（上海：商務印書館、一九三〇年）の諸書を参看すべし。

第二節　日本所伝の唐楽調

煬帝大業中、日本から「遣隋使」の派遣があった。唐が興ると、また「遣唐使」と改められた。その後約二百八十年、昭宗の乾寧元年に使節を廃するまで、両国の交渉は甚だ深く、唐燕楽諸曲で日本に伝えられたものは百曲以上で、その楽調は十一、二種類以上である。『和名類聚抄』（源順撰、五代宋初の人）、『教訓抄』（狛近真撰、宋理宗時の人）、『拾芥抄』（洞院公賢撰、元前半期の人）等に記すところは一定ではないが、所伝の楽調で二十八調中に見えるものに沙陀調・道調・壱越調（唐の越調）・大食調・乞食調・双調・水調・平調・黄鐘調・盤渉調等がある。その他比定し難いものに、壱越性調・性調・角調がある。沙陀調・壱越調・大食調・双調・平調・黄鐘調・盤渉調等は今に至るまで尚お伝わるが、諸調の律は余が擬定する唐俗律よりも一律低い。僧徒の間には更に別種の楽調が伝承されている。(1)

また唐から伝来した琵琶諸調の律は、後世の燕楽諸調の律に合わず、五律低いようである。『三五要録』（藤原師長撰、南宋前半期の人）は双調・風香調・返風香調・黄鐘調・清調・啄木調等に言及している。当時に於いては商調が宮調に転じたことがあるが、近世また唐制を恢復した。

日本琵琶調名は大抵すべて唐より伝来したものであるが、不幸、唐人の文籍に徴すべきものはない。琵琶調には二十六（壱越調・壱越性調・双調・沙陀調・平調・大食調・乞食調・小食調・道調・黄鐘調・水調・盤渉調・風香調・返風香調・仙女調・林鐘一に林龝に作る調・清調・殺孔調・難調・仙鴈一に仙鷹・仙寫に作る調・鳳凰調・鴛鴦調・南呂調・玉神調・碧玉調・啄木調）[2]あるが、上に記すところを除くと、燕楽諸調との関係は不詳である。

（1）今日、日本の僧徒が用うるところの声楽、即ち声明・梵唄は、もとは天竺に源を発するが、中国で一度変化を経て入唐の日本僧により伝来されたものである。伝来の旧曲の上にまた新作を添え、種々の盛衰を経て今日に至っている。その楽調は日本所伝の唐燕楽調と大差なく、僅かにその種類に互いに出入があるだけである。天台・真言両宗所伝のものに、天台十調（一）呂曲宮調三（平調・双調・黄鐘調）、（二）律曲商調四（平調・下無調・双調・盤渉調）、（三）中曲羽調四（壱越調・平調・下無調・黄鐘調）、真言五調（一）呂宮調二（壱越調・双調）、（二）律羽調二（平調・盤渉調）、（三）中曲角調一（黄鐘調）がある。所伝に錯誤があるかどうかは暫く論外に置く。また両宗声明の由来と沿革に関しては多紀道忍[46]『天台聲明の梗概』（東京：東方書院、一九三四年）及び大山公淳『眞言宗聲明沿革史概説』（東京：東方書院、一九三四年）を参看すべし。共に日本宗教講座中に収められる。

（2）この中、二十八調名中にあるもの以外で、中国の典籍に見えるものに碧玉調（『宋史』巻百二十六、樂志一、太宗代の五絃阮用）及び風香調（陳暘『樂書』巻百三十七、瓦琵琶の註に見える）がある。

第八章　燕楽調と琵琶の関係

『遼史』に云う、

四旦二十八調は、黍律を用ひず、琵琶の絃を以て之を叶はしむ。（四旦二十八調、不用黍律、以琵琶絃叶之。）

琵琶絃には緊弛があり、音声はそれによって高下することがあり、調絃するときには一定の規準によらなければならないことは云うまでもない。唐人が琵琶を調絃するときには、黄鐘・太簇・林鐘の三宮は管色によって絃を定めたと云われている。(1)

琵琶には固定の柱があり、それによって自らその声音を制限しているため、十二律に依拠する声と全部が厳密に一致するわけではない。琵琶の柱制と調絃法が燕楽諸調の声を決定している以上、従って燕楽調の実際を知るには、琵琶の柱制と調絃法はこれを等閑に附してはならない。

中国所伝の琵琶には二種ある。一つは漢代以来已に知られたもので（後人は「秦漢子」或いは「秦琵琶」と称す）、形は円体修頸、四絃十二柱を有し、これと、やや後れて起こった、目下問題としている琵琶（「胡琵琶」とも称す）(2)とは截然と区別すべきものである。後者は四絃四柱を最も普通の形式とするようである。この種の琵琶は西アジア地方に発祥し、ペルシア・インド・中央アジアの諸地方の重要な楽器の一つであって、隋唐の胡楽中、天竺・亀茲・疎勒の諸楽でこの種の琵琶を使用しないものはなく、六朝隋唐時代に相当する西域地方の壁画彫刻等の中にも琵琶の表現は頗る多く、当時盛行の状態を見るに足る。絃柱の制はもともと一定ではないが、(3)その中に中国所伝の四柱琵琶と完全に同型のものがある。(4)

近世アラビアの「ウード」（e'oud）も琵琶と同源である。その形制には後に大きな改変があったものの、十世紀代に至っても尚お四絃四柱であり、日本所伝の琵琶と同制、しかも調絃法の様式も日本所伝の盤渉調（琵琶平調）の調絃法と完全に同じで、アル＝ファーラービー（al-Fārābī）（十世紀、中国五代宋初時の人）の書中に記録されているのである。

日本正倉院所蔵の奈良朝時代の琵琶（蓋し唐製）五具の中、五絃五柱の一具を除くと、その他は皆、四絃四柱であり、近世日本の雅楽琵琶と同じである。[5] 陳暘『樂書』中には、この他更に多絃多柱の琵琶を掲載してあるが、最も普通の唐制琵琶は、かような四絃四柱のものであろう。[6] 日本所伝琵琶の四絃四柱の配置は左の如くである。（註記した音は現行の盤渉調調絃の諸音で、古時は一均高いと思われる。[7]）

	第一絃	第二絃	第三絃	第四絃
	♯*F*	*H*	*e*	*a*
第一柱	♯*G*	♯*c*	♯*f*	*h*
第二柱	*A*	*d*	*g*	*c′*
第三柱	♯*A*	♯*d*	♯*g*	♯*c′*
第四柱	*H*	*e*	*a*	*d′*

蘇祇婆の琵琶は必ずしも亀茲部所用に限らないが、亀茲琵琶が依然四柱であることは証明する方法がある。亀茲琵琶は「屈茨琵琶」の名を以って隋以前に已に中国に伝入していたのである。『通典』巻百四十一に云う、

宣武（林註：後魏世宗）より已後、始めて胡声を愛で、遷都に洎《およ》びて、屈茨琵琶・五絃・箜篌・胡䈇・胡鼓・銅鈸・打沙羅・胡舞、鏗鏘鏜鎝として、心を洪《おほ》いにし耳を駭《おどろ》かす。（自宣武已後始愛胡聲、洎於遷都、屈茨琵琶・五絃・箜篌・胡䈇・胡鼓・銅鈸・打沙羅・胡舞、鏗鏘鏜鎝、洪心駭耳。）

屈茨は即ち亀茲である。『悟空入竺記』（円照撰『十力經』序所載）に

亀茲国王は白環〈亦た丘茲と云ふ。〉、正しくは屈支と曰ふ。（龜茲國王白環〈亦云丘茲。〉正曰屈支。）

と云い、屈支・屈茨は皆亀茲の異訳である。(8) 陳暘が「屈茨」の意を解せず、「説く者謂へらく、制度存せず、八音の器に載せざる所にして、意を以て之を推せば、豈に琵琶は「茨を屈する」の形を為せば然るなり（説者謂制度不存、八音之器所不載、以意推之、豈琵琶爲「屈茨」之形然也）」としたのは、まさしく望文生義であり、正しくない。

『新唐書』驃國傳に云う、

竜首琵琶一有り、亀茲製のごとくして、項の長さ二尺六寸餘、腹の広さ六寸、二竜相向ひて首を為し、軫柱各《おのおの》三有り。（有龍首琵琶一、如龜茲製、而項長二尺六寸餘、腹廣六寸、二龍相向爲首、有軫柱各三。）

また云う、

独絃匏琴有り……四柱有り、亀茲琵琶のごとし。（有獨絃匏琴……有四柱、如龜茲琵琶。）

これらによれば、唐代の亀茲琵琶は普通の琵琶よりもやや細長く、且つ四柱を具えていたことがわかる。六朝隋唐の亀茲故趾から発見された壁画中に、四軫五軫六軫の、よって四絃五絃六絃の琵琶があり、(9) 恐らくは四絃乃至五絃を通常の絃数としたのであろう。壁画中では、柱は明白には描き出されてはいないが、実際上は大抵四柱であっ

て、日本所伝及び旧時アラビアの絃音分割は、大抵この四柱が規定するところに準拠しているのである。

隋唐代の最も普通の琵琶が四絃四柱であることは、疑うべくもない。四柱はその位置によって各絃の音を決定する。インド楽論、ペルシア・アラビア楽論、中国楽論は、三者の音制上もともと互いに出入があるが、琵琶絃上ではその差は僅少である故に、亀茲琵琶の諸声は宮商を以って呼んでも差し支えない。

正倉院所蔵唐製の五絃琵琶・阮咸（十四柱中の四）の柱制は最もアラビア楽論に合い、このことは、唐代に使用していた、これ等の楽器の燕楽諸調の律が、決して厳密に中国十二律を守っていたわけではないことを証明している。現在これ等の古器の音制を中国・インド・アラビア三音制と対照しながら、その相互の異同を表解すると次の如くなる。(10)

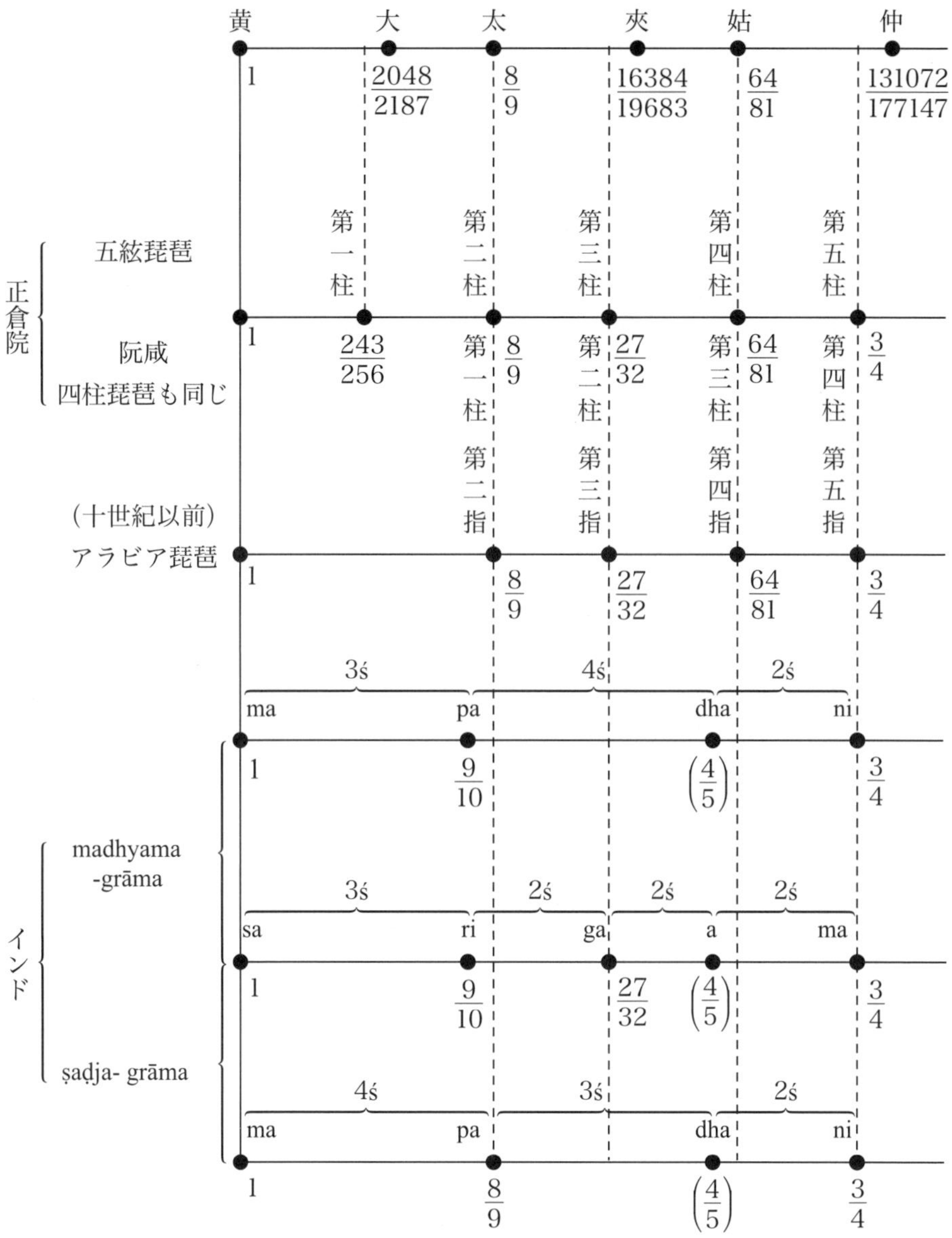

（　）は、Bhandarkar が不確実と云うもの。

四絃四柱のときは一絃は五声、五×四で、二十音しか得られない。凌廷堪は唐琵琶の真相を知らず、唐の段安節『琵琶録』の不明瞭な琵琶七運の記載と[11]『遼史』の四旦[12]の説に惑わされた。燕楽に二十八調があることにより、遂には「琵琶㊼は一弦に七調を具へ、四弦なるが故に二十八調（琵琶㊼一弦具七調、四弦故二十八調）」の謬説が創[13]られた。陳澧もその説を承けてやや拡充を加えたが、今に至るまで尚おこれを信奉する人があり、或いは唐の燕楽琵琶は多柱を備えているとしている。その反証は、まさしく宋の仁宗時代に遼人も尚お四柱琵琶を使用していたことで、これは遼の東陵（聖宗或いは興宗墓）の壁画に昭示されている（巻首挿図二[14]）。

凌氏の説に依れば、その琵琶の柱声は次の如くなる筈である。

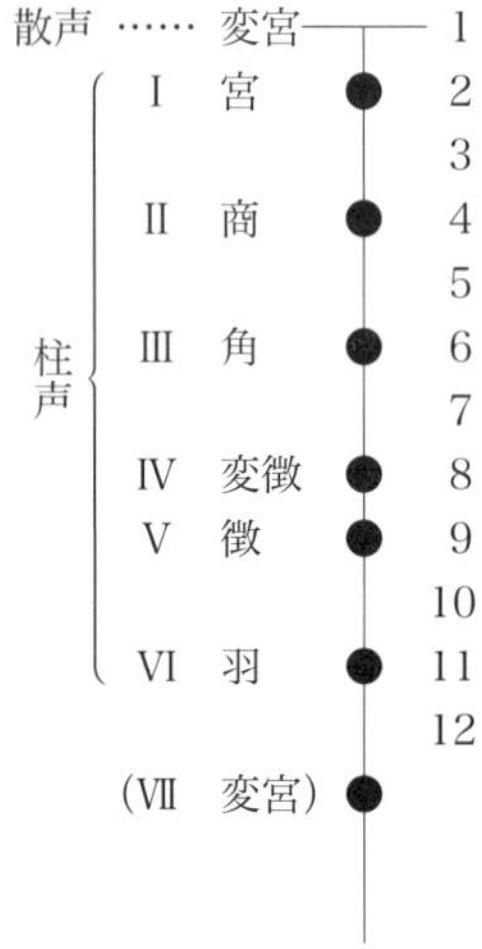

従って凌氏の琵琶は少なくとも六柱を備えなければならない。もし散声の清声を用うるのであれば、七柱を必要とする。ペルシア琵琶に七柱を有するものの存在があったと、アル＝ファーラービーがかつて云ったが[15]、この七柱から生ずる四×七の二十八声は、ペルシア理論によって規定される甚だ微小な音程を含んでおり、凌氏説を保証す

るに足りないのである。

凌氏の一絃七調は、その義も亦た甚だ特異である。七声の七律が成す一均（ただし均首は宮声ではない）の旋転によって七調を生ずることは牴牾しないが、その七調に同性の調名を賦していること（正宮・高宮は共に宮調であり、同性。越調・大食調は共に商調であり、亦た同性）は、重大な誤りである。これは実に労作の致命傷である（近代中国諸宮調の乱雑は、その原義を失ったところにこれと似たものがあるが、或いは凌氏がその俑を作ったことによるか）。その第一絃が生ずる七宮を例とするとき、彼の所謂正宮は変宮調、高宮は宮調、中呂調は商調、道調宮は角調、南呂宮は変徴調、仙呂宮は徴調、黄鐘調は羽調であり、凌氏は誤って宮一均の七調としたのであって、その所説の七商・七角・七羽は皆これと同じである。

陳澧の一絃七調は凌氏と全く異なるが、一絃を一均と考えることは同じであり、「鄭訳の「一均の中、間に七声有り、調に七種有り」と言ふは、一弦七調を謂ふなり。所謂一均とは一弦なり（鄭譯言「一均之中、間有七聲、調有七種」謂一弦七調也。所謂一均者一弦也）」（『聲律通考』巻七）と述べている。しかしその一均は最濁声の律を均名とし、該律に於いて七調首があるため、各均七調に於ける七声が相応するように求めるならば、全十二律を必要とする。そこでは凌・陳二氏は同じく「琵琶一絃に七調を備える」と称しているが、陳氏の琵琶は十二柱を下り得ない。そればかりか、陳氏の想像により、鄭訳琵琶が一絃に三均を兼ねるとすれば、更に多数の柱を要する。陳氏は云う、「鄭訳琵琶は一弦を以て三均を兼ぬれば、四弦は十二弦のごとくにして、弦毎に七調なり（鄭譯琵琶以一弦兼三均、四弦如十二弦、毎弦七調）」（同上）。陳氏が夢想している宋代琵琶は、蓋し清代制に近く、清代制のものは十五柱を有しており、これは一絃を以って宋楽の十六律（黄鐘から清夾鐘まで）を得ようとするものである[48][16]。

漢以来の琵琶、即ち秦漢子（十二柱）や唐代の阮咸（十四柱）のように多柱を有するものが実用に供せられたとは云え、一絃が七調に応ずると云うような多柱琵琶の効用は、四絃を交互に使用することにより達することが出来るし、しかも唐制の四柱琵琶の遺品は今に於いても尚お存し、そして日本の雅楽では更にこれと同型の琵琶を用いて唐代伝来の楽曲を演奏しており、これ等の理論と事実を知れば、凌氏の一絃具七調説、陳氏の一絃一均七調説が、何れも唐代琵琶の制と相容れない紙上の空論に過ぎないことがわかるのである。(17)

（1）　沈括『夢溪筆談』巻六、樂律二引、唐の賀懐智『琵琶譜』序に云う、「琵琶は八十四調、内黄鍾・太蔟・林鍾の宮声は、絃中に弾じ出でず、管色を須《もち》ひ絃を定む。其の餘八十一調は、皆此の三調を以て準と為し、更めて管色を用ひ絃を定めず。（琵琶八十四調、内黄鍾・太蔟・林鍾宮聲、絃中彈不出、須管色定絃。其餘八十一調、皆以此三調爲準、更不用管色定絃。）」

（2）　『北齊書』後主紀・文襄六王傳・外戚傳・恩倖傳等、及び『隋書』音樂志中、蘇祇婆の条下に見える。

（3）　アル＝ファーラービー（al-Fārābī）（後に見える）は七柱のペルシア琵琶に言及する。

（4）　西域及び近東の琵琶の情況に関しては、Karl Geiringer, "Vorgeschichte und Geschichte der europäischen Laute bis zum Beginn der Neuzeit. Eine ikongraphische Studie," *Zeitschrift für Musikwissenschaft*（Deutsche Gesellschaft für Musikwissenschaft）vol. 10（1927-28）の前篇は一読の価値がある（この論文は漢代琵琶と誤解しているのが微疵である）。
C. Sachs, *Geist und Werden der Musikinstrumente*（Berlin：D. Reimer, 1929）, pp. 235-237.
また西域琵琶の図像に関しては、James Fergusson, James Burgess, John Griffith, Alfred Charles Auguste Foucher, Marc Aurel Stein, Albert Grünwedel, Albert von Le Coq 諸氏の著書を参看すべし。

（5）　帝室博物館『東瀛珠光』（一―六輯、東京：審美書院、一九〇八年―九年）、同『正倉院御物圖錄』（一―六輯、東京：帝室博物館、一九二八年―三一年）、同『正倉院樂器の調査報告』（東京：帝室博物館、一九二一年）を参看せよ。正倉院は日本の奈良市にあり、もとは聖武天皇（唐玄宗とほぼ同時）が建立した東大寺の倉庫で、天皇崩御の後その愛玩の遺物を以って同寺の盧舍那仏に献じ、そのままここに蔵した。その後、歴代君臣に均しく献納があり、官家の保護頗る厳しく、故に今に至るまで尚お当代の遺物を見ることが出来るのである。現存する遺物は、聖武天皇から嵯峨天皇（唐憲宗・

穆宗と同時）に至るまでの歴代の御物が数千点あり、その中、唐製と考えられるものが少なくない。遺宝の中、楽器に琴（七絃）、琵琶（四絃四柱及び五絃五柱）、阮咸（十四柱）、豎箜篌、尺八、横笛、三彩腰鼓胴等があり、共に唐制を考える上で絶好の参考品である。

（6）陳暘『樂書』には二絃琵琶・六絃琵琶があるが、共に四隔一孤柱（半柱）であって、何れも四柱を基礎としていたことを知る。

（7）本節の所論は、以下の諸書を参看せよ。

François-Joseph Fétis, *Histoire générale de la musique : depuis les temps les plus anciens jusqu'à nos jours*, tome II（Paris : Librairie de Firmin Didot Frères, 1869）, p. 104.

S. J. É. Collangettes, "Étude sur la musique arabe," *Journal asiatique*, 10 e série, tome IV（1904）, p. 402 seq.

Jules Rouanet, "La musique arabe", in *Encyclopédie de la musique et dictionnaire du Conservatoire*, 1re partie : Histoire de la musique, tome V（Paris : Delagrave, 1922）, pp. 2702-2703.

王光祈『中國音樂史』上冊、一〇九頁以下。

（8）Sylvain Lévi, "Le Tokharien B, langue de Koutcha." 列せられた訳名が頗る多い。

（9）Albert Grünwedel, *Altbuddhistische Kultstätten in Chinesisch-Turkistan : Bericht über archäologische Arbeiten von 1906 bis 1907 bei Kuča, Qarašahr und in der Oase Turfan*（Berlin : G. Reimer, 1912）, ㊾ S. 128, fig. 94.

同じく、Albert Grünwedel, *Alt-Kutscha : archäologische und religionsgeschichtliche Forschungen an Tempera-Gemälden aus buddhistischen Höhlen der ersten acht Jahrhundertenach Christi Geburt*（Berlin : O. Elsner verlagsgesellschaft m. b. h., 1920）. 琵琶の図が頗る多い。

（10）『正倉院樂器の調査報告』、Bhandarkar, "Contribution to the Study of Ancient Hindu Music" ; Collangettes, "Étude sur la musique arabe" の諸書を参照。

（11）『琵琶録』に云う、「去声宮七調、第一運は正宮調、第二運は高宮調、第三運は中呂宮、第四運は道調宮、第五運は南呂宮、第六運は仙呂宮、第七運は黄鍾宮。（去聲宮七調、第一運正宮調、第二運高宮調、第三運中呂宮、第四運道調宮、第五運南呂宮、第六運仙呂宮、第七運黄鍾宮。）」（商角羽三調はみな七運をもつ。）

(12)『遼史』樂志に云う、「大楽調は、雅楽に七音有り。大楽にも亦た七声有り、之を七旦と謂ふ。一に曰はく婆陁力、平声なり。二に曰はく鶏識、長声なり。……隋より以来、楽府は其の声四旦二十八調を取りて大楽と為す。婆陁力旦は、正宮・高宮・中呂宮……鶏識旦は、越調・大食調・高大食調……。（大樂調、雅樂有七音。大樂亦有七聲謂之七旦。一曰婆陁力、平聲。二曰雞識、長聲。……自隋以來樂府取其聲四旦二十八調爲大樂。婆陁力旦、正宮・高宮・中呂宮……雞識旦、越調・大食調・高大食調……。）」『遼史』樂志の四旦は已に『隋書』音樂志中の旦の原義を失い、声或いは調の意に近い。

(13)『燕樂考原』に『隋書』音樂志中の鄭訳説「律に七音有り、音ごとに一調を立て、故に七調を成す（律有七音、音立一調、故成七調）」を引き、註して云う、「案ずるに、杜氏『通典』に「一弦琴は十有二柱、柱は琵琶のごとし」と。……『隋志』を以て之を考ふれば、則ち琵琶は一弦に七調を具へ、四弦なるが故に二十八調なり。（案杜氏通典一弦琴十有二柱、柱如琵琶。……以隋志考之、則琵琶一弦具七調、四弦故二十八調也。）」

(14)鳥居龍蔵『考古學上より見たる遼之文化圖譜』（東京：東方文化学院東京研究所、一九三六年）所収。

(15)François-Joseph Fétis, *Histoire générale de la musique : depuis les temps les plus anciens jusqu'à nos jours*, t. II, p. 108.

(16)近人童斐の見解は陳説を採っている。『中樂尋源』上、三五頁に見える。

(17)附論七と八を参看せよ。

第九章　結論

中国古来の楽調は宮調を本義としたようである。宮調とは七声の宮を調首とするものである。六朝以来、胡楽の伝入により、別種の調があることを知り、何時しか宮声以外のものも調首とすることが出来ると云う思想が生長してきた。雅楽は尚お宮調に固執していたが、俗楽は胡楽の影響により自由な調を使用していた。『隋書』音樂志下に云うところの「荀勗、三調の均首たる者を論じ正声の名を得たれば、明らかに雅楽は悉く宮調に在るを知り、已外の徵羽角は自《おの》づから謡俗の音と為るのみ（荀勗論三調爲均首者得正聲之名、明知雅樂悉在宮調、已外徵羽角自爲謠俗之音耳）」とは、そのことを述べているのである。隋唐の俗楽調中には、胡楽によって齎された調観念の変化が、明らかに反映されており、俗楽諸調は中国の衣装をまとった胡楽調と云える。唐時胡俗は殆んどが調を同じくし、胡名或いは胡名に由来する字句を冠する調、及びその増補が、胡俗楽で使用されていた。従って俗楽調はやや中国化した胡楽調に他ならない。かように中国楽調の進歩に貢献するところのあった胡楽中で最も重要なもの、或いは寧ろその唯一のものは、亀茲楽であった。

隋唐燕楽は、華夷が雑ざり合いながらもともと数種あり、それらが使用した胡楽はもとより亀茲一系に限らないが、唐代中に次第に淘汰された結果、亀茲楽から生み出された俗楽調が最も優勢を占め、その他の胡調はその中に包摂され、表面には現れて来なかった。南朝所伝の清楽調も徐々に衰亡した。唐代燕饗の胡楽が皆、中国化した亀茲楽調（即ち俗楽調）に依拠していたことは何等の疑いもない。亀茲楽は何故独り繁栄にあったのか。それは亀茲国人が音楽に対し特別な才能を有し（『大唐西域記』の所言）、南北朝以来頻繁に東方に来ては活躍し、絶大な地盤を築いたからである。蘇祇婆・白明達・白智通は皆同国出身の楽工であって、中国音楽に貢献するところが多かった。唐代中にその他の胡楽を圧倒し、僅かに亀茲楽だけが光輝を顕したのは、まことに理由がないわけではないのである。

亀茲楽は、その他の西域諸楽と同様、イラン・インド両楽系の影響感化の下で発展してきたわけであるが、周隋以後に於いては、その楽調は実はインドに起源し、インド文化の影響は亀茲に対して特に顕著であった。『大唐西域記』巻一に「屈支国、……文字は則を印度に取り、粗《やや》改変有り（屈支國、……文字取則印度、粗有改變）」と云い、当代の亀茲語中に多数の梵語系の語彙が含まれていることは、已に先人の指摘するところである（Sylvain Lévi 氏の業績が最も著しい）。蘇祇婆所伝の亀茲楽調名がすべて梵語であることは、別に不思議とするに足りない。その楽調は名称だけに限らず、調の性質・調の高度すらインド楽調に由来する。唐俗楽二十八調は、亀茲を中介として中国に伝入し、やや中国化したインド楽調と云える。当時の東アジア諸地に於いて、インド楽がいかに優勢であったかは、イラン系の楽器並びに亀茲を介して始めてその名が知られた篳篥とインド系の驃国（今のビルマ）楽器両頭笛とが、南北両地に遠く隔たっていても、共にインド楽調と契合していると云う、この事情を見ていただければ、その一端を窺うに足るのである。

ただし、諸調の実際は、『遼史』の所言の如く、琵琶の柱声に依拠したときは、個々の音制はインドよりも寧ろイラン派の楽論から多少の変形を受けたと云う、その痕跡がないとは断言出来ない。しかしながら、インド楽論が琵琶の使用上、一体どの程度遵守せられていたか不明瞭で、大体イラン派のものと或いは相類似するかも知れないが、この点に関して直ちにイランの影響に言及するのには躊躇せざるを得ない。しかも楽調上、インド系の亀茲楽の優越はイラン楽調の中国化を妨げ、或いはそれを蔽い隠したため、表に現れず、イラン音楽の調様《しらべよう》が伝入したと云う事実を指摘することも不可能である。ただし、それだからと云って、影響が皆無であったと断言することも出来ない。インドとイランは西域文化の二大源泉であり、イランの成分は、中国に流入した胡楽、殊に安国・康国等によって中国楽に対して何等かの感化を生んだ筈である。

楽器上では、豎箜篌・琵琶・篳篥の三者は疑いもなくイラン系である。天竺楽中で、後二者も使用されていたが、天竺ではもとは外来のものであった。イラン・インド文化の融合点である中央アジアに於いて、両系の音楽が実際に如何に行われていたのか、興味ある問題であるが、我々は隋唐の胡楽と西域出土の遺像から亀茲国内のインド楽調の施行や西域諸国の楽器に関して多少知り得る他、依然少なからず疑問を残している。

唐代俗楽調の正調名は、「之調式」に解するか、或いは「為調式」に解するかによって、諸調の相互関係及び高度が異なってくるが、仮に宋伝や日本所伝が唐楽の直伝であると認定するならば、正調名は「之調式」と解すべきである。

唐代俗楽調を「之調式」と解すると、唐代の諸楽律の高度について更に関連して考え知ることが出来る。俗楽調の標準である俗律（燕律）はインド亀茲楽の直系であるようで、商調の越調調首に当たる律である。隋の鄭訳は一面これに依拠して、更に中国均の意義を斟酌しながら、二律低い宮調（黄鐘宮）調首に黄鐘の名を与えたが、それが唐代の古律の由来である。従って俗律と古律とは必然的な関係を結んでいた筈である。宋人すらこの理を辨えず、黄鐘宮・仲呂宮・南呂宮の三宮の調首が皆、俗律より二律高いのを見て、ついに燕楽が後世に至って二均上昇したと考えたが（沈括『夢溪筆談』説）、実は正しくない。

隋初の黄鐘宮は、実際には下徴林鐘宮と称せられ、即ち正律より五律低いものを黄鐘と考えたわけであるが、その源は亀茲楽調の標準が示す如く、低く抑えられた胡調の感化を受けたのであろう。鄭訳琵琶八十四調の律も多分鉄尺律よりも五律低いものであり、唐の古律が正律（小尺律）より五律低いのも、恐らくはその遺制であろう。唐小尺がある時鉄尺より出で、唐の古律が鄭訳琵琶律より出たことを知れば、この現象は少しも異とするに足りない。

唐代の燕楽諸調は古律に依拠しているようである（天宝年代にその明証がある）。その一方で、楽器の分寸は小尺に依拠したもので、楽器の律呂は正律に依拠した。俗律の使用法は明らかでないが、その存在は燕楽の標準音であったと考えられる。唐史に俗楽の宮調は夾鐘に当たると云うのは、この故である。ただし、私の見るところ、古律と俗律の関係から推証して、太簇に当たる筈である。太簇に当たる筈であるのに夾鐘に当たると云うのは、粛宗以後の新律が古律の夾鐘に当たることから生じた混淆であると思われるが、さもなければ、中唐以後の俗楽調が一律上昇して、遂に古律と俗律の原義を忘れるに至ったのである。

唐の正律は、小尺律であるが、貞元中に貢献された驃国両頭笛と日本篳篥の関係から見て、実用に供せられたものであったことが推知される。ただ小尺律には、玉尺制と鉄尺制との交代が屢々あり、その詳細は明らかにすることが出来ていないが、中唐代は鉄尺律であったらしい。今、鉄尺律を正律として、両頭笛の律と調との関係から、正律より五律低い古律、古律より二律高い俗律、三律高い新律、古律の林鐘に当たる清商律が闡明された。この発見によって、隋代鄭訳八十四調の律、蘇祇婆所伝の亀茲楽調の律、更にそれに加えて、これまで夢にも思わなかったインド古楽律の高度までもが、漸く推定の可能性を得た。

唐燕楽調の高度の決定により、唐燕楽調と宋教坊楽との比較が漸く出来るようになった。両者は大体近いものであったが、ただ宋人が唐の俗律を標準としていたために、正調名が完全に変わってしまったのである。

唐代の琵琶は四絃四柱を最も普通とする。凌廷堪等はこのことに暗く、「一弦に七調を具ふ（一弦具七調）」の説を立てたが、これは当時の琵琶制と相容れない謬説である。

唐燕楽二十八調は、後世宋元明の俗楽諸調の淵源であって、唐時に日本にも伝わった。中国では伝世が久しければ、いよいよその本来の調義を失うが、日本所伝には楽器と共に唐代の遺制をも保存しており、しからば、唐楽の研究上では、日本所伝の唐世遺調遺曲に対する調査が最重要なことの一つであって、このことは特に中国の学者に対し一言附しておきたい。

本論以外には、更に応声の新釈、合字林鐘徴声等の新説を提出した。

以上の諸論を総合すると、後世の楽調の淵源である隋唐燕楽調を、その調の性質、調名の由来、調の律の高度の三点に関して、大抵闡明にしたと云えるのである。

附論

一　唐燕楽調の調式

調名の表現法には古来もともと定制はなく、律名を応用するもの、声名を借用するものがあり、その他にも更に別の表現があった。

『周禮』春官、大司樂に「黄鍾を奏し、大呂を歌ふ（奏黄鍾、歌大呂）」と云い、また「函鍾を宮と為し、太蔟を角と為し、姑洗を徴と為し、南呂を羽と為す（函鍾爲宮、大蔟爲角、姑洗爲徵、南呂爲羽）」等と云うのは、律名を応用して調名とするもののようであるが、その真相は尚お疑問である。唐宋代は、『周禮』の某律を宮と為し商と為す等の調式に倣ったが、恐らく『周禮』の意図とは別であろう。また、黄鐘宮、太簇商等の調名も律名を応用した最も普通の名称であり、唐宋以来通用するところである。

声名を借用し調名とするもので、古時の清角や流徴の如きは、暫く論じない。晋の荀勗三調中の下徴調・清角調が、声名を調名としたものであることは疑いないが、一定の音高はない。黄鐘笛の下徴調は林鐘宮、清角調は姑洗宮であり、大呂笛の下徴調は夷則宮、清角調は仲呂宮である。唐俗楽調の正宮・高宮等がこの一類と見做すのも不可ではない。

この他、清商三調の瑟調・清調・平調（瑟調は或いは側調に作る）、荀勗三調中の正声調等の如きは、何れも律名や声名と無関係であり、これ等も恐らくは同様に絶対音高のないものであろう。隋代「亀茲楽」調の梵名、唐俗楽調の「時号」の大部分、近世の某字調等はすべてこの一類に数えられる。

隋代は未曽有の調の進化期に際会しており、調名の表現にも恐らく種々の方法があったであろう。一定の律を持つ商調・角調・羽調等の調名を示すのであれば、旧来の律名を応用することが最も理想的であることは云うまでもない。例えば、黄鐘宮は黄鐘を宮とすると同時に、宮を調首とする黄鐘均七声の律から成る調であり、これに準じて、黄鐘均の商（太簇律）を調首とする調は黄鐘商と称し、黄鐘均の羽（南呂律）を調首とする調は黄鐘羽と称すと云うような表現法が考え出されたと思われる。『隋書』律暦志上の万宝常律呂水尺の条下に「南呂は黄鍾羽なり（南呂、黄鍾羽也）」と云う。ここでは調名を指しているわけではないが、そのような調名の存在を暗示している。それと対立するのは、調首の声律を借りて調名とする方法で、黄鐘を商とし、且つ商を調首とする調（無射均商調）を黄鐘商と称する如きがそれである。これは「黄鐘爲商」とも称せられる（唐楽の「夾鐘均之黄鐘羽」は、陳澧は夾鐘宮と黄鐘羽とに区別して考えている。このとき、前者は、僅かに黄鐘律が羽声に当たることを示すのみで、羽声は調首とならず、後者が羽調である）。蓋し、『周禮』の古式に照らして唐代に通行したものである。上記二制の中、前者は余の云うところの「之調式」、後者は「為調式」である。隋代俗楽調の情況は暫く問わないが、唐代にあっては、二者の取捨が諸調の相互関係（宮調群・商調群・羽調群等間の相互の律の高低関係）の決定上、極めて重要であり、今暫く考察を加えると次の如くなる。

唐俗楽調名には、調の依拠する律名を応用したものがあり、それを俗楽正調名と称す。この正調名以外に、時俗に伝わる調名があり、これは時号と称せられる。時号にも律名・声名を応用したものがある。

唐俗楽正調名を「之調式」か「為調式」の何れか一方に限定するのも躊躇すべきである。唐代の雅楽調名を検討するときは、「為調式」が通行していた痕跡は顕著である。明らかに為字を挿入した例証があり、例えば「圜鍾爲宮」、「黄鍾爲角」、「太簇爲徴」、「姑洗爲羽」（張文収の制定した十二和の第一「豫和」、この種の調名は『周禮』に基づく。以下、例が多い。『新唐書』禮樂志十一を参看せよ）等がそれである。これ等は時に為字を省略し、「黄鐘角」・「太簇徴」・「姑洗羽」（『舊唐書』音樂志三）と称せられる。また「羽調」・「商調」・「宮音」・「商音」等の例があるが、後の二者は一に「黄鍾宮調」「太蔟商調」等に作り、確かに依然「為調式」であることを知る。次に均名を附す例、「夾鐘均之黄鐘羽」等の如きがあるが、これも亦た「夾鐘均之黄鐘爲羽」であり、依然「為調式」である（ただし、この形式が「夾鐘（均）之（黄鐘）羽」とすれば、「之調式」と通ずる）。これに反して所謂「之調式」は、僅かに張文収十二和の一、「舒和」の「太簇之商」のみで、この他に適例はない。

俗楽調はおおむね時号を持つが、その正調名は雅楽調名式を借用したと考えなければならないようである。唐代の雅楽名はほとんどすべてが「為調式」であり、この事実により、我々が俗楽正調名も「為調式」に解せると思うのは極く自然である。ただ、依然「為調式」を採用出来ずに躊躇しているのは、「之調式」に符合する宋伝と日本所伝があるからである。この両伝は、唐代俗楽正調名対時号の関係をそのまま保存しているわけではなく、正調名を「之調式」としたときの時号調の相互関係の状態を保存しているのである。これがもし宋人の独断による改造であれば、両伝を信奉する我々は実に至愚であるが、果たしてそうであろうか。

唐楽を「為調式」とした上で、相互関係に於いて日宋両伝と一致させることの出来る唯一の方法があるとすれば、それは名目を「為調式」として、実際には「之調式」と同一結果を導き出す方法である。清人陳澧が提唱する如く、宮商角羽各調が夫々正位で始まる高度の異なる十二律と共に、調名を「為調式」と解するときは、結果の上では、各調共通の律に準拠する「之調式」に合致する。ただし、陳氏はこの種の考え方を宋楽まで延長してしまったが、この方法は唐代に限らなければ、唐宋は一致させることが出来ない。唐宋の正調名は異なるのに、陳氏は唐宋俗楽正調名を同一視してしまい、これは最早古籍とは合わない。

陳氏『聲律通考』序に云う、「唐宋の俗楽に至っては、凌氏已に群書を徴引し、門径を披尋するも、然れども二十八調の四均は、実は宮・商・角・羽を為し、其の四均の第一声は皆名づけて黄鐘と為す。凌氏は、此に於いて未だ明らかならず、故に其の説は尚ほ合はざること多し。（至唐宋俗樂、凌氏已徵引群書、披尋門徑、然二十八調之四均、實爲宮商角羽、其四均之第一聲皆名爲黃鐘。凌氏於此未明、故其說尙多不合。）」

陳氏説宮商角羽諸調律呂表

五声正位	宮		商		角			徴		羽											
宮調律	黄	大	太	夾	姑	仲	蕤	林	夷	南	無	応									
商調律			黄	大	太	夾	姑	仲	蕤	林	夷	南	無	応							
角調律					黄	大	太	夾	姑	仲	蕤	林	夷	南	無	応					
羽調律										黄	大	太	夾	姑	仲	蕤	林	夷	南	無	応

唐末から五代に至る数十年間、天下は騒乱し、一時を極めた唐俗楽を衰退させたが、しかしながら、唐楽遺曲を奉守した伶人は絶滅せず、宋初には尚お唐楽が遺存した。太宗代に存した一十八調に多少の変革があったにせよ、ともかく新たに再造したものであると考えることは出来ない。俗楽調は時号を本号とするものである。宋人が唐から五代までの越調を越調とし、沙陁調（正宮）を正宮とし、それらの律の相互関係をそのまま伝承しているのは、当然のことである。ただし、正調名が唐宋で異なるのは、称呼法の改革によるのであって、両代諸調の相互関係は、唐楽を「之調式」とし、北宋を「為調式」（南宋は「之調式」）とすれば、符合する。仮に唐宋が並びに「為調

式」であれば、七商以外は調名と調の相互関係が凌乱し、何等血脈の相通ずることのないものとなる。北宋の「為調式」がもし唐制を踏襲したとすれば、宋楽の標準律は高くなる故に、これに相応する正調名に当然変化があった筈であるが、しかしながら相対的な関係が両代一致していなければならないのに、実際はそうでもない。唐楽をもし「之調式」としなければ、宋楽の「為調式」に合わず、実に異とするに足るものである。(1)

		黄	大	太	夾	姑	仲	蕤	林	夷	南	無	応
俗楽時号	二宮調			沙陁調（正宮）					道調（道調宮）				
	五商調			越調		大食調（大石調）			双調		小食調（小石調）		水調（歇指調）
	二羽調					平調（正平調）							般渉調
俗楽正調名 唐	律	黄	大	太	夾	姑	仲	蕤	林	夷	南	無	応
	宮調			太簇宮					林鐘宮				
	商調			黄鐘商		太簇商			仲呂商		林鐘商		南呂商
	羽調					林鐘羽							太簇羽

（宮調・商調・羽調）之調式

俗楽正調名		律			黄	大	太	夾	姑	仲	蕤	林	夷	南	無	応	
宋	北宋	宮調			黄鐘宮					仲呂宮							為調式
		商調			黄鐘商		太簇商			仲呂商		林鐘商		南呂商			
		羽調					太簇羽							南呂羽			
	南宋	宮調			黄鐘宮					仲呂宮							之調式
		商調			無射商		黄鐘商			夾鐘商		仲呂商		林鐘商			
		羽調					仲呂羽							黄鐘羽			
	日本	律			・壱越	断金	・平調	勝絶	下無	・双調	鳧鐘	・黄鐘	鸞鏡	・盤渉	神仙	上無	
		宮調			沙陀調												
		商調			・壱越調		大食調			・双調							
		羽調					・平調					・黄鐘調		・盤渉調			

また、唐代に日本に伝わった調は僅かに十調ほどであるが、その相互関係は宋伝と一致する。伝来の後、楽制には数度の改革があり、必ず唐代のものと同じであるとは到底断言し難い。日本伝は唐制のままではなく、（1）特殊な十二律名（壱越・断金・平調・勝絶・下無〔竜吟〕・双調・鳧鐘・黄鐘・鸞鏡・盤渉・神仙・上無〔鳳声〕であり、壱越が中国の黄鐘に当たると云うのが古来の定説）があり、（2）各調の調首は宮と称せられ、（3）残存する三商三羽は律調呂調に分かれ均衡を得ており、この他にも尚お数件列挙されるものがあるが、これ等は恐らく日本で何等かの必要に遭遇して変革したものであろう。不幸にしてその変革の跡を詳悉する由もないが、遅くとも南宋初代の日本楽制は今日とは大差なく、この点は古籍に明徴がある。仮に北宋代、中国で大変革があり、その影響を受けた結果として、日本所伝が宋伝と一致したのであれば、唐楽調は「為調式」となり、日宋両伝に合わないことも怪しむに足りない、或いはかように疑う人もあるであろう。しかし日本所伝の唐曲は宋人所伝のものよりも多く（その名目は『和名類聚抄』〔宋初の撰〕に見える。宋初の唐遺曲の少なさは実に比較に堪えない）、一部の楽論以外にも、楽器等が少なくとも尚お存しており、殆んど何等顕著な改善の痕跡もなく、かように忠実な伝承の事実があることを思うと、何故楽調を改編してまで変革後の（仮定の）宋伝に追従しなければならないのか。これは反問に値するものである。宋代文化が日本へ伝入した跡が、宗教美術に於いて相当顕著であることは、已に世に公認されている。しかしながら、宋楽曲に何等かの伝来があったとしても、文献上に名目すら残されていないことは注目に値する。日宋楽の相関はもとより十分に探求し尽くされていないが、日唐楽の間の関係のように密接ではあるまい。楽調上の宋伝と日本伝の一致は、寧ろ同祖から派生した血族関係の結果である。日本十二律名は、一部分が俗楽の調名（時号）を借用してその調首の律位の名としているが[(2)]、仮にこの日本十二律名の起源が宋代以前に日本で発祥したのであれば、唐俗楽調の排列が宋伝日伝と同じであることは何等の疑いもないが、不幸にしてこの点に関して古籍は完全に沈黙している。

現在のあらゆる資料に照らしても、二途の中、積極的にその一つを採る啓示はないわけであるが、上述の如く、宋伝日伝が合致する理由を同祖と考えることがやや合理的とするときは、唐俗楽正調名は「之調式」(或いは陳澧式の「為調式」)と解さなければならない。かくして、一方で「為調式」の跡のある雅楽調を承認しながら、もう一方でまた「之調式」の俗楽調があると云うのは、一見矛盾を覚えるが、雅俗楽調の機構は夫々別であり、俗楽調は必ずしも雅楽調の模倣であるとは限らず、「為調式」の雅楽調と「之調式」の俗楽調の併存は異とするに足りない。千古の伝統を誇る日本所伝の唐楽調が、もし意外にも後世唐楽を一変した宋伝の派生であったとして、そのような確証が明らかになるときがあれば、本書で述べたところの根幹には大いに改革の斧鉞を施すべきであり、作者は躊躇することはないであろう。

本書で述べたところが「為調式」に合う説についても排斥せず、且つ屢々それは可能であると称したのは、まさしく上述の情況があるために決定しかねた結果である。

(1)　北宋が「為調式」である証は、沈括『夢溪筆談』『補筆談』・『宋史』律曆志四引、仁宗『景祐樂髓新經』に見える。南宋の「之調式」の跡は、朱子『儀禮經傳通解』「風雅十二詩譜」(また『宋史』巻百四十二、樂志十七の「小雅歌」「二南國風」の註を参照)・姜尭章『白石集』・張炎『詞源』等に見える。ただ宋人の角だけは別に解さなければならない。唐の遺式であるかどうかわからないし、日本所伝には殆んど角調はなく、この点に関しては闡発することは出来ない。

(2)　壱越(唐の越・伊越)・平調・双調・黄鐘・盤渉の五律は、同名の調の調首の律である。

二　唐代律尺質疑

唐代の律尺には鉄尺説と玉尺説の二種ある。

『通典』巻百四十四、樂四に云う、

大唐貞観中、張文収、銅の斛・秤・尺・升・合を鋳て、咸《みな》其の数を得。詔して其の副を以て楽署に蔵せしむ。武延秀の太常卿と為るに至りて、以て奇翫と為し、律と古玉斗・升・合とを以て献ず。開元十七年、将に宗廟の楽を考へんとす。有司、之を出ださんことを請ふ。敕して惟だ銅律を以て太常に付せしむるも、其の九管を亡ふ。今、正声に銅律三百五十六・銅斛二・銅秤二・銅甌十四有り。斛の左右の耳と臀とは皆正方、十を積みて登りて、以て斛に至る。銘に云ふ、「大唐貞観十年、歳は玄枵に次《やど》り、月は応鍾に旅《やど》り、新令㊿の累黍尺に依り、律を定め、龠を校して、茲の嘉量を成し、古玉斗と相符し律度量衡を同じくす。協律郎張文収は敕を奉じて修定す」と。「秤の盤の銘」に云ふ、「大唐貞観の秤、律度量衡を同じくす」と。匣の上に朱漆にて「秤尺」の二字を題する有り。尺は亡ぶるも、其の跡猶ほ存す。今の常用の度量を以て之を校《はか》れば、尺は六の五に当たる。衡は皆三の一なり。一斛・一秤は、是れ文収、総章の年に造る所なり。斛は正円にして小、秤と相符《あひ》するなり。（大唐貞觀中、張文收鑄銅斛秤尺升合咸得其數。詔以其副藏於樂署。至武延秀爲太常卿、以爲奇翫、以律與古玉斗升合、獻焉。開元十七年將考宗廟樂。有司請出之。敕惟以銅律付太常、而亡其九管。今正聲有銅律三百五十六・銅斛二・銅秤二・銅甌十四。斛左右耳與臀皆正方、積十而登、以至於斛。銘云「大唐貞觀十年、歳次玄枵、月旅應鍾、依新令㊿累黍尺、定律、校龠、成玆嘉量、與古玉斗相符同律度量衡。協律郎張文收奉敕修定。」秤盤銘云「大唐貞觀秤、同律度量衡。」匣上有朱

漆題「秤尺」二字。尺亡、其跡猶存。以今常用度量校之、尺當六之五。衡皆三之一。一斛一秤是文收總章年所造。斛正圓而小、與秤相符也。）

『新唐書』禮樂志十一に亦た云う、

文収既に楽を定め、復た銅律三百六十、銅斛二……を鋳る。斛の左右の耳と臀とは皆方、十を積みて登りて、以て斛に至る。古玉尺・玉斗と同じ。（文收既定樂復鑄銅律三百六十、銅斛二……。斛左右耳與臀皆方、積十而登、以至於斛。與古玉尺玉斗同。）

この古玉斗・古玉尺は、蔡元定は後周の玉尺とし（『律呂新書』に見える）、日本の荻生徂徠『樂律考』（村瀬之熙撰『秇苑日渉』巻三所引）も亦たこの説に同じである。ただし、古玉斗は必ずしも後周代に掘り得たものとは限らず、この古玉斗がもし東晋乃至劉宋以降のものでなければ、後周代の蘇綽（鉄尺の創始者）所造のものと思われ、もし、後周の玉尺を唐尺とすれば、丁度の所説に、宋の景表尺は唐尺であり晋前尺に比べ六分三厘長いとある（『玉海』巻八に記す）のに合わないと述べる者もある（狩谷望之[51]『本朝度量權衡攷』の所説）。唐の大尺は小尺の一尺二寸であり、正倉院蔵奈良朝時代の大尺（大抵が唐制の撥鏤尺）は現今の日本曲尺（一尺＝〇・三〇三メートル）よりやや短く、平均すると九寸八五七一有奇を得る（『正倉院圖録』第一輯及び第六輯所載の大尺十二枚の平均数）。同類の尺は日本の法隆寺・慧日寺及び嘉納氏に均しく所蔵があり、烏程蔣氏蔵の尺もほぼこれ等と合う（王国維『觀堂集林』十九参照）。また、『續日本紀』巻十二、天平七年（唐、開元二十三年）四月に「辛亥、入唐留学生従八位下、上道の朝臣真備、『唐禮』一百三十巻・『太衍暦經』一巻・『太衍暦立成』十二巻[52]・影を測る鉄尺一枚・銅の律管一部・鉄もて方響のごとくし律管の声を写すもの十二条・『樂書要錄』十巻……を献ず（辛亥、入唐留學生從八位下上道朝臣眞備獻唐禮一百三十巻・太衍暦經一巻・太衍暦立成十二巻・測[52]影鐵尺一枚・銅律管一部・鐵如方響寫律管聲十二條・樂書要錄十巻……）」と記載され、これと『唐六典』の「鍾律を調ふる、晷景を測る（調鍾律、測晷景）」に小尺を用うる説とを比べ合せれば、当時輸入された唐律が鉄尺に依拠していたことを知り、このことは、正倉院蔵尺が鉄尺に関係があることの一証とするに足る。大尺の六分の五は小尺であり、八寸二一四有奇（嘉納氏蔵の唐小尺は八寸）に合う。これを鉄尺とし、『隋書』律暦志上所載の比率によって周尺西晋尺を求めるとき、七寸七二有奇を得る。馬衡『隋書律暦志十五等尺』は、現存する王莽の嘉量（劉歆の銅斛）に依拠し、西晋尺が〇・二三一メートル（七寸六二三――余はかつてMarc Aurel Stein 氏が発見した漢尺等を根拠とし、七寸五五（〇・二二八七八…メートル）を得たが、その差はわずかである）であると測定した。今これに依拠すれば、唐小尺の鉄尺は〇・二四五七八メートルであり、その一・二倍の大尺は〇・二九四九三六メートルとなり、日本の曲尺九寸七三二有奇に合うことを知る。正倉院の大尺との差が一分二厘餘あるものの、律には大影響は生じない[53](1)。

ただ、郭沫若氏は上に挙げた『通典』所載の張文収の銅斛銘によって、唐代尺度には屢々変更があったとしている。

[54]貞観十年の前は鉄尺であったと思われ、武徳四年制定の「開元通宝」銭が証拠となる。貞観十年に「古玉斗」に依拠し「修定」したものは、後周の玉尺であると思われる。文収が総章年中所造の第二斛は「正円にして小（正圓而小）」であり、これは総章年間にまた玉尺制から鉄尺制へと改まった証である。しかし、大斛の尺は開元時常用尺の「六の五（六之五）」に合う以上、開元時には再び已に玉尺に改められていたのであり、改制の時期はおおむね武后時代であった。尺に鉄尺と玉尺の別があるものの、大小尺の比率は変わらない。

案ずるに、古代日本の度量衡制にかつて大きな影響を与えたのは唐制であり、その変革の跡を観ると、その感化は敏速ではない。推古帝の代（隋煬帝の代）に、大陸と正式な直接交通を行って以来、彼此の交渉は頻繁であったが、唐代大小度量衡の実際と接近したのは、実は元明帝の和銅六年（唐の開元元年）であった。その約十年前、文武帝の大宝二年（唐の中宗、嗣聖十九年）には、大小の尺度があったが、小尺は却って唐の大尺に当たり、大尺は高麗尺であった。その前に用いたのは高麗尺であった。聖武帝の代は和銅の制を踏襲したが、現存する正倉院蔵の尺（大尺）がもし当代制度の遺品であるならば、所謂小尺は鉄尺に擬せられる筈である。これを要するに、鉄尺の輸入は何時代であるかを問わず、鉄尺を小尺と定めるには実に数十年の歳月が費やされた。かくて大陸の影響は、その速度がかくの如く緩慢であったとすれば、唐制に屢々変革があったとしても、一々全てが日本に影響するには至らなかった。開元代に已に玉尺を採用していたとしても、日本が依然鉄尺に固執していても好いわけである（例えば、正倉院蔵撥鏤尺は開元代の遺品ではない）。

余は、正倉院蔵撥鏤尺・「開元通宝」銭及びその他の考古学的資料の重要性を感じ、また、鉄尺説を採用することが説明に便なるに鑑みて、張文収銅斛銘の疑惑を解くことが出来ないながらも、暫らく開元天宝代律尺即ち鉄尺説を主として玉尺説をこれに附したが、徹底した決定は他日に期さねばならない。

（1）正倉院所蔵「尺八」には、唐小尺（鉄尺）の一尺八寸（倍黄鐘）と確実に一致する一管がある。ただし、その「筒音」（全閉孔音）の実験振動数は三五三・三であり、勝絶と下無の中間（f^1—$\sharp f^1$）にある（『正倉院樂器の調査報告』による）。これは唐の小尺律（即ち正律）の黄鐘、古律の仲呂であり、古時の日本律の勝絶に相当するものに相違ない。

三　亀茲部の楽器楽曲

亀茲楽の東来は、『隋書』音樂志下によると西秦呂光の時に始まると云うが、西秦時所伝の楽器が必ずしも『隋書』音樂志下所載のものと一致するとは限らない。唐代所伝は、『新唐書』・『舊唐書』・『通典』・『唐六典』等、互いに出入があるが、『新唐書』だけが弾箏・担鼓・斉鼓を加えているのは、西涼楽の竄入かと疑われ、これを除くと、隋唐亀茲部の楽器は大抵一致しているのである。

楽器の系統にはイラン・インド・中国の三種がある。豎箜篌・琵琶・五絃・篳篥がイラン系であることは疑いない。横笛・都曇鼓・毛員鼓・腰鼓・羯鼓・貝はインド系である。笙は当然中国系であるが、簫は西域にもあり、亀茲部所用の簫が何れに属するかはわからない。銅鈸はイラン・インドに共にあるところで、その由来は非常に古い。琵琶・五絃は天竺部中にもある。また、細腰鼓に属する正鼓・和鼓は、イラン系の康国・安国両楽の中に均しくあり、これ等は何れも外来のものに相違ない。

亀茲部楽器			
隋	唐	南詔	宋
豎箜篌	豎箜篌		
琵琶	琵琶		
五絃	五絃		
笙	笙		
笛	横笛	横笛	笛
簫	簫	長簫 短簫	
篳篥	篳篥	大觱篥 小觱篥	觱篥
毛員鼓	毛員鼓 『通典』には、今亡ぶと云う。		
都曇鼓	都曇鼓		
答臘鼓	答臘鼓	揩鼓	揩鼓
腰鼓	腰鼓	腰鼓	腰鼓
羯鼓	羯鼓	羯鼓	羯鼓
鶏婁鼓	鶏婁鼓	鶏婁鼓	鶏婁鼓 鼗鼓附
銅鈸	銅鈸	大銅鈸	
貝	貝	貝	
	弾筝 侯提鼓 担鼓 斉鼓 『新唐書』		
		拍板	拍板
		方響	
		短笛	

隋唐代の亀茲楽の優越により、その使用せる楽調が隋唐二代の俗楽調の基礎となることになり、唐代では俗楽中最も重要である坐部伎にも亀茲楽が関与していた。ただし、亀茲楽が一たび普遍化すると、それ自身も次第に変形し始め、使用する楽器には淘汰あり、代用あり、遂には貞元中、南詔楽の亀茲部に見るような、ひいては宋教坊の亀茲部に見るようなものと化した。南詔亀茲部はもとより地方の成品であるが、宋教坊の亀茲部の如きは前代の継承と見做すべきで、しからば、晩唐の亀茲部も推して知るべしである。

南詔亀茲部は已に豎箜篌・琵琶・五絃等を失っているが、方響・拍板・短笛等の清楽系の楽器が入り込んでいる。これは恐らく盛唐時代の胡俗混淆の名残であろう。宋亀茲部はいよいよ衰頽し、使用する楽器は僅かに八種、楽曲は僅かに二曲で、隋唐盛時の面影は已になくなってしまった。

亀茲或いはその系統に属する楽曲は、典籍中に明徴のあるものが少なくない。『隋書』音樂志下に云う、

亀茲は、呂光、亀茲を滅ぼし、因りて其の声を得たるより起こる。呂氏亡びて、其の楽、分散す。後魏、中原を平らげ、復た之を獲《え》、其の声、後に変易すること多し。隋に至り「西国亀茲」・「斉朝亀茲」・「土亀茲」等凡そ三部有り。(龜茲者起自呂光滅龜茲因得其聲。呂氏亡、其樂分散。後魏平中原、復獲之、其聲後多變易。至隋有西國龜茲齊朝龜茲土龜茲等凡三部。)

隋代には、曹妙達・白明達等が新曲を製した。白明達は『隋書』音樂志下、亀茲楽の項下に見え、亦た亀茲人と思われる。志に云う、

煬帝、音律を解せず、略《ほぼ》関懐せず、後に大いに艶篇を製し、辞極めて淫綺なり。楽正白明達をして新声を造らしめ、「万歳楽」・「蔵鉤楽」・「七夕相逢楽」・「投壺楽」・「舞席同心髻」・「玉女行觴」・「神仙留客」・「擲磚続命」・「闘鶏子」・「闘百草」・「汎竜舟」・「還旧宮」・「長楽花」及び「十二時」等の曲を剏《はじ》めしむるも、掩抑として蔵を摧き、哀音断絶す。帝之を悦ぶこと已むこと無し。(煬帝不解音律、略不關懷、後大製豔篇、辭極淫綺。令樂正白明達造新聲、剏萬歳樂・藏鉤樂・七夕相逢樂・投壺樂・舞席同心髻・玉女行觴・神仙留客・擲磚續命・鬪雞子・鬪百草・汎龍舟・還舊宮・長樂花及十二時等曲、掩抑摧藏、哀音斷絕。帝悅之無已。)

この中「汎竜舟」一曲は、唐代では尚お清楽中にあるが、『新唐書』・『舊唐書』及び『通典』では均しく隋煬帝の作とし、同一曲であるらしい。

『隋書』音樂志下、亀茲楽の条下にまた云う、

（林補：煬帝）六年、高昌、「聖明楽曲」を献ず。帝、音を知る者をして、館所に於て之を聴き、帰りて肄習せしむ。客の方《まさ》に献ずるに及び、先んじて前に於て之を奏す。胡夷皆驚けり。其の歌曲に「善善摩尼」有り、解曲に「婆伽児」有り、舞曲に「小天」有り、又「疎勒塩」有り。（六年高昌獻聖明樂曲。帝令知音者於館所聽之、歸而肄習。及客方獻、先於前奏之。胡夷皆驚焉。其歌曲有善善摩尼、解曲有婆伽兒、舞曲有小天、又有疎勒鹽。）

『隋書』音樂志下は「高昌楽」を欠くため、「亀茲楽」の下にそれを記している。「其の歌曲（其歌曲）」云々以下は、その他の諸楽の文例によれば、「亀茲楽」を指すと思われる。曲名の解釈には頗る異説がある。レヴィ（Sylvain Lévi）氏は、「善善」には Bien! Bien!（善哉善哉）の意があるが、「疎勒塩」の記載があることにより、鄯鄯（漢の楼蘭）に関するものかと疑っている。[1] ただし、もし「善善摩尼」が一つの曲名であるときは、シャヴァンヌ（Édouard Chavannes）説に従い「善哉摩尼」（māni ペルシアのマニ教祖、或いは mani 仏教語「如意珠」・「無垢」）とすべきである。[2] レヴィはまた「婆伽児」は Bagar かと疑っている。唐の楽曲名には「塩」字を附すものが多いが、[3] この「疎勒塩」はその先駆である。

唐代の「亀茲楽」の盛行を考えると、『唐會要』所載の、天宝十三載改名楽曲の中、「亀茲楽」に属するものは少なくない筈であるが、一々指摘するのは困難である。今、数種を掲げると、以下の如くである。

一　沙陀調「龜茲佛曲改爲金華洞眞」

「亀茲仏曲」の名は燉煌で発見された仏曲沙陀調の中に見え、また「金華」の称は、『大唐西域記』所載の亀茲の

金花王(4)が連想され、この一曲は「亀茲楽」と関係がある筈である。

二　沙陁調「蘇莫遮改爲萬宇清」
　　水調「蘇莫遮」
　　金風調「蘇莫遮改爲感皇恩」

「蘇莫遮」は「亀茲楽」と思われ、その証に二ある。

証一。希麟『續一切經音義』巻一、大乗理趣六波羅密多經音義に云う、

蘇莫遮冒……案ずるに「蘇莫遮」は、胡語なり、本《もと》「颯麼遮」と云ひ、此れ戯を云ふなり。亀茲国より出づ。今に至るまで、由《な》ほ此の曲有り、即ち「大面」・「撥頭」の類、是れなり。（蘇莫遮冒……案「蘇莫遮」、胡語也、本云「颯麼遮」、此云戲也。出龜茲國。至今由有此曲、即大面撥頭之類是也。）

「大面」は即ち「蘭陵王」、「撥頭」は即ち「抜頭」・「鉢頭」である。この語は、梵語ではあり得ず、唐代音義家が決して梵語と称することなく、「胡語」としたものである。原語は不詳。当時、亀茲を包含していたトルキスタン地方では、所謂「胡語」（イラン語系、殊にソグド語を指す）が流通していたのであり、胡名を持つ亀茲楽曲は別に異とするに足りない。

証二。宋代教坊の亀茲部は『宋史』巻百四十二、樂志十七によると「其の曲二、皆双調なり。一に曰はく「宇宙清」、二に曰はく「感皇恩」（其曲二、皆雙調。一曰宇宙清、二曰感皇恩）」と云う。「宇宙清」は、即ち『唐會要』の「万宇清」と思われる。『唐會要』所載の「蘇莫遮」三曲は必ずしも単に調だけが異なるのではなく、蓋し関連のあ

る三部の異曲であろう。三異曲中、宋代に至ると、僅かにその二を存するのみであった。また『唐會要』三曲で水調に属するものは、胡名を沿用している。日本所伝の盤渉調に「蘇莫者」があり、また大食調に「賀王恩」、一名「感皇恩」がある。

また、「蘇莫遮」には油帽の義がある。『宋史』巻四百九十、高昌傳に云う、

高昌国……俗、騎射を好み、婦人、油帽を戴き、之を蘇幕遮と謂ふ。（高昌國……俗好騎射、婦人戴油帽、謂之蘇幕遮）。

三　金風調「婆伽兒改爲流水芳菲」

「婆伽兒」は、已に上掲の『隋書』音樂志下の「亀茲楽」の条下に見える。

四　大食調「耶婆色雞改爲司晨寶雞」

「耶婆色鷄」（悟空訳『十力經』序に「耶婆瑟雞」に作る）は、亀茲の山名、また、寺名。レヴィ氏は亀茲語 yurpāṣke の音訳とし（Sylvain Lévi, "Le Tokharien B, langue de Koutcha," p. 320, note 1 ; p. 372, note 1）、向達氏がそれによって亀茲楽曲としているのは（『唐代長安與西域文明』五八頁及び七一頁、註二〇）、正しい。

（1）Sylvain Lévi, "Le Tokharien B, langue de Koutcha," *Journal asiatique*（Paris : Société asiatique）11e série, tome II（1913）, p.

351.

　また、同氏は曲名に於いて、「善善」・「摩尼解」（摩尼を mani とする）・「婆伽児舞」等と区切っている。案ずるに、「解曲」「舞曲」として句切るのが是《ぜ》に近かろう。

（2）Édouard Chavannes and Paul Pelliot, “Un traité manichéen retrouvé en Chine,” *Journal asiatique*（Paris : Société asiatique）11e série, tome I（1913）, p. 150, note 1.

（3）例えば、「野鵲塩」・「神雀塩」・「自蛤塩」（以上『唐會要』）、「突厥塩」・「大秋秋塩」・「要殺塩」・「鵤嶺塩」（以上『羯鼓録』）、「一捻塩」・「一斗塩」（以上『教坊記』）。「三台塩」・「安楽塩」・「壱徳塩」（以上日本所伝）。

（4）『大唐西域記』巻一に云う、「屈支国、……国の東の境、城北の天祠の前に大いなる竜池有り。……諸を先志に聞くに曰はく、『近代に王有り、号して金花と曰ふ。政教明察にして、竜を感ぜしめて馭乗し、王終没せんと欲するに、鞭、其の耳に触れ、因りて即ち潜隠して、以て今に至る』と。（屈支國、……國東境城北天祠前有大龍池。……聞諸先志曰近代有王、號曰金花。政教明察、感龍馭乘、王欲終沒、鞭觸其耳、因卽潛隱、以至于今。）」案ずるに、唐初の亀茲王に蘇伐勃駃（高祖と同時）、蘇伐畳（太宗と同時）がおり、共に『新唐書』に見える。レヴィ氏は、「蘇伐（Su-var）」は自ずから su-varṇa 或いは svarṇa（華言「金」）が連想され、亀茲出土の木札（通関証）には Swarnate と Swarnabūṣpe の名があり、前者は即ち蘇伐畳、後者は蘇伐勃駃、即ち『西域記』の金花王 Swarnabūṣpe＝suvarṇapuṣpa（梵語。華言は「金花」となる）であろうとする（“Le Tokharien B, langue de Koutcha,” pp. 319-320.）。また、後涼呂光の亀茲に寺名「金華」がある。Sylvain Lévi, “Le Sūtra du sage et du fou（賢愚經）dans la littérature de l’Asie centrale,” *Journal asiatique*（Paris : Société asiatique）, tome CCVII（1925）, p. 328.

四 驃国楽器の律

貞元中、唐朝に貢献せられた驃国楽は、唐楽調研究上重要な資料であることは已に本文で述べた如くであるが、驃國傳所載の驃国楽器の律に関して、もう一度やや補説すると次の如くである。

金二・貝一・糸七・竹二・匏二・革二・牙一・角二の中、律の註記があるものは、大匏琴・小匏琴・独絃匏琴・横笛二・両頭笛・小匏笙・牙笙・両角笙・三角笙の十種である。

大匏琴二有り……大絃は太蔟に応じ、次絃は姑洗に応ず。[55]
独絃匏琴有り……四柱有り、亀茲琵琶のごとし、絃は太蔟に応ず。
小匏琴二有り……大絃は南呂に応じ、次は応鍾に応ず。
横笛二有り、一は……穴は六つにして、以て黄鍾商に応じ、五音七声を備へ、
又一管は……律度は荀勗の笛譜と同じく、又清商部の鍾声と合ふ。
両頭笛二有り（林註：前出。今、省略する）、……
小匏笙二有り……律は林鍾商に応ず。……
牙笙有り……双簧は皆姑洗に応ず。
三角笙有り……一簧は姑洗に応じ、餘は南呂に応ず。……
両角笙有り……簧は姑洗に応ず。

（有大匏琴二……大絃應太簇、次絃應姑洗。
有獨絃匏琴……有四柱如龜茲琵琶、絃應太簇。
有小匏琴二……大絃應南呂、次應應鍾。
有横笛二、一……穴六、以應黃鍾商、備五音七聲、
又一管……律度與荀勗笛譜同、又與清商部鍾聲合。
有兩頭笛二……
有小匏笙二……律應林鍾商。……
有牙笙……雙簧皆應姑洗。
有三角笙……一簧應姑洗、餘應南呂。……
有兩角笙……簧應姑洗。）

「横笛二」の中、一つが黄鐘商に応じておれば、もう一つは林鐘商に応ずることを暗示している。また、大匏笙の律は標記されないが、小匏笙が林鐘商に応じていることから、大抵、黄鐘商に応ずる筈と推測出来る。驃国楽は黄鐘・林鐘二商だけに限られるからである。

両頭笛の律の例に倣い、以上の諸楽器の律を均しく正律（小尺律）とし、また「之調式」によって表解すると次の如くである。

驃国楽器音律一覧

正律（小尺律）	太	夾	姑	仲	蕤	林	夷	南	無	応	黄	大	太
両頭笛 左	太		姑		蕤		夷						
両頭笛 右						林		南		応		大	太
横笛一（黄鐘商）〔大匏笙（黄鐘商？）〕	徴		羽		変宮	宮		商		角		変徴	徴
小匏笙（林鐘商）〔横笛二（林鐘商？）〕	宮		商		角		変徴	徴		羽		変宮	宮
牙　笙（双簧）			姑$^{1}_{2}$										
両角笙（双簧）			姑$^{1}_{2}$										
三角笙（三簧）			姑$_{1}$					南$^{2}_{3}$					
大匏琴[56]　二絃	太$_{1}$		姑$_{2}$										
小匏琴[56]　二絃								南$_{1}$		応$_{2}$			
独絃匏琴	太		〔●	●	●	●〕							
三面鼓			〔●$_{1}$					●$_{2}$〕					
古　律	林	夷	南	無	応	黄	大	太	夾	姑	仲	蕤	林
古律 黄鐘商（黄鐘均）	徴		羽		変宮	宮		商		角		変徴	徴
古律 林鐘商（林鐘均）	宮		商		角		変徴	徴		羽		変宮	宮

〔　〕は推定を表す。[57]

この中、三つの匏琴は、散声以外については不明であるが、独絃匏琴は亀茲琵琶の如く四柱を持つと云い、日本琵琶とアラビア琵琶の絃音分割に照らすとき、左の如き諸律を得ることが出来る。

	第一柱	第二柱	第三柱	第四柱
太	姑	仲	蕤	林

牙笙・両[58]角笙・三角笙は何れも楽曲の吹奏に用うるに堪えず、前二者は僅かに林鐘商調首の律を奏することが出来るのみで、後者はかろうじて黄鐘商・林鐘商両調首の二律を吹奏し得る。

琵琶の類には、調絃法に言及したものは一つもないが、多分一定の方法がないのであろう。

三面鼓は三連の片鼓である。驃國傳に云う、

三面鼓二有り、形は酒缸のごとく、高さ二尺、首は広く下は鋭、上の博さ七寸、底の博さ四寸、腹広く首を過ぎず。冒ふに虺皮を以てし、三を束ねて一と為し、碧条もて之を約《しば》る。下は地に当たれば則ち冒はず。四面に驃国工伎の、笙鼓を執るを画きて以て飾と為す。（有三面鼓二、形如酒缸、高二尺首廣下鋭、上博七寸、底博四寸、腹廣不過首。冒以虺皮、束三爲一、碧條約之。下當地則不冒。四面畫驃國工伎執笙鼓以爲飾。）

この種の三連鼓は古インドに已にその制があり、(1)各鼓の音がその高度を異にするのを特徴とする。驃楽の貢献の年代とほぼ同じジャワの大仏跡ボロブドゥール（Bôrô-Boudour 千仏壇）の浮刻中にも表現がある。(2)三連鼓の音制は『ナーティヤ・シャーストラ（*Nāṭya-śāstra*）』の所説によれば、右鼓はsa声、左鼓はga声、一鼓はpa声であり、また、ri

声（右）・sa声（左）・pa声、或いはpa声（右）・ri声（左）・pa声等の調音法がある[3]。驃楽三面鼓の調音法はこれによっても推測される[4]。

この他、応ずる律の註記されない鳳首箜篌、拍子楽器の類二十二点の過半数がインド系で、応ずる律が標示される管類は、黄鐘商・林鐘商二商調の楽曲演奏に甚だ適合している。殊に黄鐘商越調はインド楽中、中心的地位を占めており、このことは已に再三指摘した。

（1）　インドサンチー（Sanchi）の塔門浮刻（一世紀頃）に両面鼓がある。James Fergusson, *Tree and serpent worship: or, Illustrations of mythology and art in India in the first and fourth centuries after Christ, from the sculptures of the Buddhist topes at Sanchi and Amravati* (London: India Museum, W. H. Allen, 1868), pl. XXIV, fig. 2を参看せよ。

（2）　Conradus Leemans, et al., *Bôrô-Boudour dans l'ile de Java* (Leiden: E. J. Brill, 1874), pls. CX 189; CLXVII, B. 66; CCXCIV 128 etc.

（3）　Joanny Grosset, "Inde, histoire do la musique depuis l'origine jusqu'à nos jours," in Albert Lavignac and Lionel de la Laurencie, ed., *Encyclopédie de la musique et dictionnaire du Conservatoire,* 1re partie: Histoire de la musique, tome II (Paris: Delagrave, 1913), p. 358.

（4）　今、隋唐楽調の研究によって探り得たインド九声の高度を以ってこの数種類の調音法を検するとき、小食調の調首がもしsa声を取るときは、越調の調首に相当するものはなく、小食調の調首がもしpa声を取るのであれば、sa声が越調の調首に配せられ、頗る適当であると思う。ただ驃楽に於いては、三鼓中、二商調調首の律に相応する声を持つと思われるものが少なくとも二鼓あったことは疑いない。

五　『唐會要』天宝楽曲について

『唐會要』所載の天宝十三載改名楽曲に対し一瞥を加えたとき、その中には胡部新声があり、立坐部伎があり、道調・法曲があるが、諸楽は何れも亀茲楽調に淵源する俗楽調を使用しており、唐代中の胡楽の圧倒的勝利を見るに足る。

この記録は、同年の「道調・法曲をして胡部新声と合作せしむ（道調法曲與胡部新聲合作）」の詔と表裏をなすものであり、唐代の諸楽が結局、亀茲楽を主盟とする胡楽の旗の下に集合せざるを得なかったことを示している。

『唐會要』所載の楽曲中、清楽曲と同名のものが一、二あるが、もし日本所伝の唐楽曲（何れも唐俗楽調を用う）中、清楽曲と同名の曲が、実際に同曲或いは同曲から変化したものであるならば、我々はかように思うことも出来よう、即ち、天宝代の清楽残曲中に、胡部新声と同調の俗楽調を用いていたものがあったと。また、法曲中には、清楽と同名の「堂堂」があるが、多分清楽から法曲へと化したものであろう。

『唐會要』所載の楽曲中、所属部のやや明瞭なものを略説すれば次の如くである。

（沙＝沙陁調、道＝道調、越＝越調、大＝大食調、双＝双調、小＝小食調、水＝水調、平＝平調、黄＝黄鐘調）

一　坐立部伎

「破陣楽」は立坐部伎にあり、『唐會要』には、越・大・双・小・水、五商調の「破陣楽」が収められる。

「長寿楽」（沙）・「天授楽」（越）・「太平楽」（双・小）・「大定楽」（大）等は、立坐部曲であることは疑いない。「太平楽」と「大定楽」は、『羯鼓録』では太簇商に列せられ、日本所伝の「太平楽」は大食調である。

「景雲」（沙）・「承天」（沙）二曲は、その排列の前後関係によって見れば、道調（道曲）の曲のようである。

二　法曲

法曲中には、「破陣楽」・「一戎大定楽」があり、坐立部伎の「破陣」・「大定」と関係があると思われる。[1]

「霓裳羽衣」（越）はもと「婆羅門」と称し、『羯鼓録』には太簇商中にこの曲がある。「赤白桃李花」・「堂堂」二曲は並びに林鐘角であり、『羯鼓録』は「堂堂」を太簇商とし、日本所伝の「赤白桃李花」は『唐會要』と同調である。また、清楽中にも曲名「堂堂」がある。

元稹の楽府「法曲」中に「火鳳」「春鶯囀」の語があるが、曲名であると思われる。[2]『唐會要』に「火鳳」（平・黄）・「急火鳳」（道・平・黄）・「真火鳳」（平）がある。『唐會要』と日本所伝には、また越調の「春鶯囀」がある。『羯鼓録』の太簇商「黄鶯囀」は同曲かと疑われる。

「望瀛」（道）・「献仙音」（小）二楽は、『唐會要』には挙げられないが、宋の法曲部がこれを伝えている（『宋史』巻百四十二、樂志十七）。

三　道調（道曲）

唐俗楽二十八調中の林鐘宮時号「道調」（一に「道調宮」に作る）は、「高宗、自ら李氏老子の後と以《おも》ひ（高宗自以李氏老子之後）」、楽工に命じて作らせた「道調」と同源かと疑われる。『唐會要』道調（道曲）中に、「景雲」・「九真」・「紫極」・「承天」・「順天」の諸曲があり（何れも玄宗時、韋縚の製するところであり、『新唐書』禮樂志十二に見える）、何れも沙陀調に属す（『羯鼓錄』は「景雲」・「承天」・「順天」の三曲を太簇宮とする）。「君臣相遇楽」（沙）は玄宗時の作。「九仙」（沙）は、蓋し『羯鼓錄』の「九仙道曲」であろう。

四　清楽

「堂堂」林鐘角は、『羯鼓錄』では「堂堂」を太簇商とする。「泛竜舟」は『唐會要』では小食調に列せられるが、日本所伝が水調であるのは、蓋し、後に誤り変じたものであろう。

「万歳楽」（大）も清楽中にあるが、日本所伝は平調に入れている。

日本所伝「玉樹後庭花」（越）も清楽曲名であるが、『唐會要』には見えない。

清楽は盛唐時代には甚だしく衰微したが、『通典』に云う、

能く管絃に合する者は唯だ「明君」・「楊叛」・「驍壺」・「春歌」・「秋歌」・「白雪」・「堂堂」・「春江花月夜」等共に八曲のみ。……開元中、歌工李郎子有り。……郎子亡きより後、清楽の歌闕く。又清楽を闕くるも、唯だ「雅歌」一曲のみ、辞、典にして音、雅なり。……（能合於管絃者唯明君・楊叛・驍壺・春歌・秋歌・白雪・堂堂・春江花月夜等共八曲。……開元中有歌工李郎子。……自郎子亡後、清樂之歌闕焉。又闕清樂、唯雅歌一曲辭典而音雅。……）

その楽曲中には胡楽調に移入して残存したものがあるかと疑われ、『唐會要』所載の諸曲で日本に伝わるものは、おおむねこの類である。そうであるならば、清楽も亦た已にその固有の律を捨て、法曲・道調等と同じく俗楽調を用いていたと云わなければならない。

清楽調の移入に関して問題となるのは、選択された楽調の種類である。清楽は本来南朝の旧楽であり、胡楽の影

響を受けることは比較的少なかった。よって、中国古来の宮調が清楽に最も関係がある筈であるが、その実際の情況は明らかでない。後人或いは、清商三調（平調・清調・瑟調）(3)を晋の荀勗の三調（正声・下徴・清角）(4)に擬しているが、この三調の調首は宮であるから、即ち宮調である。ただし、北朝所伝では、平調・瑟調は宮を主とするもの、清調は商を主としている。(5)また、鄭訳の所言によれば、隋初の清楽黄鐘宮は仲呂を変徴とし、蕤賓を用いない。(6)しからば、清商黄鐘宮は黄鐘を調首とするときは、仲呂均の徴調となり、また当時の雅楽は同様に林鐘を調首とするときは、仲呂均の商調となる。清楽曲中の「泛竜舟」が亀茲の楽工白明達の所造であるならば、隋代の清楽でも已に自由に亀茲調を使用していたのかも知れない。

今、『唐會要』と日本所伝の清楽曲の調を観ると、商・角・羽の三種があるが、宮調を欠いている。これは、唐代清楽調の本来の面目なのか、それとも俗楽調を移入したときに修改したものかはわからない。唐代胡楽の隆盛を思えば、清楽がその固有の調を保ち難かったことも当然のことかも知れない。

五 胡部新声・俗部楽

『通典』巻百四十六、樂六に云う、

又、新声の、河西より至る者有り、胡音と号す。声、亀茲楽・散楽と倶に時に重んぜられ、諸楽咸《みな》之が為めに少しく寝《や》む。（又有新聲自河西至者、號胡音。聲與龜茲樂・散樂倶爲時重、諸樂咸爲之少寢。）

『唐會要』所載の楽曲は、立坐部伎・道調・清楽を除くと、爾餘の大多数は、もし旧来の胡楽でなければ、新声或いは俗部楽に属すと思われる。

『唐會要』の改名楽曲は、多くが胡名を華名に換えている。これ等は多分本来は外来の胡楽であろう。仏教用語上で見慣れた梵語には、沙陁調曲「摩醯首羅」[59]（maheśvara、華言は「大自在」である）があり、「羅刹末羅」（羅刹とは rākṣasa、華言は「可畏」、末羅とは malla、華言は「力士」）がある。また、越調曲の「婆羅門」（即ち brāhmaṇa、インド四姓の一、また「浄行」の義）、大食調の「優婆師」（即ち upāsikā、旧別訳では「優婆夷」或いは「鄔波斯迦」に作り、華言は「近事女」或いは「近善女」である）、般渉調の「蘇剌耶」（即ち sūrya、「日天」か）等等があり、一つに止まらない。

また、小食調「蘇羅密改爲昇朝陽」は、朝陽の意からこれを推せば、「密」は即ち『宿曜經』（不空訳）の蜜かと疑われ、経に「日曜は太陽、胡名は「蜜（林註：ソグド語 mihr）」、波斯名は「曜森勿」、天竺名は「阿儞底耶（林註：aditya）」（日曜、太陽、胡名「蜜」、波斯名「曜森勿」、天竺名「阿儞底耶」）」と云い、経中の所謂、胡はソグド（Soghd）を指すのである。[7]

調種	曲名	調名　*のあるものは、旧名の所在。					旧曲名
宮調	景　雲	沙	道				
	九　仙	沙	道				
	万国歓	沙	道				
	曜日光	沙	道				
	欽　明	*沙	道				含仏児
	宝輪光	*沙	道				倶倫僕
	紫雲騰	*沙	道				色倶騰
商調	破陣楽	越	大	双	小	水	
	傾盃楽	越		双			
	蝉　曲	越		双	小	水	

商調	北雒帰淳	越		双			
	慶淳風	越			*小		厥磨賊
	来賓引	*越			*小	水	越＝高麗、小＝訖陵伽胡歌
	金光引	*越		双			牟鶏胡歌
	昇朝陽	越			*小	水	蘇羅密
	天長宝寿	*越		双			老寿
	英雄楽		大		小		
	歓心楽		大		小	水	
	山香楽		大		小		
	九野歓		*大		小	水	婆野娑
	泛金波		*大	双		水	優婆師
	司晨宝鶏		*大	双	小		耶婆色鶏
	巻白雲		大		小		
	慶惟新		*大	双			半射没
	太平楽			双	小		
	月殿			双	小		
	迎天楽			双	小		
	五更転			双	小	水	
	金風			双	*小		金波借席
	天地大宝				小	水	
	凌波神				小	水	

羽調	火　鳳	平	黄				
	急火鳳	平	黄				
	濮陽女	平	*黄				百舌鳥
	春楊柳	平	黄	般			
	大仙都	平	黄	*般			移師都

各調の曲名を比較するに、同名のものが頗る多く、しかも同名の曲は二、三の例外があるものの、殆んどすべて同性の調を用いており、この点が日本所伝と一致している。日本では、凡そある固有の調の曲が同性の他調に移入することを「渡物《わたしもの》」と称す。この種の「渡物」の移調は五律乃至七律上下の関係を持つ同性の二調内で行うことを原則とするが、しかし実際には二律関係（黄鐘調と盤渉調の如き）のものもあり、それは、仲呂・林鐘を調首とする二調（二律の差）間の移調が、黄鐘を調首とする調の仲介によって、五律乃至七律関係の原則を延長して応用することが出来るからである。

〔林〕　蕤　〔仲〕　姑　夾　太　大　〔黄〕

七律（〔林〕―〔黄〕）

五律（〔仲〕―〔黄〕）

かくして宮・商・羽三調性の諸調は、その移調方式を左の如く図示することが出来る。

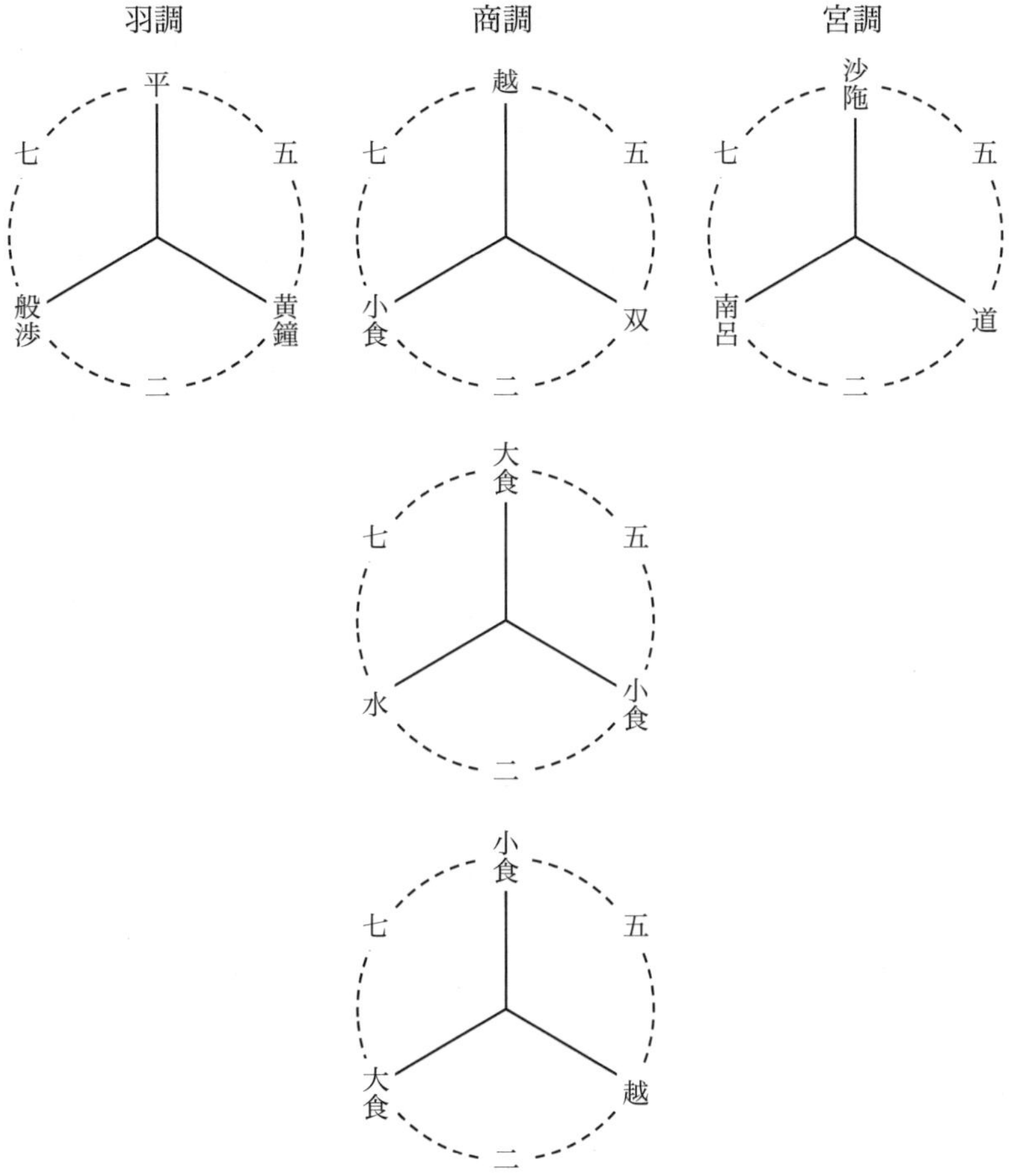
羽調
平
五
黄鐘
二
般渉
七
商調
越
五
双
二
小食
七
宮調
沙陁
五
道
二
南呂
七
大食
五
小食
二
水
七
小食
五
越
二
大食
七

天宝楽曲の移調の痕跡は、この方式によって解釈することが出来るのである。

1宮調　沙陁調と七律上《うえ》の道調とは互いに移調することが出来る。「景雲」・「九仙」・「万国歓」・「曜日光」の四曲は、はじめは一体、沙陁調と道調の何れに属したか不明であるが、「欽明」・「宝輪光」・「紫雲騰」の三曲が沙陁調中に旧名を有するのを見ると、もともと沙陁調に属していたのが道調に移入したものに相違ない。

2商調　五商調中、「破陣楽」の如きは、五商通用であるが、二商通用を最多とし、次いで三商、四商は僅かに一曲である。これ等の楽曲の原調は、旧名の併記があることにより、越調三曲、大食調四曲、小食調四曲は確実である。移調の方向は上述の方式を応用して説明出来るが、三律の差がある大食調と双調との移調の方法は不明瞭である。「泛金波」・「司晨宝鶏」・「慶惟新」の三曲は、大食調を原調としたようで、ここから双調に移入するときは、大食↓小食↓越調↓双調の経路は迂回のきらいがある。しかももし小食と越調の「慶惟新」がなければ説明し難い。多分日本所伝に固執する必要はないであろう。

3羽調　平調・黄鐘・般渉は相互に移調することが出来、その関係は宮商二調間よりも更に親密である。

この他、移調の例外或いは同名異曲と見なせるものが二つある。

その一。沙陁調「蘇莫遮改爲萬宇清」――水調「蘇莫遮」――金風調「蘇莫遮改爲感皇恩」で、前二曲は宮調と商調であり、金風調の性質は不詳である。

その二。羽調「急火鳳」（平調・黄鐘調）の他に宮調の道調「急火鳳改爲舞鶴鹽」があるが、恐らくは異なる楽曲である。

この二項を除くと、唐代燕楽曲の移調は、同性の調の間に於いてのみ転移したものであることが確認される。

（1）『新唐書』禮樂志十一には、高宗が高句麗を征し、「一戎大定楽」を作ったことを云う。その舞容は、『通典』巻百四十六、樂六に記された立部伎「大定楽」と同じである。「破陣楽」には種々あり、比定し難いが、「大定楽」の例に準ずれば、法曲と坐立部伎の親近さがわかる。

（2）元稹の楽府「法曲」に云う、「明皇の度曲 新態多し、宛転侵淫するも沈著し易し。「赤白桃李」は花名を取り、「霓裳羽衣」は天落と号す。……「火鳳」の声沈みて多く咽絶し、「春鶯囀」罷みて長く蕭索たり。……（明皇度曲多新態、宛轉侵淫易沈著。赤白桃李取花名、霓裳羽衣號天落。……火鳳聲沈多咽絶、春鶯囀罷長蕭索。……）」

また、『通典』巻百四十六、樂六、坐立部伎の註に云う、「……初め、太宗貞観の末、裴神符有り、琵琶を妙解し、初めは唯だ「勝蛮奴」・「火鳳」・「傾盃楽」の三曲を作すのみなるも、声度《ととの》ふること清美なれば、太宗深く之を悦ぶ。高宗の末、其の伎、遂に盛んに時に流る。（……初太宗貞観末有裴神符妙解琵琶、初唯作勝蠻奴・火鳳・傾盃樂三曲、聲度清美、太宗深悅之。高宗之末其伎遂盛流於時矣。）」

（3）『通典』巻百四十五、樂五に云う、「平調・清調・瑟調は、皆周の房中の遺声なり。漢代之を三調と謂ふ。（平調淸調瑟調皆周房中之遺聲也。漢代謂之三調。）」

（4）荀勗の三調は本論第六章に見える。『燕樂考原』巻一に云う、「唐の俗楽に二有り、一に曰はく清楽、即ち魏晋以来の清商三調なり。三調とは清調なり、平調なり、側調なり。亀茲楽、未だ中国に入らざる以前、梁陳の俗楽は此くのごとし。……荀勗の正声・下徴・清角も、亦た祇《まさ》に三調なり。（唐之俗樂有二、一曰淸樂、即魏晉以來之淸商三調也。三調者淸調也平調也側調也。龜茲樂未入中國以前、梁陳之俗樂如此。……荀勗之正聲・下徵・淸角、亦祇三調也。）」

（5）『魏書』巻百九、樂志、神亀二年、陳仲儒の所言に云う、「……又琴五調の調声の法に依り、以て楽器を均ふ。其の瑟調は宮を以て主と為し、清調は商を以て主と為し、平調は宮を以て主と為し、五調各《おのおの》一声を以て主と為し、然る後に衆声を錯採して以て之を文飾すれば、方に錦繍のごとし。（又依琴五調調聲之法以均樂器。其瑟調以宮爲主、淸調以商爲主、平調以宮爲主、五調各以一聲爲主、然後錯採衆聲以文飾之、方如錦繡。）」

（6）『隋書』音樂志中に云う、「訳、又夔と倶に云ふ、『案ずるに……清楽の黄鍾宮は小呂（林註：仲呂）を以て変徴と為し、相生の道に乖く。今、請ふ、……清楽は小呂を去り還《な》ほ蕤賓を用ひて変徴と為せ』と。（譯又與夔倶云、「案……淸樂黃鍾宮以小呂爲變徵、乖相生之道。今請……淸樂去小呂還用蕤賓爲變徵。」）」

（7）　レヴィ（Sylvain Lévi）「龜茲國語とその研究の端緒」（『現代佛教』第四巻三十九号、四九―五〇頁）参照。

六　日本十二律

本篇中では日本所伝の十二律を根拠として立論すること屢々であるが、今、その由来・現状及び古今の変遷について略述すると次の如くである。

古来日本音楽に用うる十二律名は

壱越　断金　平調　勝絶　下無（竜吟）　双調

鳧鐘　黄鐘　鸞鐘　盤渉　神仙　上無（鳳声）

であり、中国十二律名とは異なる。中国十二律の知識は、遅くとも、隋唐代の日中の直接交通によってつとに日本に伝わっていた筈で、奈良朝時代（その盛期は盛唐と同時）の音楽は恐らく中国の律名を沿用していたのであろう。(1)何時か今日見るような日本独有の律名を生み出した。その年代が闡明にされるとき、唐楽調の調式の謎が、或いはこれによって解けるかも知れない。これ等の律名の中、一半は壱越・平調・双調・黄鐘・盤渉等の如く、唐代の俗楽調に由来する日本雅楽の調名を借用しているが、その他は由来が詳らかでない。ただし、日本人の独創と云うよりは、寧ろ唐代所伝に根拠とするところがあったのであろう。かように「黄鐘」一律以外は全く中国律名と異なっている。また調名と関係のあるいくつかの律がすべて該調の調首の律であること――壱越律は壱越調の調首の律、平調律は平調の調首の律の如き――は注目に値する。

元来、日本雅楽調は唐俗楽調に淵源すると伝えられ、その高度や各調の相互関係も多分唐制を継承しているのであろう。その律の位置は日本雅楽調と契合し、同時に唐俗楽調の調首とも密接な関係がある筈である。日本律名を日唐調名と対照させ表に列すると次の如くである。

日本十二律	壱越	断金	平調	勝絶	下無	双調	鳧鐘	黄鐘	鸞鏡	盤渉	神仙	上無
日本雅楽調調首の位置	壱越調		平調			双調		黄鐘調		盤渉調		
唐俗楽調調首の位置（之調式）	越調（伊越調）		平調			双調		黄鐘調		盤渉調		
唐古律	太	夾	姑	仲	蕤	林	夷	南	無	応	黄	大
唐俗律	黄	大	太	夾	姑	仲	蕤	林	夷	南	無	応

唐の越調は黄鐘商、平調は林鐘羽[60]、双調は中呂商、黄鐘調は黄鐘羽、般渉調は太簇羽であり（共に『唐會要』に見える）、これ等唐調を日本所伝と契合させ（即ち「之調式」で）排置するとき、それ等が則る律は、日本十二律よりも二均低い律である。これは、つまり私の説くところの古律である。よって、日本十二律は、古律より二均高い俗律と一致するのである。宋の教坊律は、正宮及び越調の調首を黄鐘と考えたもので、相対的な関係に於いて、唐俗律或いは日本律と等しいものである。ただし、律の絶対音の高度は、唐宋ではいくらか差異があった筈で、日宋間にも同様の差異があったと考えなければならない。今日の壱越は d^1（振動数二九〇・二三三）に極めて近いもので、

古と今とでは、同一の高度を保存しているとは思えない。もし一定の高度を有する音が、千年の長きに亙って、少しも差池することなく保存されていたならば、それは却って奇跡である。かように長い歳月に於いては、昇降の変遷は当然屢々あるわけである。それ故、一定の音の高度を保持しようと努力したにかかわらず、遂には一律前後の偏差が生ずるに至ったことは、私には却って自然に思える。正倉院所蔵の「尺八」中、唐小尺（鉄尺）の一尺八寸（倍黄鐘）と確実に一致する一管がある。ただし、その「筒音」（全閉孔音）の実験振動数は三五三・三であり、勝絶と下無との中間（f^1—$\sharp f^1$）にある。[2] これは唐小尺（即ち正律）の黄鐘、古律の仲呂であり、古時の日本律の勝絶に相当するものに相違ない。

かくして、私は日本律の高度中に古今の差があると認定したが、古時は半律乃至一律高くなる筈である。

	今	古
壱	d^1	$\sharp d^1$
断	$\sharp d^1$	e^1
平	e^1	f^1
勝	f^1	$\sharp f^1$
下	$\sharp f^1$	g^1
双	g^1	$\sharp g^1$
鳧	$\sharp g^1$	a^1
黄	a^1	$\sharp a^1$
鸞	$\sharp a^1$	h^1
盤	h^1	c^2
神	c^2	$\sharp c^2$
上	$\sharp c^2$	d^2

日中十二律の対照は、今は最早疑問の余地がなくなったが、前に中国の黄鐘が日本の何律に当たるかと云う問題について、論争が起こったことがある。即ち、中国黄鐘即ち日本壱越説と中国黄鐘即ち日本黄鐘《おうしき》説の対立である。前説は音の高度を問わず、楽家間での旧来の云い伝えと律名調名の関係に基づいて主張されたものである（中村清二博士説）[3]。後説は、黄鐘（中国、殊に周漢代の黄鐘を指す）の名称が一致する以外、その他の律名は問わず、専ら両黄鐘の高度の比較に基づいて主張したものである（荻生徂徠著『樂律考』）。後説は周漢の黄鐘の高度が日本の黄鐘の

高度と偶然近いこと以外には、別に充分な根拠はなく、今日では最早信奉する人はいない。

（1）『續日本紀』巻十二、天平七年（唐、開元二十三年、西紀七三五年）四月辛亥に云う、「入唐留学生従八位下、上道の朝臣真備、『唐禮』一百三十巻・『太衍曆經』一巻・『太衍曆立成』十二巻……銅律管一部・鉄[61]もて方響のごとくし律管の声を写すもの十二条・『樂書要錄』十巻[61]……を献ず。（入唐留學生從八位下上道朝臣眞備獻唐禮一百三十卷・太衍曆經一卷・太衍曆立成十二卷……銅律管一部・鐵如方響寫律管聲十二條・樂書要錄十卷……。）」

（2）『正倉院樂器の調査報告』。

（3）中村清二「日本支那樂律考」（『東洋學藝雜誌』一九五号、一八九七年十二月二十五日）。田辺尚雄『最近科學上より見たる音樂の原理』（東京：内田老鶴圃、一九一六年）、三五七―三六三頁を参看せよ。

七　正倉院蔵阮咸及び近代中国琵琶の柱制の比較

近世論楽家の通弊は、好んで古と相違する近代資料を根拠として古を論じることで、凌廷堪・陳澧の隋唐或いは宋代琵琶に関する考説を読めば、何れもこの弊を免れることは出来ない。

凌氏は、燕楽琵琶は「一弦に七調を具へ、四弦なるが故に二十八調なり（一弦具七調、四弦故二十八也）」としているが、凌氏の云う「一弦に七調」を得ようとすれば、少なくとも六柱なければならない。

また、陳氏は云う、

『通典』に傅玄の「琵琶賦」を載せて曰はく、「柱に十二有り、律呂に配するなり」と。此の二語に拠れば則ち古の琵琶は弦毎に但だ十三声有るのみ、宋人に至りて十六字譜有り、以て十二律、四清声に配すれば、則ち其の時、琵琶は弦毎に十六声にして、必ず十五柱を為すなり。合字は黄鐘に配して散声と為せば、則ち六字は黄鐘清に配せられ、其の柱は必ず弦の中半に当たる。中半の上の十一柱は、下四・高四・下一・高一・上・勾・尺・下工・高工・下凡・高凡の十一字と為り、大・太・夾・姑・仲・蕤・林・夷・南・無・応十一律に配せらる。中半の下の三柱は、下五・高五・緊五の三字と為り、大呂清・太簇清・夾鐘清に配せらる。蓋し必ず十五柱有れば、乃ち散声を幷せて十六声有るなり。今の琵琶は古と同じからず、第九柱は弦の中半に当たり、其の上は三柱を減じ去れり。中半の下に五柱有れば、則ち又二柱を増多せり。（通典載傅玄琵琶賦曰「柱有十二、配律呂也。」據此二語則古之琵琶毎弦但有十三聲、至宋人有十六字譜、以配十二律、四清聲、則其時琵琶毎弦十六聲、必爲十五柱也。合字配黄鐘爲散聲、則六字配黄鐘清、其柱必當弦之中半。中半之上十一柱、爲下四・高四・下一・高一・上・勾・尺

・下工・高工・下凡・高凡十一字、配大・太・夾・姑・仲・蕤・林・夷・南・無・應十一律。中半之下三柱、爲下五・高五・緊五三字、配大呂清・太蔟清・夾鐘清。蓋必有十五柱、乃幷散聲而有十六聲也。今琵琶與古不同、第九柱當弦之中半、其上減去三柱矣。中半之下有五柱、則又增多二柱矣。）

案ずるに、傅玄の琵琶は「秦漢子」であり、亀茲琵琶の如き胡琵琶ではない。胡琵琶が四絃四柱を最も普通とすることは、已に本論に詳しい。陳氏はこの二系の琵琶を一つに混同したために、宋琵琶も十五の[62]絃柱を備えたものとしているが、実は、宋代にこそ、阮咸の如き秦漢子系の琵琶を除くと、かように多柱な琵琶は実に想像し難い。日本正倉院中に唐制の十四柱阮咸が二面あり、一面は甚だ精緻である。その柱制は次の如くである。

絃の全長	一柱	二柱	三柱	四柱	五柱	六柱	七柱	八柱	九柱	十柱	十一柱	十二柱	十三柱	十四柱	
二・二二〇	一・九七五	一・八五六	一・七五二	一・六五三	一・四六三	一・三八八	一・三一五	一・二三〇	一・一一三	〇・九七八	〇・九〇六	〇・八四五	〇・七八二	〇・七四五	駒より下端までの柱の距離

（『正倉院樂器の調査報告』による。）

これが今の十四柱（四相十品）の中国琵琶と殆んど一致しているのは、一奇と云わなければならない（童斐『中樂尋源』巻上、三四頁の琵琶柱声図を参看せよ）。陳氏の所謂「今の琵琶は古と同じからず、第九柱は弦の中半に当たり、其の上は三柱を減じ去れり。中半の下に五柱有れば（今琵琶與古不同、第九柱當弦之中半、其上減去三柱矣。中半之下有五柱）」云々とは、右列の阮咸の柱制と殆んど一致し、今日の琵琶の第十四柱を第十二柱と第十三柱の間に移せば、古阮咸の柱制と密合する。

	合		四		一	上		尺		工		凡	六		五		乙	仕		伬		仜
琵琶柱	0		1	2	3	4		5	6	7	8		9		10		11	12		13		14
阮咸柱	0		1	2	3	4		5	6	7	8		9		10		11	12	13	14		

近代中国の琵琶は、私の考えによると、多分胡琵琶の体の上で秦漢子（十二柱）或いは阮咸を応用して出来たものであって、唐代以来の制度ではあるまい。唐時の燕楽琵琶は決して阮咸ではなく、凌氏の所謂「琵琶は一弦に七調を具ふ（琵琶一弦具七調）」説、陳氏の「鄭訳の琵琶は一弦を以て三均を兼ぬれば、……弦毎に七調（鄭譯琵琶以一弦兼三均、……毎弦七調）」説は何れも成立し得ない。両氏の論著中、凡そ琵琶の柱声を基礎として展開した部分は、ここに重大な修正を受け入れなければならない。

八　日本所伝の琵琶調絃法

日本所伝の琵琶調絃法は、その名称に古今で異なるものがある。平安朝末（十二世紀）、笛・笙の調と同名の調は、前者より五律低く、よって笛・笙の壱越調と合わせるときは、琵琶双調を用いなければならなかった。近世一変し、笛・笙と同名同律の調を使用するように改められた。その結果、前代の琵琶双調は壱越調と呼ばれ、琵琶黄鐘調は平調と呼ばれるようになった。今、今制の壱越調調絃法によって四柱琵琶が産する各声を列挙する（一・二・三・四は四絃を示す）。

⑥③					一					二		三				四			
唐古律		南		応	黄	大	太		姑	仲	蕤	林	夷	南		応	黄	大	太
唐俗律		林		南	無	応	黄		太	夾	姑	仲	蕤	林		南	無	応	黄
唐俗律	林鐘均	宮		商		角		*変徴	徴		羽		変宮	宮		商		角	
	仲呂均	商		角		変徴	徴		羽		変宮	宮		商		角		変徴	徴
	夾鐘均	角		変徴	徴		羽		変宮	宮		商		角		変徴	徴		羽
	黄鐘均	徴		羽		変宮	宮		商		角		変徴	徴		羽		変宮	宮
	無射均	羽		変宮	宮		商		角		変徴	徴		羽		変宮	宮		商
日本律		黄		盤	神	上	壱		平	勝	下	双	鳧	黄		盤	神	上	壱

林鐘均は変徴一声を欠くが、黄鐘・夾鐘・仲呂・無射四均に属する各調（正宮・大食調・般渉調・黄鐘宮・越調・黄鐘羽・道調・小食調・平調・中呂宮・双調・中呂調）を演奏するのに足るを知る。然るに、琵琶は単音の曲を奏するに止まらず、重音を奏することを特色としており（日本所伝がそうである）、右列の壱越調調絃法は日本では専ら壱越調（唐の越調）に用いられ、この他、双調・平調（及び大食調）・黄鐘調・盤渉調等は夫々が夫々の調絃法を持っているのであって、今それらを示せば左表の如くなる。

日本律	平	勝	下	双	鳧	黄	鸞	盤	神	上	壱	断	平	勝	下	双	鳧	黄	鸞	盤	神	上	壱	
唐古律	姑	仲	蕤	林	夷	南	無	応	黄	大	太	夾	姑	仲	蕤	林	夷	南	無	応	黄	大	太	
唐俗律	太	夾	姑	仲	蕤	林	夷	南	無	応	黄	大	太	夾	姑	仲	蕤	林	夷	南	無	応	黄	
壱越調						林		南	無	応	黄		太	夾	姑	仲	蕤	林		南	無	応	黄	十五律
双調				仲		林	夷	南	無	応	黄		太	夾	姑	仲		林	夷	南	無			十五律
平調 大食調	太		姑	仲	蕤	林		南		応	黄	大	太		姑	仲	蕤	林		南	無	応	黄	十八律
黄鐘調						林		南	無	応	黄	大	太	夾	姑	仲	蕤	林		南	無	応	黄	十六律
盤渉調			姑		蕤	林	夷	南		応	黄	大	太		姑	仲	蕤	林		南	無	応	黄	十七律

右の五種類の調絃法中、近代中国で伝承されている方法と同型のものは、壱越調（中国の合・上・尺・合）と双調（中国の上・尺・合・上）式である。陳澧は『琵琶錄』を引いて、その二調絃法は唐制に協うと云い[1]、近人王光祈氏も唐の賀懐智『琵琶譜』序によって同じくそのことを論じている[2]。

また盤渉調調絃法はアラビア琵琶と完全に同式であるが、これは驚くに足りないことである。何故ならば、この種の調絃法は、恐らく四柱琵琶（アラビア琵琶は四絃四柱）とともにイラン人によって東方に伝えられたものであるからである。

琵琶四絃散声の律の高度は上表に示す如くで、

第[64]一絃　太――林　六律に亙る。
第二絃　林――黄　六律に亙る。
第三絃　黄――太　三律に亙る。
第四絃　仲――林　三律に亙る。

であり、大絃は小絃に比べて緊張度の大きいことがわかる。試みに各絃の最低律だけを取って四絃を按ずるときは、盤渉調調絃法と同型であり、また最高律だけを取って四絃を按ずるときは、壱越調調絃法と一致する。しかしながら、奈良朝時代の琵琶調絃の律が果たして今日の日本所伝のものと同じであるかは（古今に一律の差があることは、暫く度外に置く）実は遽かには定め難い。『三五要録』(3)及び正倉院蔵奈良朝時代の『琵琶譜』(4)一葉が暗示するところによって判断すると、当時の調絃は後世よりも五律高いようである。

(1)『聲律通考』巻六に云う、「『琵琶錄』に所謂「宮は羽音を逐ひ、商角は同じく用ふ」とは、琵琶調絃の法なり。余、楽工の琵琶を弾ずるを観て之を悟得す。楽工、琵琶を弾ずるに両調有り、一に曰はく「上・尺・合・上」、第一弦・第四弦の散声は皆上字、第二弦の散声は尺字、第三弦の散声は合字なり。一に曰はく「合・上・尺・合」、第一弦・第四弦の散声は皆合字、第二弦の散声は上字、第三弦の散声は尺字なり。「上・尺・合・上」とは七宮・七羽の調弦法にして、「合・上・尺・合」とは七商・七角の調弦法なり。宮は羽音を逐ひ、商角は同じく用ふ、故に四均は只だ両法を用ふるのみなり。（琵琶錄所謂宮逐羽音、商角同用者、琵琶調弦之法也。余觀樂工彈琵琶而悟得之。樂工彈琵琶有兩調、一曰「上尺合上」、第一弦第四弦散聲皆上字、第二弦散聲尺字、第三弦散聲合字也。一曰「合上尺合」、第一弦第四弦散聲皆合字、第二弦散聲上字、第三弦散聲尺字也。「上尺合上」者七宮七羽調弦法、「合上尺合」者七商七角調弦法。宮逐羽音、商角同用、故四均只用兩法也。）」陳氏は、琵琶調絃は二法に限られるものとしているが、実は誤謬であり、日本所伝にはそれとは別に三法ある。古時は更に多かったと思われる。

（2）王光祈『中國音樂史』上冊、一三九―一四三頁。

（3）同書「調子品」に云う、「上古（林註：奈良朝を指す）各《おのおの》本調を用ひ、絃管に異なる無し。即ち琵琶平調を以て笛の平調に合はせ、琵琶黄鐘調を以て笛の黄鐘調に合はす。（上古各用本調、絃管無異。即以琵琶平調合笛平調、以琵琶黄鐘調合笛黄鐘調）。」

（4）東京帝国大学文学部史料編纂所編『大日本古文書　巻之九（追加三）』（東京：東京帝国大学、一九一四年）所載の写真参照。

標題は、「黄鍾番（香）假崇」であり、この曲名と類似するものは、如何なる書中にも見えない。「黄鍾」は琵琶の黄鐘調であるらしい。今、この譜を『三五要録』時代の琵琶黄鐘（今の平調）及び今の黄鐘調と併せ読めば、前者に殆んど適合していることを知る。再び前註の意見によって判断するとき、奈良朝時代の黄鐘の調絃は今の平調式となるが、恐らく五律高くなる。この点に関しては未だ究明出来ていない。

九　楽調起畢の律

宋の蔡元定の起調畢曲の説では、黄鐘宮・無射商・夷則角・仲呂徴・夾鐘羽の五調は皆、調首律の黄鐘で調を起こし、亦た黄鐘で曲を畢え、大呂宮・応鐘商・南呂角・蕤賓徴・姑洗羽⑮の五調も亦た同様に大呂に於いて起畢し、その他はこれに準ずるとしている(1)。清人凌廷堪は極端にこれを排撃しているが、余の見るところ、蔡氏説はやや理想論に流れているとは云え、決して一片の浅薄な空論ではない(2)。

蔡説に合う情況は、宋以前に於いて已に実行を見ており、蔡説ほど一般化されていなかったにすぎない。世に存する宋代楽譜を見ると、朱熹『儀禮經傳通解』に述べる趙彦粛所伝「開元風雅十二詩譜」(3)、及び姜夔『白石詞集』十曲中の四曲は(4)、すべて蔡説に合っている。再び、伝統の更に古い日本所伝の唐楽、或は倣唐楽（日本製）について検するときは、同律を以って起畢するものが四分の一ある。畢曲の律は、常に調名と関係のある律に於いて結ぶのを原則とし、宋譜と日本所伝唐譜は何れもたがうことなく、調首がこの律に位している。

今、日本所伝唐楽及び林邑楽の主要なものについて、それに使用される横笛譜と篳篥譜の起畢の律（便宜上唐俗律を用う）を示して、読者の参考に供したい。

唐俗律	黄	大	太	夾	姑	仲	蕤	林	夷	南	無	応
日本律	壱	断	平	勝	下	双	鳧	黄	鸞	盤	神	上
篳篥譜	六		四		一	丄舌		丅五		工	几	ム
横笛譜	六口		亍		五	丄		タ		中	丅	
調首の位置	沙陀調・壱越調		大食調・平調			双調		黄鐘調		盤渉調		

所属調		盤渉調			平調				乞食調	大食調			壱越調					沙陀調
曲名		青海波	輪台	蘇莫者	慶徳	越天楽	甘州	万歳楽	還城楽	太平楽 急	破	序	武徳楽	賀殿 急	破	春鶯囀 入破	颯踏	羅陵王 破
篳篥	起	黄	太	林	南	黄	姑	姑	太	太	南	南	黄	仲	黄	太	太	黄
	畢	南	南	南	太	太	太	太	太	太	太	太	黄	黄	黄	黄	黄	黄
横笛	起	黄	太	林	南	黄	姑	姑	太	太	南	南	黄	仲[太]	黄	太	太	*南[*南]
	畢	南	南	南	太	太	太	太	太	太	太	太	黄	黄	黄	黄	黄	黄

＊字譜は丅中＝無南に作るが、実演のときは別である。

右の例に示す如く、篳篥・横笛二譜は起畢の律が大抵一致するが、時に異なる例もあり、例えば平調の「慶雲楽」・「五常楽急」・「陪臚」（林邑楽）及び盤渉調の「越天楽」等の如きは、蓋し破格と見做さなければなるまい。

（1）『律呂新書』の所説及び六十調図、また『宋史』巻百三十一、樂志六を参照。朱載堉は蔡説を是とし、かつて曲例を挙げてこれを証した（『律呂精義』）。

（2）『燕樂考原』巻一。凌氏説は、蔡説の要害に的中していない。王光祈氏はヨーロッパ音楽の調式を引拠して、蔡氏を辯護したが、その論は誤っていない（『中國音樂史』上冊、一六九—一七一頁を参看せよ）。

（3）『聲律通考』巻十所載の十二譜は何れも黄鐘律を以って起畢する。ただし、清黄鐘を用うるものもある。また童斐『中樂尋源』巻下、一—二頁に「關雎」一詩が掲げてある。

（4）『聲律通考』巻十所載、また夏敬観『詞調溯源』（上海：商務印書館、一九三三年）、二九—三五頁参照。

十　日本楽調の実例

日本所伝の唐楽曲は、伶人父子が世々相伝えて今日に至ったものであって、それを直ちに唐代楽曲と考えて音楽史の直接的資料とする者もあるが、また、古今の楽譜は異なっており、今世に伝わる楽曲は唐楽とは考えられず、音楽史の資料とすることは出来ないと述べ、ひいては音楽史が成立し得るかどうかさえ疑う者もある（兼常清佐「日本音樂」、『岩波講座日本文學』、東京：岩波書店、一九三三年）。已に千年の長き歳月を経れば、自然徐々の変遷があるを免れず、現今のすべてのものが、唐代のものと自ずから全く同じではあり得ないが、しかし亦た全く異なるとも云えない。その中、古代の面影・息吹に関しては、ともかくもいくらか感じられるのである。古今の楽調にも亦た異なるところがあり、宮調・商調・羽調の性質が一変し、その原義を失ったものが少なくない。後人はその所以を察することなく、遂に今伝わるものを正しとしたが、実は今伝わる楽調に一瞥を加えたとき、その原義を失っていないものはかえって少ないのである。羽調は寧ろ商調の性質を帯びていて、商調中にはかえって羽調の性質を帯びたものがある。この現象は今の世に限ったことではなく、七、八百年以前に於いては、本来、商調に属した壱越調・双調・水調等が、『三五要録』・『仁智要録』（並びに十二世紀の著作）によれば、同じく宮調の性質を帯びていたのである。

後世の日本俗楽調は、羽調の通称である所謂「律旋」から胚胎したものと考えられると説く者もある。しかしながら、その所謂「律旋」を見ると、実は真の羽調とは云い難く、理論上寧ろ商調と見做さなければならない。律旋がもしまことに羽調であるときは、その七声関係は次の如くでなければならない。

＊律角

日本の称呼	宮・		商	嬰商		角＊		徴		羽	嬰羽		宮
羽調	羽・		変宮	宮		商		角		変徴	徴		羽

しかしながら、楽曲中「嬰商」が殆んど用いられなかったのであれば、律旋は羽調と考えるよりも、寧ろ商調或いは徴調と考えるのが好い。

商調	商・		角			徴[66]		羽		変宮	宮		商
律旋　上原説＊　下行	宮・		商			角		徴		羽			宮
律旋　上原説＊　上行	宮・		商			角		徴			羽		宮
律旋　田辺説＊＊	宮・		商			角		徴		羽			宮
徴調	徴・		羽			宮		商		角			徴

＊上原六四郎[67]『俗樂旋律考』（東京：金港堂、一八九五年）
＊＊田辺尚雄『最近科學上より見たる音樂の原理』

例えば、日本所伝唐楽の平調「越天楽」は、羽調として読むときは、商・角・徴・羽・変宮からなることになり、宮声を欠くが（畢曲は羽声）、もし商調として読むときは、宮・商・角・徴・羽からなることになり（畢曲は商声）、後者がかえって適切であると思う。しかしながら、羽調の変宮に当たるものは、字譜の上では一律高くなり、

よって宮に相当するものであり、字譜の上では羽調である。(1)

かくして、字譜の上では羽調であっても、実演に於いて已に他調に転じたものを、依然羽調と称するのは正確であるかどうか、そして唐時に伝入して以来、羽調はかようなものであったかどうか、これ等はすべて疑問である。理論と実際とが相反する現象は至るところに多くあるわけであるが、これ等の箇所には深く穿鑿を加えないのが或いは賢明な方法かも知れない。

巻末に掲載した三種の楽曲は、宮調は沙陀調に属するものを例とし、商調は壱越調を、羽調は平調を例とした。最後のものは、上述の如く、羽調と考えるよりも寧ろ商調に傾くが、字譜に照らすと、羽調に属するのである。

古来、実演上種々の技術があり、字譜の一字が一音であっても、その音が中断して二音になるときがあり、また装飾音や経過音等々を加えることがあり、字譜は実演と必ずしも一致しないが、大体に於いてすべて照応しているのである。調性を調査するときは、これ等上層の附加物に囚われないようにしなければならない（沙陀調のc音は理論上は誤りであるが、装飾として用うることは差し支えないのである）。

所録の三種の楽曲に横笛譜一曲、篳篥譜二曲を採用したのは、二種の楽器の字譜と曲の特色を示さんがためである。字譜は家蔵の古写本数種を対照し、五線譜は近衛直麿遺稿『雅樂五線譜稿』（一九三五年、近衛家）を対照して作り、可能な限り、それらと現時の伶人所伝の実際とを近づけようとしたが、二種の楽器が用うる字譜の律を、今、表に列すると次の如くである。

	唐俗律	篳篥譜	横笛譜	
d^1	黄		六	1
$\sharp d^1$	大			
e^1	太		亍	
f^1	夾			
$\sharp f^1$	姑		五	
g^1	仲	舌	丄	
$\sharp g^1$	蕤			
a^1	林	五	夕	
$\sharp a^1$	夷			
h^1	南	工	中	
c^2	無	凢	丅	
$\sharp c^2$	応	ム*		
d^2	黄清	六	六	2
$\sharp d^2$	大清			
e^2	太清	四	亍	
f^2	夾清			
$\sharp f^2$	姑清	一	五	
g^2	仲清	丄	丄	
$\sharp g^2$	蕤清			
a^2	林清	丅	夕	
$\sharp a^2$	夷清			
h^2	南清		中	
c^3	無清		丅	
$\sharp c^3$				
d^3			六	3

*実際には用いない。

この他、笛譜中には「ㄥ」字が、篳篥譜中には「ノ」字があり、共に重字を表す。例えば、「五ㄥ」は五五、「一ノ」は一一である。

また笛譜の「由」字は、前声よりも一声低くした後に、また前声に戻ることを表し、例えば、「五由」は五亍五[68]である。「セ」字は、前声より八度（十二律）高い声を吹奏しなければならないことを表し、前声がもし正声であるときは、「セ」はその清声となり、例えば、「六セ」は六（正）六（清）である。

（1）篳篥譜の丄（g^1）は、口伝によると、このときには一律低くし$\sharp f^1$として吹く。[69] 丄は、先ず$\sharp f^1$を吹き、次の音に移る直前にg^1を吹くことが多い。

沙陀調 羅陵王 破

＊「丅一工六」は、或いは「工五工六」に作る。

壱越調 武徳楽

起調
横笛譜: 六 セ 亍 丄 五 ミ 亍 六
商調声: 商 商 角 徴 変徴 変徴 角 商
五 由 ミ 中 夕 ミ
変徴 角 変徴 変徴 変宮 羽 羽
六 ミ 丅 中 セ 丄 夕 丄 夕
商 商 宮 変宮 変宮 徴 羽 徴 羽
五 由 ミ 中 夕 ミ
変徴 角 変徴 変徴 変宮 羽 羽
(中略)
畢曲
六
商

平調 越天楽

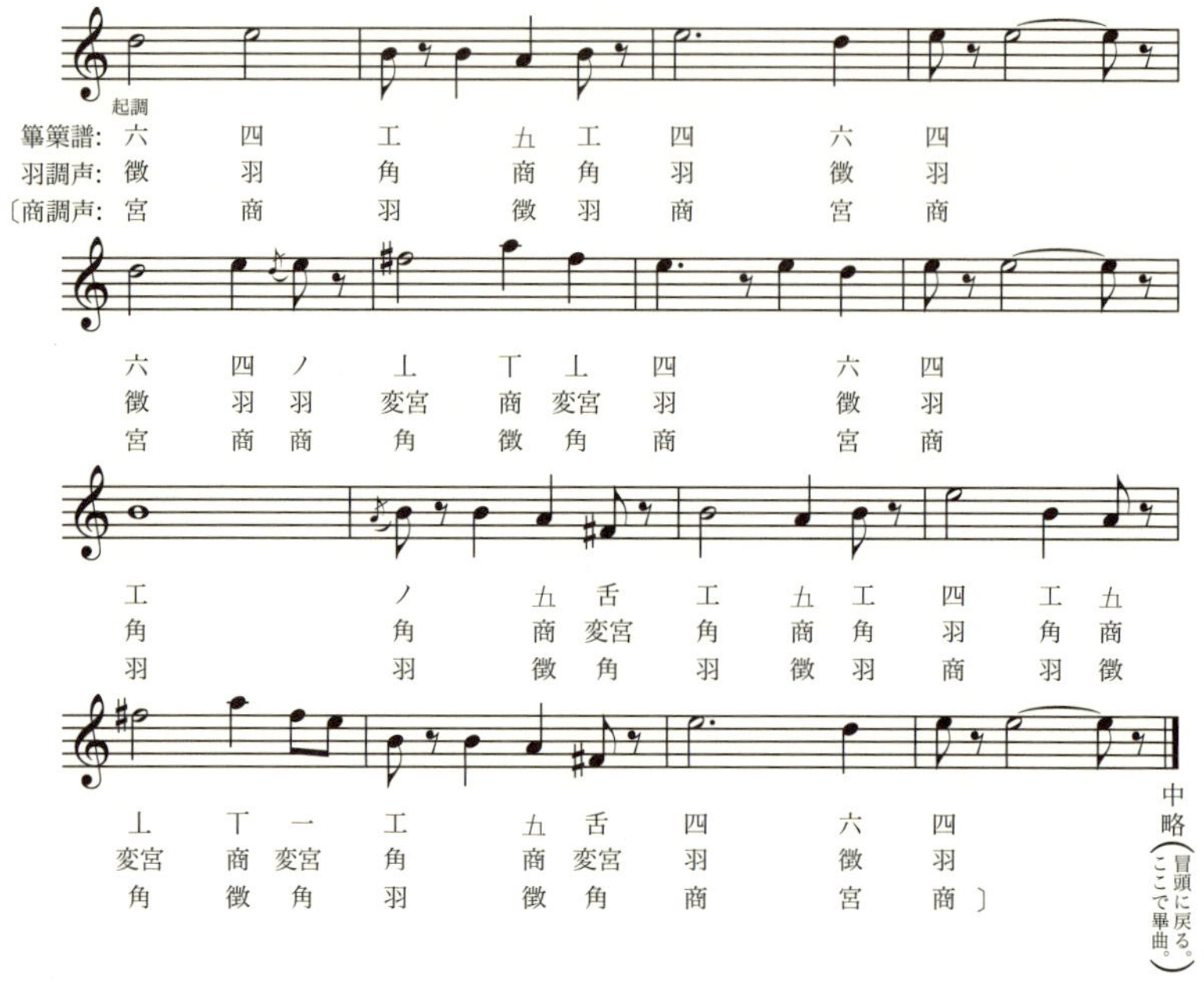

〔註〕「丄」はもともと g² （平調では宮となる）に当たるが、今では♯f² （変宮）に当たるため、楽譜上では「一」を用いて「丄」に代えているものがある。
「舌」ももともと g¹ に当たるが、今では♯f¹ を用う。それ故、羽調は商調の性質を帯びているのである。

附録

インド古楽用語（梵語）解

本書でインド古楽を引用した箇所は頗る多く、インド古楽に論及した専門書籍は坊間に多くある。繁縟を避けるために、その一般的な知識についての叙述は少なくした。ただし、簡略に過ぎればかえって恐らく意を達することは出来ず、ここに読者の便利のために、その要を選び、やや詮釈を加えると次の如くである。

一 スヴァラ（svara）「声」

この声は中国の宮・商・角・徴・羽の声と同義であり、七声ある。シャドジャ（ṣaḍja）、リシャバ（ṛṣabha）、ガーンダーラ（gāndhāra）、マディヤマ（madhyama）、パンチャマ（pañcama）、ダイヴァタ（dhaivata）、ニシャーダ（niṣāda）がそれである。この七声は普通sa・ri・ga・ma・pa・dha・niと略称し、別にアンタラ・ガーンダーラ（antara gāndhāra）とカーカリー・ニシャーダ（kākalī niṣāda）の臨時声があり、合わせて九声と称せられる。隋代鄭訳はこの臨時声を模倣し、これを宮・商の間に置き「応声」と称した。字譜の「勾」字は、実はこの応声である。七声の首はmaであり、中国の商声に当たる。七声の音程はシュルティ（śruti）及びグラーマ（grāma）の二項を参照。

中国の声は、ヨーロッパ音楽のdo・re・mi・fa式の称呼法に頗る似ており、それ自身に絶対音はなく、律と結合して始めて存在する。それがインドに於いては各声は時に一定の音を持つ。「七調碑」の如きがそうである。

中国五声には種々の附会説があるが（五行による附会の如きや、また「宮を君と為し、商を臣と為す」等の如き）、インド七声も亦た然りで、今、一、二の例を挙げれば次の如くである。

羽	sa	Agni	阿耆尼、火天	火天
変宮	ri	Brahmā	婆羅賀磨、梵天	梵天
宮	ga	Soma	蘇摩、月天	辨財天
商	ma	Viṣṇu	毗紐、那羅延天	大自在天
角	pa	Nārada		吉祥天
変徴	dha	Tumburu		歓喜天
徴	ni	〃		日天

陳暘『樂書』所載の婆羅門の云うところは、これとやや類似するが、出入がある。

ga	宮調	婆陁力調	阿修羅声	Asura
ma	商調	大乞食調	帝釈声	Indra = Śakra-devendra
pa	角調	渉折調	大辯天声	Sarasvatī
ni	徴調	婆臘調	那羅延天声	Nārāyaṇa
sa	羽調	般瞻調	梵天声	Brahmā
ri	変宮調	阿詭調		?Agni（火天）

また九声を四姓に配するものがある。

Brāhmaṇa	婆羅門	sa（羽）	ma（商）	pa（角）
Kṣatriya	刹帝利	ri（変宮）	dha（変徴）	
Vaiśya	毗舎	ni（徴）	ga（宮）	
Śūdra	首陀	a	ka	

二　シュルティ（śruti）「聞」

各声の音程を決定する上で微小な音程の律がある。一オクターヴ（例えば、黄鐘〔宮〕から清黄鐘〔清宮〕までの音程）の間には、中国では十二律しかないが、インドでは二十二箇のシュルティがある。従って一つのシュルティは、ほぼ中国の半律に等しい。各シュルティは何れも専称を持ち、且つかつては一定の高度を有していたが、その高度は古今では自ずから差異がある。これに準ずれば、インドのシュルティが中国の律の観念に近いことを知る。七声の持つシュルティ数は、シャドジャ・グラーマ（ṣaḍja-grāma）とマディヤマ・グラーマ（madhyama-grāma）とではやや異なっている。

	sa	ri	ga	ma	pa	dha	ni
ṣaḍja-grāma	4	3	2	4	4	3	2
madhyama-grāma[70]	4	3	4	2	4	3	2

その他、更にガーンダーラ・グラーマ（gāndhāra-grāma）があるが、本書とは関係がないので、今は省略する。

各声の持つシュルティ数は、隣接する高い音との間で取るか、或いは低い音との間で取るかによって、グラーマ（grāma）の性質が甚だ異なってくる。Bhandarkar 以前の学者は前説を採り、以後は後説が起ってそれに代わった。前説は Sir William Jones が俑を作り、Sir William Ouseley, J. D. Paterson, William Cooke Stafford, Captain Willard, Colonel P. T. French, Carl Engel, Rajah Sir Sourindro Mohun Tagore, Joanny Grosset（前期の説）, Alexander John Ellis, August Wilhelm Ambros, Captain Charles Russell Day 等がそれを踏襲した。今人の中にはなお諸家の説に従って誤る者もある。

三　シャドジャ（ṣaḍja）「六より生ず」の義

七声の一つで、四シュルティ（śruti）を持ち、saと略称し、中国の羽声に当たる。今日では、中国の宮声に似た主要声である。

四 リシャバ（ṛṣabha）「牡牛」
七声の一つで、三シュルティ（śruti）を持ち、riと略称し、中国の変宮声に当たる。

五 ガーンダーラ（gāndhāra）「健陀羅」（古地名）
七声の一つで、二シュルティ（śruti）を持ち、gaと略称し、中国の宮声に当たる。

六 マディヤマ（madhyama）「中に処る」
七声の一つで、四シュルティ（śruti）を持ち、maと略称し、中国の商声に当たる。古代では、七声中の主要声である。

七 パンチャマ（pañcama）「第五」
般贍、般若等の訳音がある。
（1）七声の一つで、マディヤマ・グラーマ（madhyama-grāma）とシャドジャ・グラーマ（ṣaḍja-grāma）の違いによりそのシュルティ（śruti）数を異にする。前者では三、後者では四である。中国の羽声に当たる。[71]
（2）また、七ラーガ（rāga）の一つであり、後に詳しい。

八　ダイヴァタ（dhaivata）

七声の一つで、三シュルティ（śruti）を持ち、dhaと略称し、中国の変徴声に当たる。

九　ニシャーダ（niṣāda）

七声の一つで、二シュルティ（śruti）を持ち、niと略称し、中国の徴声に当たる。

十　アンタラ（antara）「間」

アンタラ・ガ（antara ga）とは、gaのさき[72]二シュルティ（śruti）の声であり、aと略称する。

十一　カーカリー（kākalī）「極めて簿い」

カーカリー・ニ（kākalī ni）とは、niのさき[73]二シュルティ（śruti）の声であり、kaと略称する。

十二　グラーマ（grāma）「村」・「群れ」

七声の群を指して云い、七声を一組とする中国の「均」の義に近い。中国の均は物理的な構成（黄鐘が林鐘を生み、林鐘が太簇を生み……）を持ち、そして調は奏楽の実際に於いて、均中の某声を主として生み出されたものである。古代では一均の五声（乃至七声）は僅かに宮を主とするのみで、よって一均は一調にすぎない。しかるにインドに於いては七声の群それ自体が已に三様の構成法を持っており、しかも一均の七声は皆奏楽上の主要声となる（殊に終声として曲を畢える）ことが出来るので、一均は七調を持つ。バラタ（Bharata）は二つのグラーマに言及する。

一、ṣadja-grāma	sa	3	ri	2	ga	4	ma	4	pa	3	dha	2	ni	4	〔sa
二、madhyama-grāma	ma	3	pa	4	dha	2	ni	4	sa	3	ri	2	ga	4	〔ma

二のpaは一のpaよりも一シュルティ（śruti）低く、よって両グラーマには差異がある。ただし、中国の声と対照する上では、この差は度外に置いて好い。従って両グラーマでは共にgaが宮に等しい。

十三　ムールチャナー（mūrchanā）「伸長」・「漸進」

二つのグラーマ（grāma）の夫々の七声を起音として出来た七声の列で、十四箇ある。中国の調に頗る似ているが、寧ろ階名唱法（Solmization, Solmisierung）の一種として見做すのが、比較的適切である。『アヴァダーナシャタカ（*Avadānaśataka*）』（『撰集百縁經』）に二十一のムールチャナーがあると云い、『パンチャタントラ（*Pañcatantra*）』にもそのように云っている。

十四　ジャーティ（jāti）「生」

中国の調。シャドジャ（ṣadja）とマディヤマ（madhyama）両グラーマ（grāma）所属の七声は、理論上では何れも主声となり調を組織することが出来るが、実際上、調を成すことが出来ると考えられるのはシャドジャ・グラーマ（ṣaḍja-grāma）のsa・ri・dha・ni四声及びマディヤマ・グラーマ（madhyama-grāma）のga・ma・pa三声だけであり、この七声を主声として七調を成すのである。

	調名	主音
ṣaḍja-grāma	1. ṣāḍjī	sa　羽
	2. ārṣabhī	ri　変宮
	3. dhaivatī	dha　変徴
	4. naiṣadī	ni　徴
madhyama-grāma	1. gāndhārī	ga　宮
	2. madhyamā	ma　商
	3. pañcamī	pa　角

十五　ラーガ（rāga）「色」・「情」

これも調の義である。「七調碑」中の七つの調がこれに属す。この七つのラーガは『ナーティヤ・シャーストラ（*Nāṭya-śāstra*）』の時代にはまだ存在せず、その発生の時期は不明であるが、『ナーラディー・シクシャー（*Nāradī-śikṣā*）』（年代不詳）及びSārṅgadēvaの『サンギータ・ラトナーカラ（*Saṅgīta-ratnākara*）』（『楽海』十三世紀）中に掲載がある（前書では僅かに七ラーガであるが、後書には更に多くの種類を録してある）。

「七調碑」の七ラーガ（rāga）中、マディヤマ・グラーマ（madhyama-grāma）とシャドジャ・グラーマ（ṣaḍja-grāma）の二者は、バラタ（Bharata）の所説と同名に属するが、夫々僅かに一調であり、彼此区別しなければならない。またパンチャマ（pañcama）は、バラタの所説のマディヤマ・グラーマに属するジャーティ（jāti）（調）の一つ、パンチャマを連想出来るが、両者には何の類似点もない。何故ならば、前者は中国の羽調の性質を持つが、後者は角調の性質を持つからである（ジャーティ及びパンチャマの条参照）。

近世のラーガ（及びラーギニー〔rāginī〕）は数十箇あるが、本文とはかかわりがないので、今は省略する。

十六　マディヤマ・グラーマ（madhyama-grāma）

（1）グラーマ（grāma）の一種（グラーマの条を参看せよ）。

（2）七ラーガ（rāga）の一つ。『楽海』はkaを用い、『シクシャー（*śikṣā*）』はniを用い、「七調碑」は『シクシャー』と符合する。『シクシャー』はまたdha声は弱いと云い、碑文にもその証がある。dhaに終る声群はないからである。弱声は、終声（畢曲）或いは中間の終声に準ずるものとして用うることは絶無である。終声はma（商）であり、中国の商調である。

十七　シャドジャ・グラーマ（ṣaḍja-grāma）

（1）グラーマ（grāma）の一種（グラーマの条を参照）。

（2）七ラーガ（rāga）の一つ。『楽海』はa・ka両声を含み、『シクシャー（*śikṣā*）』はga・ni両声を用いている。「七調碑」は『シクシャー』と符合する。また『シクシャー』はni声を軽視するが、碑文にはniに終る声群がある。

終声はma（商）で、中国の商調である。

十八　シャーダヴァ（ṣāḍava）

七ラーガ（rāga）の一つ。「沙臘」はその音訳である。『楽海』によればa・ka両声を含み、『シクシャー（śikṣā）』は一面niを挙げながら、その他指摘するところはないが、多分gaを用いたのであろう。ただし「碑文」にはaとniの両声がある。また「碑文」にはa・pa・niに終る声群は見えない。終声はma（徴*）で、中国の徴調である。

＊maはもともと商声であるが、ka[74]を用うることにより転調するので、ここでは徴に相当する。

十九　サーダーリタ（sādhārita）

七ラーガ（rāga）の一つで、「娑陁力」はその音訳である。「沙陁」と略称する。『楽海』によればga・ni両声を用い、『シクシャー（śikṣā）』はa・ka両声を借りている。「碑文」は『シクシャー』と合っている。「碑文」にはa・kaに終わる声群はなく、終声はma（宮*）であり、中国の宮調、殊に沙陁調である。

＊maはもともと商声であるが、a・kaを用うることにより転調するので、ここでは宮に相当する。

二十　パンチャマ（pañcama）「第五」

般贍、般涉はその音訳である。

（1）七声の一つ（前に見える）。

（2）七ラーガ（rāga）の一つ。『楽海』によればa・ka両声を含み、『シクシャー（śikṣā）』はa・ni両声を用うと云い、「碑文」は『シクシャー』と合っている。「碑文」にはaに終る声群はない。終声はpa（羽）*で、中国の羽調である。

＊paはもともと角声であるが、aを用うることにより転調するので、ここでは羽に当たる。

二十一　カイシカ・マディヤマ（kaiśika-madhyama）

七ラーガ（rāga）の一つであり、『楽海』には、ga・ka両声を用いてni・paを放棄するとあり、『シクシャー（śikṣā）』には、僅かにカイシカ（kaiśika）（七ラーガの一つ）所用の声と同じであるが、その終声が両者相違するとあるのみである。按ずるに、『シクシャー』のカイシカは僅かにka一声を挙げるのみであるから、その他の諸声は特異ではないと思われ、『シクシャー』は『楽海』と同じであったようで、ga・kaを用いたと考えられる。しかしながら、「碑文」はa・ka両声を用いている。また「碑文」中にはこの両声に終る声群はなく、更にga声を全く欠いている。この調と次のカイシカ調は、碑文と『シクシャー』とでは合わない。終声はma（宮）*で、中国の宮調である。

＊サーダーリタ（sādhārita）の註を参照。

二十二　カイシカ（kaiśika）「細きこと髪のごとし」

七ラーガ（rāga）の一つ。「鶏識」・「稽識」はその音訳である。『楽海』にはka声を含むとあり、『シクシャー（śikṣā）』も亦たka声を用うと云っている（ga声は共には用いないようである）。しかし「碑文」はa・ka両声を用いている。終声はpa（商）*で、中国の商調、殊に大食調である。

＊paはもともと角声であるが、a・kaを用うることにより転調するので、ここでは商声である。

二十三　ターナ（tāna）「伸長」

ムールチャナー（mūrchanā）階名唱法の一類であり、六声（シャーダヴァ〔ṣāḍava〕）或いは五声（アウダヴァ〔auḍava〕）を持つものがターナとなり、凡そ八十四ターナあるという。

六声	ṣaḍja-grāma	28	84
	madhyama-grāma	21	
五声	ṣaḍja-grāma	21	
	madhyama-grāma	14	

五世紀の書『パンチャタントラ（*Pañcatantra*）』は四十九ターナに言及する。ターナは中国の均の意とは符合せず、且つ蘇祇婆所伝は僅かに五旦しかないが、所謂、旦とは、ターナを捨てて他にその語源を求め難く、蓋し術語の誤用であろう。

主要参考書

Grosset, Joanny. “Inde, histoire do la musique depuis l’origine jusqu’à nos jours.” In Albert Lavignac and Lionel de la Laurencie, ed., *Encyclopédie de la musique et dictionnaire du Conservatoire,* 1re partie : Histoire de la musique :

tome I, Paris : Delagrave, 1913.
Bhandarkar, Rao Sahib Prabhakar R. "Contribution to the Study of Ancient Hindu Music." *The Indian Antiquary* (Bombay : Education Society's Press) Vol. 41（1912）.
Bhandarkar, Rao Sahib Prabhakar R. "Kudimiyamalai Inscription on Music." *Epigraphia Indica*（Calcutta : Superintendent Government Printing, India) Vol. 12（1913-14）.
Clements, Ernest. *Introduction to the Study of the Indian Music.* London, New York [etc.] : Longmans, Green and Co, 1913.
Strangways, Arthur Henry Fox. *The Music of Hindostan.* Oxford : The Clarendon Press, 1914.
Popley, Herbert Arthur. *The Music of India.* Calcutta : Association Press, 1921.

邦訳者註

①「域」は、原書では「程」に誤る。「勘誤表（二）」により改めた。

②「牛弘傳」は、原書では「音樂志」に誤る。

③「三」は、原書では「二」に誤る。

④「倭」は、『隋書』音樂志では「俀」に作るが、原書では「倭」に改める。

⑤「中国人の中には」から「確かに亀茲人である」までは、原書では、桑原隲蔵氏論文からの引用とするが、当該論文に、その箇所は確認できない。よって、林氏自身の文章として改めた。

⑥「箑」は、『隋書』音樂志では「䈂」に作るが、林氏は「箑」に改める。林氏は以下同様に処理している。本書には、文字を改めたことについての説明はないが、「唐楽調の淵源」の「蘇祗婆七調とインド楽調の関係」の章では、『隋書』を引き「俟利䈂」と表記した上で、「箑之誤」と註している。

⑦波括弧「〔」の位置を文意に沿って改めた。

⑧「碑文七調は」から始まる段落と、次の「表中の均（旦）Ⅰ・Ⅱ・Ⅲは」から始まる段落は、原書では「碑文七調の諸声には、……三均の調があるわけである。」の直後、つまり、九声と三つの均との関係を示す表の前にあったが、これらの文章は、次表「Kuḍimiyāmalai 碑文の七調」を説明したものと思われるため、現在の場所、即ち該表の後へ移動した。

⑨この「商」は衍字か。「唐楽調の淵源」の「蘇祇婆七調とインド楽調の関係」の章によれば、カイシカ・マディヤマは sa・ra・a・ma・dha・ka の六声からなり、pa は用いない。

⑩この註、原書になし。「勘誤表（二）」に「「碑文七調」表、右下隅奪「・符……調首」數字」とあるのにより補う。

⑪「娑」は、原書では「婆」に誤る。「勘誤表（二）」により改めた。

⑫「二十八章」は、原書では「二十七章」に誤る。続く「六章」は、原書では「七章」に誤る。

⑬表のうち「(2) 為調式」における「娑陁力調」の上の黒丸印「●」は、「勘誤表（二）」により補った。また、表の意味を明確にするため、「碑文四調」の波括弧「〔」の位置を一部改め、「(2) 為調式」における読点を一部補った。

⑭「♯d」は、原書に脱す。「勘誤表（二）」により補った。

⑮原書には、「圖見次頁」とある。次頁の五旦と五商・二宮・二羽の関係を示した表が、原書では、「五旦各旦の七声を調首とするときは」から始まる段落の後に頁を改めて掲載されていたため、そのように記す必要があったもので、邦訳者の註ではない。

⑯「律」は、原書では「調」に誤る。「勘誤表（二）」により改めた。

⑰「沙陁・沙陀」は、原書では「沙陀」とするのみであるが、「沙陁」を加えた。その理由については、邦訳凡例を参照。

⑱「陳暘」は、原書には無し。「勘誤表（二）」により補った。

⑲「陳暘『樂書』……足る。」は、原書に脱す。「勘誤表（二）」に「「乞食也。」下奪一句「陳暘樂書一八八法曲部條下有『小訖食』，足爲余説之證。」」とあるのにより補った。なお「勘誤表（二）」に「乞食也」とあるのは「乞〔石〕也」の誤りである。

⑳「篳」は、『隋書』音樂志では「篳」に作るが、林氏は、上述のとおり「篳」に訂正する。邦訳者註⑥を参照。

㉑「篳」は、武英殿本『宋史』は「篳」に作るが、百衲本『宋史』は「篳」に作る。

㉒「唐楽調の淵源」の「唐代の俗（燕）楽調」の章では「按唐書大食、本波斯地」とし、返り点を施さず、「食」の下で句切

る。

㉓「猗」は、『大日本史』では「倚」に作る。林氏は引用に際し、琴曲名「猗蘭操」に基づき、敢えて訂正したものか。ただし、「唐楽調の淵源」の「唐代の俗（燕）楽調」の章に引く『大日本史』では「倚」のままとしている。また、狛家に伝わった『碣石調幽蘭第五』（ここでいう『猗蘭琴譜』）の序文には「一名倚蘭」とある。

㉔「成七調。十二律、合八十四調。」は「唐楽調の淵源」の「蘇祇婆七調とインド楽調の関係」の章では「成二七調十二律合八十四調、二」とする。それに従い書き下せば、「七調十二律合せて八十四調を成す」となるか。

㉕韓邦奇の著作は『律呂通解』ではなく、『律呂直解』である。ただし、「勾字即低尺」説は『律呂直解』に見えない。林氏は、恐らく凌廷堪『燕樂考原』の註に幾度か引用される韓邦奇の説によったものと思われる。

㉖原書では、巻数を百二十八（ただし、原書では「一二八」と表記する）に誤る。

㉗原書では、第四章に節は設けられていない。原書目次によると、例えば、第三章の場合、「中國樂觀念之變更——鄭譯琵琶八十四調——應聲與勾字」のように各節の表題が羅列されており、本第四章の場合も他の章と同様、「狹義的燕樂——法曲——清商——道調——立坐部伎——散樂」のように表題が記されている。ここでは、他の章の体裁に倣い、表題に従って節を設けた。各節の範囲については、邦訳者が区分した。

㉘「胡楽」の「楽」は、原書では傍点を脱す。「勘誤表（二）」により補った。

㉙「燕」は『通典』ではもと「讌」に作る。『新唐書』禮樂志十一の九部伎に「燕」作るが、林氏はそれを踏まえ、敢えて「燕」に改めて表記したと思われる。

㉚「一の「燕楽」は九の「礼畢」である」については、未発表原稿、昭和二十三年度文部省人文科学研究費補助による報告「東亜に於ける楽器に関する研究　日本雅楽の主源流として見たる唐代音楽の楽器・楽律・楽曲の全貌」に「郭沫若は『隋志』の礼畢（文康伎）が唐の燕楽であると解釈している。『隋燕楽調研究』六二頁。——本章は郭氏の所説である」とあり、この一文が、郭沫若氏の説であることが明示される。

㉛原書では、「文宗開成三年」から「總名法曲」までを「『唐會要』云」として引用するが、これらは『樂府詩集』からの引用であるため、改めた。『唐會要』の引用は「仙韶曲」までであり、それ以降は、『樂府詩集』の案語である。

㉜「曲」は、『通典』では「典」に作るが、原書では「曲」に改める。

㉝「歳」は、百衲本では「歳」、武英殿本・中華書局本では「壽」に作る。林氏は『隋書』・『周書』等については、武英殿本によっており、そこから類推するに二十四史は武英殿本に基づくものと考えられるが、ここは、文脈から判断し訂正したと思われる。或いは、『舊唐書』については百衲本系の版本に基づいたか。

㉞「太樂署供奉曲名及改諸樂名」については、「唐楽調の淵源」の「唐代の俗（燕）楽調」の章では「太樂署供奉曲名、及改二諸樂名、一」と返り点を施すが、ここではそれには従わずに書き下した。

㉟「黄鐘調」は誤って重出したものか。直前の、正名と時号とを併記する「羽調三」に既に見える。

㊱「角」は、原書では「調」に作るが、文意に沿って改めた。

㊲「角」は、原書では「調」に誤る。「勘誤表（二）」により改めた。

㊳『宋史』律暦志所引の『景祐樂髓新經』では「角」に作る。「調」とする版本については管見の及ぶ限りでは未詳。この林註の意図については不明。

㊴「唐」は、「宋」の誤りであるが、文脈を尊重し改めなかった。

㊵古説と新説の対応関係を示す直線を一部、修正した。

㊶原書では、中国の読者の便を考慮し、中国以外の文献の成立年代、人物の生存期間等が中国のいつの時代に相当するのかが註記されている。これらは、当然、中国のものではない。当該箇所を例にすれば、「狛近真」は鎌倉時代の日本人であり、南宋代の中国人ではない。以下、同じ。

㊷原書では「樂志」（「六」は訳出時に補った）の下に「朱熹」とあったが、当該箇所の引用は朱熹の説ではないため、これを削除した。

㊸「唐楽調の淵源」の「唐楽調の律」の章では「鎭以所レ収開元中笛及方響」と返り点を施すが、本書では、それには従わずに書き下した。

㊹「一つ」とあるが、「為調式」の表には、八声のものが二つある。誤りか。

㊺「正」は、原書では「五」に誤る。「勘誤表（二）」により改めた。

㊻「紀」は、原書では「田」に誤る。

㊼「琵琶」は、原書では、本文としていたが、凌氏『燕樂考原』に従い、引用文とした。

㊽原書には、原註（16）（原書では、単に「註」とのみ表記される）に対応すべき箇所が本文に示されていなかったが、註文はもともと本段落の直後に置かれていたため、本書では、該註は本段落全体に附されたものと解し、当該箇所に註番号を補った。

㊾「S. 128, fig. 94.」の原典については、不詳。該書の一二八頁には琵琶の図は見えず、また九十四図には弦数不明の琵琶が見えるのみである。

㊿原書では「依新令、累黍尺」と句読を切るが、本書では「唐楽調の淵源」の「唐楽調の律」の章に「依㆓新令累黍尺㆒」とあるのに従って書き下さした。なお、郭沫若氏「萬寶常――彼れの生涯と藝術――」（初出：『日本評論』一九三六年一月号、本書に収録）では「新令に依り黍尺を累し」と訓ずる。

(51)「狩」は、原書では「猪」に誤る。

(52)「測影鐵尺一枚・銅律管一部・鐵如方響」は、「唐楽調の淵源」の「唐楽調の律の章」では、返り点を施さないが、本書ではそれに従わずに書き下した。

(53)原書では、原註に対応すべき箇所が本文に示されていなかったが、文意から判断して、当該箇所に註番号を補った。なお、該註とほぼ同じ文章が、附論「六　日本の十二律」に見える。

(54)「貞観十年」から始まるこの段落は、「唐楽調の淵源」の「唐楽調の律」の章によると、郭沫若氏の見解である。従って本書では、本段落を二段下げとし、本文と区別した。

(55)この『新唐書』驃國傳の一文は、原書では、註と同じく小字にて示されるが、本書では本文の一部と見做し、本文と同じ大きさとした。また、楽器の掲載順は、原書では、原典どおりではなく、本文に「律の註記があるもの」として掲載された順番によっている。本書では、原典に従い、一部修正した。

(56)「琴」は、原書では「笙」に誤る。

(57)「〔 〕は推定を表す。」は、原書に脱す。「勘誤表（二）」に「「驃國樂器音律一覽」表下奪「〔 〕表示推定」數字。」とあるのにより補った。

(58)「両」は、原書では「多」に誤る。

(59)「摩醯首羅」から「蘇剌耶」までの曲名については、原書のままの句読では、文意を解し難いため、適宜、句読点を改め、また、丸括弧を補うなどして整理して訳出した。

⑹⓪「羽」は、原書では「商」に誤る。

⑹①邦訳者註⑤②に同じ。

⑹②「絃柱」は、原書では「柱」を脱するが、文意に沿って補った。なお、「絃柱」は、ここでは所謂柱《じゅう》と同義。

⑹③波括弧「{」の位置を文意に沿って訂正した。

⑹④以下四行は、原書では、註と同じく小字にて示されるが本書では本文の一部と見做し、本文と同じ大きさとした。

⑹⑤「羽」は、原書では「角」に誤る。

⑹⑥該表の「徵・角・角・角・宮」の列の直前の空白の一列は、原書に欠く。「勘誤表（二）」により補った。

⑹⑦「四」は、原書では「三」に誤る。

⑹⑧「五丅五」は、原書では「由丅五」に誤る。「勘誤表（二）」により改めた。

⑹⑨この一文は、笛譜について言うか。

⑺⓪マディヤマ・グラーマのうち、gaの4、maの2、paの4、dhaの3については、本附録「十二　グラーマ」の表を参照すれば、それぞれ2、4、3、4の誤りか。

⑺①「羽」は「角」の誤りか。林氏によると、ラーガのパンチャマは羽調であり、それと混同したか。附録、十五「ラーガ」の項においてラーガとしてのパンチャマは羽調、ジャーティとしてのそれは角調として明確に調性を区別している。

⑺②「さき」は、原文では「前」に作る。アンタラ・ガは、gaの前というより、むしろ後に位置しており、そのままでは意を解し難いが、ここでは、文字を改めることはせず、「さき」と訳出した。

⑺③「さき」は、原文では「前」に作る。カーカリー・ニは、niの前というより、むしろ後に位置している。ここでは「さき」と訳出した。

⑺④「ka」は「a」の誤りか。

3 研究篇

『隋唐燕楽調研究』の新見解を論ず

陳　応　時

翻訳凡例

一、本稿は、陳応時（上海音楽学院教授）が本書のために書き下ろした「論《隋唐燕樂調研究》的新見」の邦訳である。

一、字体については、本文では、原則として、常用漢字・代用字を用いたが、一部、それらを用いなかった箇所もある。古籍の引用文の字体については、原則として旧字体を用い、異体字・俗字・通仮字の類は、正字、または通行の字体に改めた。

一、書名、篇名の字体については、邦訳『隋唐燕楽調研究』では旧字体を用いたが、本稿では、常用漢字を用いた。また、『隋唐燕楽調研究』からの引用文における書名・篇名についても、常用漢字に改めた。

一、古籍からの引用文は、原則として日本語に翻訳し、その直後に、原文を丸括弧「（　）」内に入れて附した。ただし、一部、文脈によっては、翻訳ではなく、書き下し文で示した箇所もある。また、『隋唐燕楽調研究』からの引用文における古籍については、本書所録に準拠し、書き下し文のままとした。

一、翻訳にあたって特記すべき事項がある場合については、「訳者注：」と明記した上で本文内に注を施し、丸括弧内に入れて示した。

林謙三（一八九九〜一九七六）著、郭沫若（一八九二〜一九七八）の中国語訳で、一九三六年に中国で出版された『隋唐燕楽調研究』は、内容が非常に豊富である。本書は、郭沫若の序、原著者の序、巻首の挿絵のほか、本文には、「前言」および燕楽調について専門的に論じた八章が設けられ、第九章を「結論」として、さらに「附論」「附録」を含む。

本書を著した動機と目的について、著者は「前言」で以下のように述べている。

清人凌廷堪の『燕楽考原』以来、燕楽諸調の闡発に従事するものが頗る多く、陳澧『声律通考』の如きはその傑出した者である。ただし、（1）調の性質、（2）調名の由来、（3）調の律の高度に関しては、先人の所論には依然尽くされぬものが大いにある。……かくして本篇の研究を書き上げたが、先人の業績に増補せんとするものである。よって、所論の大抵は上述の三項の新見解に限られ、その他は概ね簡略に言及したに過ぎない。(1)

これによると、私たちが『隋唐燕楽調研究』を読む際、林謙三氏が本書にて提示した、「燕楽調の性質」「燕楽調名の由来」「燕楽調の律の高度」の三項目に関する新たな見解について、特に注目する必要があるとわかる。そこで本稿では、筆者が『隋唐燕楽調研究』における三つの新見解から学び得た収穫と理解について、論ずることとする。

一、燕楽調の性質

『隋唐燕楽調研究』が提示した一つ目の新見解は、「燕楽調の性質」についてである。その主要な内容としては、「燕楽調の構成」「燕楽調の「均首《いんしゅ》」と「調首」」「燕楽調の「之調式」と「為調式」」等が含まれる。

中国清代の学者、凌廷堪（一七五五頃～一八〇九）は、『燕楽考原』の「総論」のなかで、燕楽二十八調を次のように解釈した。

> 考えるに、琵琶は四弦であり、ゆえに燕楽には宮・商・角・羽の四均（すなわち四旦）しかなく、徴声の一均はなかった。第一弦は最も太く、音が最も低い。だから宮声の均となる。いわゆる（訳者注：『国語』周語下の）「大は宮を逾《こ》えず」である。第四弦は最も細く、音が最も高い。だから羽声の均となる。いわゆる「細は羽を過ぎず」である。第二弦はやや細く、その音もやや高い。だから商声の均となる。第三弦はさらに細く、音もさらに高い。だから角声の均となる。一均は分かれて七調となるので、四均でゆえに二十八調となる。[2]
> （蓋琵琶四弦、故燕樂但有宮・商・角・羽四均（即四旦）、無徴聲一均也。第一弦最大、其聲最濁、故以爲宮聲之均、所謂「大不逾宮」也。第四弦最細、其聲最清、故以爲羽聲之均、所謂「細不過羽」也。第二弦少細、其聲亦少清、故以爲商聲之均。第三弦又細、其聲又清、故以爲角聲之均。一均分爲七調、四均故二十八調也。）

このような凌廷堪の説は、のちに、清代の他の学者である陳澧（一八一〇～一八八二）の『声律通考』（一八五八年）が賛同するところとなった。陳澧はこの書のなかで、以下のように述べている。

凌次仲[3]は「燕楽の楽器は琵琶を第一とする」と述べる。さらに「燕楽は七宮一均」と述べるのは、琵琶の第一弦のことを言っているのである。その依拠するところは『遼志』の文であり[4]、論拠は揺るぎない。琵琶は四弦で、一弦は七調あり、四かける七で二十八調となる。鄭訳の琵琶八十四調（訳者注：『隋書』音楽志に見える）は一弦で三均を兼ねるが、唐宋の二十八調は一弦で一均七調のみである。七つの宮調は第一弦を主とし、鄭訳の黄鐘均がそれに当たる。琵琶は一弦ごとに十六声あり、十二律と四清声（訳者注：オクターブ上の四つの音）によって名付けられ、俗字の工尺譜では十六の譜字によってこれを記す。第一声の名は黄鐘で、俗字工尺譜では「合」という譜字で表す。第二声の名は大呂で、俗字工尺譜では「下四」と表す。他の十四声もこれに倣う。第一弦の第一声黄鐘を宮とするものは、俗名は「正宮」である。第二声の大呂を宮とするものは、俗名は「高宮」であり、他の五宮もこれに倣う。七商・七角・七羽もみなこれに倣う[5]。（凌次仲云、「燕樂之器、以琵琶爲首」、又云、「燕樂七宮一均」、卽琵琶之第一弦是也。其所據者、『遼志』之文、確不可易。琵琶四弦、一弦七調、四七二十八調也。鄭譯琵琶八十四調、一弦兼三均、唐宋二十八調、則一弦一均、七調而已。七宮調以第一弦爲主、卽鄭譯之黃鐘均也。琵琶每一弦十六聲、以十二律四淸聲名之、俗工以十六字記之。第一聲名爲黃鐘、俗工則曰合字。第二聲名爲大呂、俗工則曰下四字。餘十四聲仿此。第一弦第一聲黃鐘爲宮、俗名爲「正宮」、第二聲大呂爲宮、俗名爲「高宮」。餘五宮仿此。七商・七角・七羽皆仿此。）

『燕楽考原』『声律通考』における上記の解釈は、燕楽調の性質に対する認識不足から生まれたものとみられる。

それゆえに『隋唐燕楽調研究』は、「燕楽調の構成」「燕楽調の「均首」と「調首」」「燕楽調の「之調式」と「為調式」」といった（訳者注：燕楽調の性質に関する）方面から、以下のような議論、検討を行ったのである。

（一）燕楽調の構成

『隋唐燕楽調研究』は、まず、『燕楽考原』と『声律通考』が説く「燕楽調の構成」に対して、疑義を提起した。次のとおりである。

凌氏の一絃七調は、その義も亦た甚だ特異である。七声の七律が成す一均（ただし均首は宮声ではない）の旋転によって七調を生ずることは牴牾しないが、その七調に同性の調名を賦していること（正宮・高宮は共に宮調であり、同性。越調・大食調は共に商調であり、亦た同性）は、重大な誤りである。これは実に労作の致命傷であるか（近代中国諸宮調の乱雑は、その原義を失ったところにこれと似たものがあるが、或いは凌氏がその俑を作ったことによるか）。その第一絃が生ずる七宮を例とするとき、彼の所謂正宮は変宮調、高宮は宮調、中呂調は商調、道調宮は角調、南呂宮は変徴調、仙呂宮は徴調、黄鐘調は羽調であり、凌氏は誤って宮一均の七調としたのであって、その所説の七商・七角・七羽は皆これと同じである。(6)

陳澧の一絃七調は凌氏と全く異なるが、一絃を一均と考えることは同じであり、「鄭訳の「一均の中、間に七声有り、調に七種有り」と言ふは、一弦七調を謂ふなり。所謂一均とは一弦なり（鄭譯言「一均之中、間有七聲、調有七種」謂一弦七調也。所謂一均者一弦也）」（『声律通考』巻七）と述べている。しかしその一均は最濁声の律を均名とし、該律に於いて七調首があるため、各均七調に於ける七声が相応するように求めるならば、全十二律を必要とする。ここでは凌・陳二氏は同じく「琵琶一絃に七調を備える」と称しているが、陳氏の琵琶は十二柱を下り得ない。そればかりか、陳氏の想像により、鄭訳琵琶が一絃に三均を兼ねるとすれば、更に多数の柱を要する。陳氏は云う、「鄭訳琵琶は一弦を以て三均を兼ぬれば、四弦は十二弦のごとくにして、弦毎に七調なり（鄭譯琵琶以一弦兼三均、四弦如十二弦、毎弦七調）」（同上）。陳氏が夢想している宋代琵琶は、蓋し清代制に近く、清代制のものは十五柱を有しており、これは一絃を以て宋楽の十六律（黄鐘から清夾鐘まで）を得ようとするものである。(7)

『隋唐燕楽調研究』では、『燕楽考原』と『声律通考』の両書が提示した、「燕楽調」の琵琶が「一絃七調」「一絃十六声」という誤った説を否定するとともに、本書の巻頭に、唐から日本に伝来し現在正倉院に所蔵される紫檀四絃琵琶、および中国宋・仁宗（一〇二三～一〇三一在位）期における遼の東陵墓の壁画の挿絵を載せて、以下のように指摘した。

（訳者注：琵琶は）四絃四柱（訳者注：四絃でフレットが四つ）のときは一絃は五声、五×四で、二十音しか得られない。凌廷堪は唐琵琶の真相を知らず、唐の段安節『琵琶録』の不明瞭な琵琶七運の記載と『遼史』の四旦の説に惑わされた。燕楽に二十八調があることにより、遂には「琵琶は一弦に七調を具へ、四弦なるが故に二十八調」の謬説が創られた。陳澧もその説を承けてやや拡充を加えたが、今に至るまで尚おこれを信奉する人があり、或いは唐の燕楽琵琶は多柱（訳者注：多くのフレット）を備えているとしている。その反証は、まさしく宋の仁宗時代に遼人も尚お四柱琵琶を使用していたことで、これは遼の東陵（聖宗或いは興宗墓）の壁画が昭示されている。(8)

これは、凌氏と陳氏が考えた「一絃七調」「一絃十六声」というものが、当時の四絃四柱琵琶では演奏できないものであり、よって現実には合致しないことをはっきりと証明するものであった。そこで、『隋唐燕楽調研究』は、さらにこう指摘する。

漢以来の琵琶、即ち秦漢子（十二柱）や唐代の阮咸（十四柱）のように多柱を有するものが実用に供せられたとは云え、一絃が七調に応ずると云うような多柱琵琶の効用は、四絃を交互に使用することにより達することが出来るし、しかも唐制の四柱琵琶の遺品は今に於いても尚お存し、そして日本の雅楽では更にこれと同型の琵琶を用いて唐代伝来の楽曲を演奏しており、これ等の理論と事実を知れば、凌氏の一絃具七調説、陳氏の一絃一均七調説が、何れも唐代琵琶の制と相容れない紙上の空論に過ぎないことがわかるのである。(9)

（二）燕楽調の「均首」と「調首」

『隋唐燕楽調研究』にいう「調の性質」とは、「調の属性」とも称され、「調性（tonality）」と略称される。「調性」ということばについて、『隋唐燕楽調研究』では、以下のとおり解釈している。

調性を決定するものは、一曲中で使用される諸声の動向と、その中で最も主要な活動を行う一声である。普通は一調一曲の終声を主声（調首）と考えるわけであるが、終声には必ずしも主声に当たらないものがあり、また、所謂主声の宮・商等の名称を錯乱するものがあり、世に「宮調」と称謂するものが実際上宮調でないと云う例は頗る多い。従って某曲の調性を定めるときは、一調一曲中の諸声を明辨し、更にはその中、何れの一声を最も主要とするかを考慮しなければならない。(10)

ある曲の調性が定まる際、必要とされる条件がどのように備わり調性が定まるのか、ということを説明するために、林謙三氏は「均首」と「調首」という二つの名称を提起し、それによって「調性」を構成する要素を補足説明した。

「均首」と「調首」というこの二つの名称は、最も古くは、『隋書』音楽志が収載する、開皇二年（五八二）に隋の文帝（在位五八一〜六〇二）が朝廷の大臣を召集して音楽について議論させた時の上奏文、および提議文のなかに見られる。(11)

この『隋書』音楽志に記載された「均首」と「調首」という二つの楽調用語は、これまでの燕楽調研究では用いられたことがなかったが、『隋唐燕楽調研究』では初めて、この二つを燕楽調の「調性」の分析に用いたのである。中国古代の楽調理論における「均首」と「調首」の両者の関係を説明するために、『隋唐燕楽調研究』の第一章「隋代前後の調の意義の変遷」の冒頭では、次のように述べている。

調は均によって成り、均は律によって定まる。律には黄鐘・大呂・太簇・夾鐘・姑洗・仲呂・蕤賓・林鐘・夷則・南呂・無射・応鐘の十二あり、律の首は黄鐘である。声には宮・商・角・変徴・徴・羽・変宮の七あり

(二変声は時に用いず)、声の首は宮である。十二律夫々《それぞれ》に宮を配し、更に爾餘の声を互いに順応させるとき、十二段の七声(或いは五声)の列が得られ、これを換言すれば、即ち十二均である。十二均の首は黄鐘均である。一均は宮声に当たる律を「首」(楽曲上最も重要な音)として調を成し、一均が一調を得、十二均は十二調を得る。調の首は黄鐘宮である。その他の十一宮は皆、調となることが出来る。これは『礼記』礼運の「五声・六律・十二管、還りて宮を相為《あひ》すなり(五聲、六律、十二管還相爲宮也)」の旋宮の理想論である。(12)

『隋唐燕楽調研究』がここで強調して論じているのは、「均首」についてである。「均首」の音高は「律によって定まる」ため、「十二律」は、律名によって命名された「十二均」を生み出す。そこで、十二均には、一律一均の十二種の、異なる調高(Key)を表す「均名」を備えることとなる。例えば、「黄鐘均」「大呂均」「太簇均」などである。また十二均は、そのうちのどの一均も、「宮声に当たる律を「首」とし」、よって各均のうち「声の首」である宮声は、各均の「均首」の音となるのであり、ゆえに黄鐘均は黄鐘宮とも称され、大呂均は大呂宮とも称されるのであり、そのほかもまた同じように類推できるのである。ここでいう「均」および「宮」は、現代のことばでいうならば、ともに「調式(Mode)」を含まない「調高(Key)」のことを指す。

なお、中国古代の「調高」は、右に述べたような律名によって表されたもののほか、工尺譜の譜字によって表記したもの、例えば、「六字調」「尺字調」などの工尺七調がある。西洋音楽が中国に伝入したあとは、外来の音名によって表したもの、例えば「C調」「G調」などがある。

ところが、中国古代の、律名と声名を組み合わせた調名(例えば黄鐘商、黄鐘角など)においては、その意味が「調高(Key)」のみを指すだけでなく、さらに「調式(Mode)」の意味も含んでいたのである。そこで、『隋唐燕楽調研究』は、第一章の注釈のなかで、何を「調首」というのか、ということについても説明を加え、その注(5)で、次のように述べている。

調首とは一調中の最も重要な声律であり、ヨーロッパ音楽のTONICA（主音）に当たる。通例では、一調は調首の声律で終結しなければならず、例えば、黄鐘宮の曲が宮声と相応する黄鐘律で終わるのが、それである[13]。

また、注(6)では「宮調」の解釈において、「宋人が調を云うに、七宮は「宮」と称す。七商・七角・七羽は「調」と呼び、元明以来、皆これに倣う[14]。」とも述べている。

『隋唐燕楽調研究』は、「均首」を、『礼記』礼運篇の「五声・六律・十二管還りて宮を相為《あひ》す（五聲、六律、十二管還相爲宮也）」の宮に相当するとみなし、さらに「調首」は「ヨーロッパ音楽のTONICA（主音）に当たる」と説明する。このように、非常にはっきりと「均首」と「調首」の区別を説明したのである（なお「調首」ということばは、のちに「殺声」「煞声」「結声」「住字」「調式主音」などといったさまざまな名称が用いられるようになった）。

しかしながら、『隋唐燕楽調研究』以前の燕楽調研究においては、「均首」と「調首」とを分けない者もいたのである。例えば、凌廷堪『燕楽考原』では、北宋・沈括（一〇三一～一〇九五）『夢渓補筆談』の「十二律、燕楽二十八調に配す」（十二律配燕楽二十八調）の条の記述について、以下のように述べている。

燕楽は字譜を主としている。律呂の名によって飾ってはいるが、殺声（訳者注：終止音）に某字を用いていれば、某宮調となるのである。（訳者注：『夢渓補筆談』に）「（訳者注：古の楽で）黄鐘宮であったものは、現在、正宮となり、「六」の譜字を用いている」というのは、現在の琵琶の「六」字調である。「大呂宮は現在では高宮であり、「四」の譜字を用いる」というのは、現在の琵琶の「四」字調である。「夾鐘宮は現在では中呂宮であり、「一」の譜字を用いる」というのは、現在の琵琶の「一」字調である。「仲呂宮は現在では道調宮であり、「上」の譜字を用いる」というのは、現在の琵琶の「上」字調である。「林鐘宮は現在では南呂宮であり、「尺」の譜字を用いる」というのは、現在の琵琶の「尺」字調である。「夷則宮は現在では仙呂宮であり、「工」の譜字を用いる」というのは、現在の琵琶の「工」字調である。「無射宮は現在では黄鐘宮であり、「凡」の譜字を用いる」というのは、現在の琵琶の「凡」字調である。(15)（燕樂以字譜爲主、但以律呂之名緣飾之、殺聲用某字、即爲某宮調。所謂「黃鐘宮今爲正宮、用六字」者、今琵琶之六字調也。「大呂宮今爲高宮、用四字」者、今琵琶之四字調也。「夾鐘宮今爲中呂宮、用一字」者、今琵琶之一字調也。「仲呂宮今爲道調宮、用上字」者、今琵琶之上字調也。「林鐘宮今爲南呂宮、用尺字」者、今琵琶之尺字調也。「夷則宮今爲仙呂宮、用工字」者、今琵琶之工字調也。「無射宮今爲黃鐘宮、用凡字」者、今琵琶之凡字調也。）

右に引用した『燕楽考原』の解釈は、また『隋唐燕楽調研究』から次のような批判を受けた。

凌氏の一絃七調は、その義も亦た甚だ特異である。七声の七律が成す一均（ただし均首は宮声ではない）の旋転によって七調を生ずることは牴牾しないが、その七調に同性の調名を賦していること（正宮・高宮は共に宮調であり、同性。越調・大食調は共に商調であり、亦た同性）は、重大な誤りである。(16)これは実に労作の致命傷である（近代中国諸宮調の乱雑は、その原義を失ったところにこれと似たものがあるが、或いは凌氏がその俑を作ったことによるか）。その第一絃が生ずる七宮を例とするとき、彼の所謂正宮は変宮調、高宮は宮調、中呂調は商調、道調宮は角調、南呂宮は変徴調、仙呂宮は徴調、黄鐘調は羽調であり、凌氏は誤って宮一均の七調としたのであって、その所説の七商・七角・七羽は皆これと同じである。(17)

『隋唐燕楽調研究』の『燕楽考原』に対するこのような批判は、首肯できるものである。『燕楽考原』が燕楽調の調性の分析において「重大な誤り」と「致命傷」を犯した根本的な原因は、まさしく「均首」と「調首」とをはっきりと区別しなかったことに基づくのである。沈括『夢渓補筆談』中に列挙された燕楽二十八調各調の、工尺譜の譜字を用いて表記した「殺声」（即ち調式の主音）の「六・四・一・上・尺・工・凡」を、凌氏は誤って、「調式」という意味を持たない工尺七調における七つの「均首」の音と見なしてしまったが、実際、それらはすべて「為調式」によって表される「調首」の主音なのである。

㈢　燕楽調の「之調式」と「為調式」

『隋唐燕楽調研究』は、「均首」と「調首」という楽調用語を用いて燕楽二十八調を分析したが、それ以外にもさらに、「之調式」と「為調式」という二つの楽調用語を初めて創り出し、「燕楽二十八調」の各調名が表す調性を分析するのに応用した。これによって、その後の燕楽調研究を大いに推し進めたのであった。

「之調式」と「為調式」という用語は、『隋唐燕楽調研究』の「附論一、唐燕楽調の調式」において、以下のように説明されている。

『隋書』律暦志上の万宝常律呂水尺の条下に「南呂は黄鍾羽なり（南呂、黄鍾羽也）」と云う。ここでは調名を指しているわけではないが、そのような調名の存在を暗示している。それと対立するのは、調首の声律を借りて調名とする方法で、黄鐘を商とし、且つ商を調首とする調（無射均商調）を黄鐘商と称する如きがそれである。これは「黄鐘爲商」とも称せられる。……蓋し、『周礼』の古式に照らして唐代に通行したものである。上記の二制の中、前者は余の云うところの「之調式」、後者は「為調式」である。(18)

中国古代の律調名には、かつて「之調」「為調」の二種類の調名が入り交じった状況が存在しており、このことは、文献の記載によると、早くも西暦一〇八二年に北宋の音楽家、范鎮によって発見された。范鎮は以下のように指摘する。

唐以来、わが宋朝に至るまで、三大祭礼の楽譜はいずれも『周礼』に依拠してきた。しかし、その説には「黄鐘を角と為す（黄鐘為角）」というものと、「黄鐘の角（黄鐘之角）」というものがあった。「黄鐘を角と為す（黄鐘為角）」の場合は、夷則が宮となり、「黄鐘の角（黄鐘之角）」の場合は、姑洗が角となる。十二律の五声との対応関係は、皆そのような一定のきまりがある。しかし、世俗の説では「之」の字を取り去っていて、太簇を「黄鐘商」と呼び、姑洗を「黄鐘角」と呼び、林鐘を「黄鐘徵」と呼び、南呂を「黄鐘羽」と呼ぶ。(19)（自唐以來至國朝、三大祀樂譜並依『周禮』、然其說有黃鐘爲角・黃鐘之角。黃鐘爲角者、夷則爲宮。黃鐘之角者、姑洗爲角。十二律之於五聲、皆如此率。而世俗之說、乃去「之」字、謂太簇曰黃鐘商、姑洗曰黃鐘角、林鐘曰黃鐘徵、南呂曰黃鐘羽。）

范鎮の「之」と「為」に関する議論は、後世の人々の幅広い関心を呼ぶことはなかった。そして二十世紀初めになってから、日本の著名な音楽学者である田辺尚雄が、『最近科学上より見たる音楽の原理』（一九一六年初版、一九一九年増補第二版）において、中国古代の調名に「之」と「為」の区別があることに言及した。田辺氏は北宋・仁宗『景祐楽髄新経』に「林鐘羽」とあるのを例に挙げ、それが「林鐘均の羽調」ではなく、「林鐘が羽となる」調であることを説明したのである。ただし、田辺氏の著作は日本語で書かれていたためであろう、氏の理論は、中国音楽史学界の注意を引くことはなかった。一九三六年になって林謙三『隋唐燕楽調研究』が世に問われると、書中で「之調式」「為調式」という二つの名称を初めて創り、それを用いていたことから、燕楽の調名中にこの二つの調名の系統が存在していることに、学者たちはようやく注意を払うようになったのである。もともと理解し難い調名、「太簇宮」「太簇商」「太簇羽」「南呂角」の四調、および「太簇宮」「姑洗商」「応鐘羽」「大呂角」の四調は、一般的に見て「太簇宮」が同じである以外は、そのほかの三調はみな異なる調に見える。しかし、前の四調には、「之調式」に基づき律名と声名の間にそれぞれ「之」の一字を加え、後の四調には、「為調式」に基づき律名と声名の間にそれぞれ「為」の一字を加えれば、それらはすべて「均首」が同じで「調首」も同じ四調であることに気づくのである。(20)

『隋唐燕楽調研究』が「之調式」「為調式」という二つの楽調理論用語を新たに創り出し、さらに学術界で最も早く、それらを燕楽二十八調の調性を分析するのに用い、その後、幅広く応用されるようになったことは、大変意義深いことである。それゆえに、中国の著名な音楽史家である楊蔭瀏氏は、著書『中国古代音楽史稿』のなかで、「日本の林謙三は『隋唐燕楽調研究』において、「之調式」「為調式」という二つの用語を提起した。この二つの用語を用いることは、この問題の議論を簡潔にするのに役立つことは間違いなく、従って私たちもこれらを採用する。」と述べている。[21] これにより、初めて「之調」「為調」は、中国でも幅広く用いられるようになったのである。

二、燕楽調名の由来

『隋唐燕楽調研究』における二つ目の新見解は、「燕楽調名の由来」である。その主要な内容としては、「燕楽調における七声の高低配列」「燕楽調の「応声」とその応用」そして「燕楽調の調名の由来」がある。

（一）燕楽調における七声の高低配列

燕楽調の全体的な構造は、七つの宮（訳者注：均）ごとの四調からなる。「七宮（訳者注：七つの宮調）」「七商（訳者注：七つの商調）」「七角（訳者注：七つの角調）」「七羽（訳者注：七つの羽調）」のあわせて二十八調、ゆえに二十八の調名があるのである。燕楽調各調の音階構成音については、「七宮」「七商」「七羽」はすべて七声であるが、「七角」調の音階構成音に限っては、七声のほか、さらに「応声」と称される一声を加える必要がある。

燕楽調における七声の高低配列については、南宋の楽律学者、蔡元定（一一三五～一一九八）著『燕楽書』の燕楽調「七声高下」に関する記述が、『宋史』楽志のなかに残されている。ここにそれを抜粋する。

> 一に宮、二に商、三に角、四に変を宮と為し、五に徴、六に羽、七に閏を角と為す。五声の号は雅楽と同じ、惟だ変徴のみ十二律中に於て陰陽位《くらゐ》を易《か》ふるを以て、故に之を変と謂ふ。変宮は七声の及ばざる所を以て、閏餘の義を取る、故に之を閏と謂ふ。四変は宮声の対に居る、故に宮と為す。俗楽は閏を以て正声と為

し、閏を以て変に加ふ、故に閏を角と為すも実は正角に非ず。(22)（一宮・二商・三角・四變爲宮、五徵・六羽・七閏爲角。五聲之號與雅樂同、惟變徵以於十二律中陰陽易位、故謂之變。變宮以七聲所不及、取閏餘之義、故謂之閏。四變居宮聲之對、故爲宮。俗樂以閏爲正聲、以閏加變、故閏爲角而實非正角。）

この燕楽調「七声高下」（訳者注：七声の高低配列）に関する記述は、中国音楽史家、王光祈（一八九二〜一九三六）がその著『中国音楽史』のなかで、かつて以下のように解釈していた。

蔡氏の言うところの「四に変」なるものは、古律の仲呂のことを指している。どうしてそれがわかるのか。それは、仲呂が十二律のなかで「陰陽位《くらゐ》を易《か》ふる」ためである（按ずるに、古調の変徴は蕤賓であり、陽律である。現在の変徴は仲呂であり、陰律である。だからこれを「変」と言うのである）。蔡氏の言うところの「七に閏」なるものは、古律の無射を指している。どうしてそれがわかるのか。それは、無射が古調の七声には含まれないからである（七声の及ぶところでない。だからこれを「閏」と言うのである）。蔡氏の言うところの「四に変を宮と為す」とは、この「変」音のことを指していて、燕楽のなかの宮音になる。言うところの「七に閏を角と為す」とは、燕楽のなかの清角である。(23)

一方、『隋唐燕楽調研究』においては、王光祈のこの解釈に対して否定的な態度を示しており、書中では次のように述べている。

『宋史』巻百四十二、楽志十七所載、蔡元定『燕楽書』所言の俗楽七声は頗る異なり、別に解せなければならないが、その中にも閏がある。云う、「一に宮、二に商、三に角、四に変を宮と為し、五に徴、六に羽、七に閏を角と為し、五声の号は雅楽と同じ。惟だ……変宮は七声の及ばざる所を以て、閏餘の義を取る、故に之を閏と謂ふ。……俗楽は閏を以て正声と為し、閏を以て変に加ふ、故に閏を角と為すも実は正角に非ず。（一宮二商三角四變爲宮、五徵六羽七閏爲角、五聲之號與雅樂同。惟……變宮以七聲所不及、取閏餘之義、故謂之閏。……俗樂以閏爲正聲、以閏加變、故閏爲角而實非正角。）」（王光祈の解説は、『中国音楽史』上冊、一二四頁以下を参看せよ。ただし、隋唐の俗楽調を論ずる上では、雅楽式の七声を用いても差し支えない。）本書では『詞源』により変宮位の角声を閏或いは閏角とする。(24)

林謙三氏は明らかに、王光祈氏の、燕楽調の音階に用いられる「変」が「仲呂」であり、「閏」が「無射」であるという見解には賛成しておらず、それゆえに「隋唐の俗楽調を論ずる上では、雅楽式の七声を用いても差し支えない」と考えたのである（なお雅楽式の「七声」（訳者注：七声音階）においては、「変」は律名では「蕤賓」、声名は「変徴」となる。「閏」は律名では「応鐘」、声名は「変宮」となる）。さらに林氏は、「本書（訳者注：『隋唐燕楽調研究』）では『詞源』により変宮位の角声を閏或いは閏角とする」（訳者注：『詞源』は南宋から元の張炎（一二四八～一三二〇）著と宣言している（『詞源』に見える七声の高低配列は「宮・商・角・変・徴・羽・閏」である。そのうちの「変」は「変徴」であり、「閏」は「変宮」である）。燕楽調各調の音階構成音に関する林氏の視点は、このように極めて明確であった。

（二）燕楽調の「応声」とその応用

『隋唐燕楽調研究』が、王光祈『中国音楽史』の「変」と「閏」に対する解釈を否定し得た根拠は、おそらく林謙三氏が、燕楽調における「七角」調の「応声」を発見したことと関係があるだろう。なぜならば、林氏は書中で次のように述べているからである。

蘇祇婆原調の研究によって得られた副産物は「勾」字応声説である。『隋書』音楽志中に云う、

（林補：鄭訳）又、編懸に八有るを以て、因りて八音の楽を作り、七音の外、更に一声を立て、之を応声と謂ふ。（又以編懸有八、因作八音之樂、七音之外更立一聲、謂之應聲。）

この種の意義の「応声」は、前後の典籍には見られない（この他、宮の清宮に対する類の如く、声の相応ずるものも亦た「応声」と云う。『夢溪補筆談』楽律に云う、「琴瑟の絃には皆応声有り、宮絃は則ち少宮に応じ、商絃は即ち少商に応じ、其の餘は皆四を隔てて相応《あひ》ず。」……）。宮・商・角・徴・羽・変宮・変徴の他に一声を加えることは、決して単に八音の名に応じて名目を取ったわけではなく、仮に私の推想が誤っていないときは、鄭訳が、インド楽調所用の a（antara）や ka（kākali）のような両声を蘇祇婆から学んで応用したのである。

応声の名称は後に廃れたが、字譜中に残存しており、しかも胡楽器中でも往々にして応声の律を用いており、鄭訳の所言が単なる一片の空談でないことを証している。応声の位置は宮と商の間にある。『隋書』音楽志下の大業中刪定の楽曲百四曲中に、「宮調黄鍾」・「應調大呂」・「商調太蔟」があるが、応調は応声と関係があり、しかもその位置を暗示している。これによって応声は大呂を以って正位とすることを知るのである。

応声を利用するときには、五度（七律）の転調をすることが出来、また八声（七声に応声を加える）に当たる

八律を二均に通ずることが出来る。応声を変徴として見るときは、徴は宮に当たる。こうすれば二均に通ずることが出来る。例えば、黄鐘・林鐘の七声である。この二均の関係は、唐貞元中、驃国貢献の両頭笛、及び日本所伝の九孔篳篥の律制上に見られ、胡楽中では別に珍しいことではなく、鄭訳が蘇祇婆から学んだと考えるのが穏当な見解と云えるであろう。(25)

ここにおいて、『隋唐燕楽調研究』は、燕楽調の「応声」を応用した起源とその機能を説明しているのであるが、注目に値するのは、以下の四点である。

（1）「応声」は、インド楽調が用いた七声のほかに、さらに加えられた a (antara) や ka (kākalī) といった両声に類似している。

（2）中原に伝えられた「応声」とは、北周・隋の時期に、楽官の鄭訳（五四〇～五九〇）が西域亀茲の楽人、蘇祇婆から学んだものであり、鄭訳が創作した「八音の楽」において、初めて応用された。

（3）このような「七音の外、更に一声を立て」る「応声」は、中国国内の典籍には見られぬものである。当時中国国内で言う「応声」とは、宮が清宮（訳者注：一オクターブ上の宮）に対応する場合や、琴（古琴・七絃琴）の調絃で「四隔てて相応《あひ》ず」といった類の、八度（オクターブ）の音程で互いに和する音のことに限定される。従って、これら二種の「応声」の意味を混同してはならない。

（4）七声に応声を加えた八律は、二つの均にわたる転調に用いることができる。

いま、上述の（4）を表にすると以下のようになる。

律の順番	十二律とオクターブ上の七律	黄鐘均の声名と工尺譜字		林鐘均の声名と工尺譜字	
1	黄鐘	宮	合		
2	大呂				
3	太簇	商	四		
4	夾鐘				
5	姑洗	角	一		
6	仲呂		上		
7	蕤賓	変(変徴)	勾		
8	林鐘	徴	尺	宮	合
9	夷則				
10	南呂	羽	工	商	四
11	無射				
12	応鐘	閏(変宮)	凡	角	一
13	清黄鐘	清宮	六		上
14	清大呂	(応)	(応声)	変(変徴)	勾(応声)
15	清太簇	清商	五	徴	尺
16	清夾鐘				
17	清姑洗	清角		羽	工
18	清仲呂				
19	清蕤賓	清変徴		閏(変宮)	凡

右の表は、『隋唐燕楽調研究』が示した「七声に応声を加えた八律は、黄鐘・林鐘の二均に通ずることが出来る」という転調の実例を表したものである。この例を見てすぐにわかるのは、もし右の表における黄鐘均の七声が「清

宮」と「清商」の間に一つ「応声」（右表の14「清大呂」）を加えなかったら、黄鐘均から「閏を角と為す」ことによって転調する林鐘均の七声の音階は、「変徴」音が欠けてしまうことになり、一声足りない七声音階になってしまう。

「応声」のこのような機能、および「応声」が新しい調の七声音階に転調した後の音位については、『隋唐燕楽調研究』が言及するより前には、極少数の人しか知らなかったのである。多くの人々は、「応声」を、八度音程をなす二つの音が互いに応ずる音と見なしてきた。そこで、林氏は次のように述べるのであった。

韓邦奇『律呂通解』と淩廷堪『燕楽考原』は、共に「勾字は即ち低き尺（勾字即低尺）[26]」と主張するが、これも誤っている。韓氏等が燕楽十字譜を七声に配したとき、「勾」字に対して配すべき声を探し出せず、遽かにこの説をなしたのである。この二家は共に、鄭訳の所説の「応声」に注意を払うことがなかった。[27]

(三) 燕楽調の調名の由来

「燕楽調名」とは燕楽調の名称であり、これらは燕楽曲一曲一曲にとって不可欠の構成要素である。燕楽調は全部で二十八あり、ゆえに「燕楽二十八調」と総称される（なお「燕楽」は「俗楽」とも称されるために、また「俗楽二十八調」とも称する）。調ごとに調名があり、ゆえに「燕楽調の調名の由来」とは、すなわち歴史的研究から燕楽二十八調の来歴を探求するものである。

林謙三氏の『隋唐燕楽調研究』以前、『隋書』音楽志、『遼史』楽志、『宋史』楽志などの史籍のなかには、燕楽調形成の歴史に関する記述が見えることから、学界における「燕楽調の調名の由来」についての見解は大体一致しており、皆、燕楽調の調名は、北周・隋の期間に西域の蘇祇婆が中原にもたらした亀茲の楽調に由来すると見なしていた。

林謙三氏の『隋唐燕楽調研究』も、以下のように述べている。

隋代の俗楽調は、大抵亀茲楽調を中心とする胡調を借用しながらもやや漢化したものであった。『通典』巻百四十六、楽六に云う、

周隋より以来、管絃雑曲は数百曲に将《ちか》く、「西涼楽」を用ふること多く、鼓舞曲は「亀茲楽」を用ふること多し。（自周隋以來、管絃雜曲將數百曲、多用西涼樂、鼓舞曲多用龜茲樂。）

「西涼楽」も、もとは「亀茲」から出たのである。また、『新唐書』礼楽志十二に

周陳より以上、雅鄭淆雑して別無く、隋の文帝始めて雅俗の二部に分かつ。唐に至り、更めて部当と曰ひ、凡そ所謂俗楽は二十有八調なり。（自周陳以上、雅鄭淆雜而無別、隋文帝始分雅俗二部。至唐、更曰部當、凡所謂俗樂者二十有八調。）

と云い、そして『遼史』楽志に

四旦二十八調は、黍律を用ひず、琵琶の絃を以て之を叶はしむ。……蓋し九部楽の亀茲部より出づと云ふ。（四旦二十八調、不用黍律、以琵琶絃叶之。……蓋出九部樂之龜茲部云。）

と云う。隋唐の俗楽は、これ等によって見れば、亀茲楽調の苗裔に他ならない。

鄭訳は開皇楽議のときに、この亀茲楽調を提出した。中国楽調に大革命を起こした本楽調は、周隋間の亀茲

琵琶工、蘇祇婆 Sujīva（梵語。華言は「妙生」）により伝来されたものである。[28]

一九〇四年、南インドのクディミヤーマライで、七つの調名が刻まれた碑文が発見された。日本とヨーロッパの学者は、一九〇七年から、クディミヤーマライ七調碑のサンスクリット文について研究を開始し、ある学者は、西域七調（訳者注：蘇祇婆がもたらした七調）の起源とこれとを関連づけた。それに対し、林謙三氏は次のように論述している。

七調名の原語は、梵語であること疑いなく、その大部分は今已に闡明にされている。これ等の原語の闡明に努力した学者の中、高楠順次郎、クーラン（Maurice Courant）、レヴィ（Sylvain Lévi）の諸氏が最も著しく、近年、『法宝義林』の編者（高楠氏を主とする）が一々南インドのクディミヤーマライ（Kuḍimiyāmalai）碑銘に刻せられた梵語の調名と対照したことにより、七調名の語源は殆んど疑いなくなった。最後にペリオ氏（Paul Pelliot）がこの書記の補正を行ったことにより、調名遡源の作業は殆んど完璧に近づいた。調名がインド起源を示している以上、調そのものもインド系の筈であるが（レヴィ氏は二点を挙げインド系であると考えている）、この点の正確な解釈に関しては、作者の寡聞では、まだそれを行った人はいないようである。[29]

そこで、林謙三氏は、インド七調碑の碑文を含む大量の事物と、燕楽調研究に関する文献資料を収集し、さらに一歩研究を進めることで、燕楽調名における亀茲楽調の調名の由来について究明し、最終的には以下のような結論を導き出すに到ったのである。

亀茲楽は、その他の西域諸楽と同様、イラン・インド両楽系の影響感化の下で発展してきたわけであるが、周隋以後に於いては、その楽調は実はインドに起源し、インド文化の影響は亀茲に対して特に顕著であった。『大唐西域記』巻一に「屈支国、……文字は則を印度に取り、粗《やや》改変有り（屈支國、……文字取則印度、粗有改變）」と云い、当代の亀茲語中に多数の梵語系の語彙が含まれていることは、已に先人の指摘するところである（Sylvain Lévi 氏の業績が最も著しい）。蘇祇婆所伝の亀茲楽調名がすべて梵語であることは、別に不思議とするに足りない。その楽調は名称だけに限らず、調の性質・調の高度すらインド楽調に由来する。唐俗楽二十八調は、亀茲を中介として中国に伝入し、やや中国化したインド楽調と云える。(30)

ところで、一九三五年に日本の学者、岸辺成雄が東京帝国大学文学部東洋史学科在学中に、卒業論文「隋唐俗楽調の研究――亀茲琵琶七声五旦と俗楽二十八調」を完成させた。この論文では、西域七調の調絃方法の起源とその東伝、および中原への影響について研究を行っている。一九四六年、岸辺氏はこの論文の第二章と第三章を、「西域七調とその起源」として『史学雑誌』第五十六編第九号に発表したが、そのなかに次のような言及がある。

林謙三氏は『隋唐燕楽調研究』（商務印書館発行、郭沫若氏訳）を著し、西域七調および二十八調について卓説を発表された。林氏の研究の方法および結論と私のそれとは、まま一致する所もあるが、大体において重点を異にするように思われる。よって私は今ここに、旧稿「西域七調とその起源」をそのまま発表するも差支えないと信ずる。(31)

この記述によると、岸辺成雄氏も、林謙三氏の研究方法と結論に同意していたことがわかる。

三、燕楽調の律の高度

『隋唐燕楽調研究』における三つ目の新見解は、「燕楽調の律の高度（訳者注：絶対音高、ピッチ）」についてである。その主要な内容には、「燕楽調が用いた唐五律（訳者注：唐代に存在した五種の律制）」「唐五律と燕楽の関係」「唐代外来楽調の律」などが含まれる。

（一）燕楽調が用いた唐五律

林謙三氏は以下のように述べている。

燕楽諸調の実際の高度に関して隋代の資料には徴考すべきものがないので、今、唐代のものについて詳論を加える。

『唐会要』所載の俗楽調は全部で十四調、この中「金風調」一調を除くと、何れも律名を正調名に応用したものであるが、これ等正調名が依拠する律は何であろうか。陳澧は宋人の説によって唐宋俗楽宮調の黄鐘は王朴律より二律低いものとしているが、この律によると、正宮（沙陁調）がもし黄鐘宮でないときは、宋の正宮と一致しない。しかるに唐の正宮は太簇宮であり二律高い。これは陳澧説の疏漏の一点である。(32)

そこで、林氏は、唐五律（訳者注：唐代に存在した五種の律制）について、「陳澧がかつてそれを考証したが、私は今完全に別の根拠によって立論しようと思う[33]」と述べたのである。

唐五律に関して、林謙三氏は次のとおり解明した。

唐律は凡そ五つあり、律尺所造の律（正律）、新・古の雅楽律、俗律及び清商律がそれである。雅楽の律は、唐初のものと玄宗時代のものは同じであり、並びに古律と称せられ、粛宗以後のものは新律と称せられる。俗律は蓋し隋以来の亀茲楽から出たもので、胡律と称しても好い。玄宗時代の俗楽調名は、俗律によらず逆に古律に基づいており、その存在は頗る疑わしいものがあるが、俗楽の一標準としてこれを認めることも不可ではない。正宮の調首の位するところがそれである。古律は実際には、亀茲楽の標準音から導き出された俗律の一種と考えて好い。この法は、蓋し隋代以来存在していたものであろう。清商律は漢魏以来の清楽で用いられた律である。

以上五律の高度及びその相互関係は、陳澧がかつてそれを考証したが、私は今完全に別の根拠によって立論しようと思う。五律の中で互いに不即不離の関係にある古律と俗律を、正律に依拠してまず究明するとき、古律との比較から、新律と清商律とを闡明にすることが出来る。

このように述べたあと、林氏は自身が探求した根拠に基づいて、以下のような「唐五律表」【表一[34]】を作成した。

【表二】「唐五律表」

	正律（鉄尺律）	古律	俗律（燕律）	新律	清商律
$\sharp c^1$		黄			
d^1		大			
$\sharp d^1$		太	黄		
e^1		夾	大	黄	
f^1		姑	太	大	
$\sharp f^1$	黄	仲	夾	太	
g^1	大	蕤	姑	夾	
$\sharp g^1$	太	林	仲	姑	黄
a^1	夾	夷	蕤	仲	大
$\sharp a^1$	姑	南	林	蕤	太
h^1	仲	無	夷	林	夾
c^2	蕤	応	南	夷	姑
$\sharp c^2$	林		無	南	仲
d^2	夷		応	無	蕤
$\sharp d^2$	南			応	林
e^2	無				夷
f^2	応				南
$\sharp f^2$					無
g^2					応

林氏はさらに【表二】について、次のとおり説明している。

右表のよるところは、正律即ち鉄尺律説、正調名即ち「之調式」説であって、もし「為調式」とするのが好いときは、やや異なる。

古律の黄鐘の高度は、隋時では鉄尺の倍林鐘であると考えるのが至当であるから、依然$\sharp c^1$として考えるのが好い。しかし、もし「為調式」を採るときは（殊に両頭笛に於いては）、正律は玉尺律であると考えなければならない（ただし、ある時期に於いては正律は鉄尺律である）。よって、玉尺律は同時に新律であり、清商律の黄鐘は鉄尺律の黄鐘とほぼ一致するのである。[35]

右の説明によると、【表二】は、その第一行に現代の音名が用いられているが、これは「唐五律」各律のうち、正律（「鉄尺」の律尺に基づいたもの）を中心として、唐五律各律間の音程の関係性を明らかに示したものであることがわかる。すなわち、古律の十二律は全体的に正律の十二律より五律低く、俗律（燕律）の十二律は全体的に正律の十二律より三律低く、新律の十二律は全体的に正律の十二律より二律低く、清商律の十二律は全体的に正律の十二律より二律高い。唐五律の高度をこのように表す方法は、簡潔で明快である。唐五律各律は、それぞれ十二律あり、合計六十律であるが、この表は、それら各律の音高を現代の音名によってはっきりと示したのである。これは、林謙三氏が陳澧ら先人の論を採らず、自身で探求した根拠に基づいて得た結果である。

（二）唐五律と燕楽の関係

林謙三氏は「唐五律」各律の高度（訳者注：絶対音高、ピッチ）を究明した後、さらに唐五律と燕楽の関係について検討した。林氏は以下のように述べている。

唐五律の存在とその相互関係が已に明瞭となった。その燕楽の規準となるものは本来俗律であったが、正調名は古律に基づき、楽器の律は小尺律（正律）に基づいたのである。新律施行後は、俗律は新律と混淆したようである。清商一律を除き、唐の四律はすべて燕楽と交渉があったわけである。唐代雅楽は、初めは古律に従い、後に改めて新律に従ったのであろう。従って古律時代には、雅俗楽は同一水準であったと考えられる。天宝年代の調名は古律と関係があるだけで、俗律の存在は疑いがないではないように思われるが、越調（黄鐘商）と正宮（太簇宮）の調首 ma（商）の高度がインド亀茲楽以来の中心であることからして、それ等の高度（古律の黄鐘より二律高い）が当時の俗楽の一標準であると考えるのも、単なる推臆ではあるまい。宋伝は、正宮及び越調両調首の律を黄鐘とし、日本所伝も亦た壱越調・沙陁調両調首の律を黄鐘位（日本では「壱越」と称す）に置き、相対的な関係に於いて何れも唐の俗律に合っており、これは恐らく唐代に承受するところがあったのであろう。(36)

これもまた、林氏が自身で探求した根拠に基づいて得た結果である。

（三）唐代外来楽調の律

林謙三氏は、唐代の燕楽調が用いた律（訳者注：律の種類、律制）については、前掲の表（【表二】）に示した「唐五律」のほか、さらに外来の驃国の楽律も用いられていたと考えた。その理由は、次のとおりである。

（1）「驃国は今のビルマ地方にあり、その地理的関係によって、西隣のインド文化の恩恵に浴する処が甚だ深い。貞元時、徳宗朝に貢献した楽曲や楽器中に明白に表現されている。(37)」

（2）献上された全十二曲から見て、「十二曲が用うるところは、黄鐘商＝伊越調、林鐘商＝小植調の二商調に限られる。唐の越調は黄鐘商、小食調は林鐘商であり、従って、伊越調＝越調＝壱越調（日本壱越調は越調と同位）、小植調＝小食調である。商調、殊に越調がインド調の基礎であることは、已に上述した如くである。インド系に属する驃国楽は僅かに商調を用うるのみであって、このことは深甚な意義を持つ。(38)」

（3）さらに、献上された楽器二十二種から見て、「貢献せられた楽器二十二種は大半がインド系であり、爾餘は土俗器である。楽曲は已に黄鐘・林鐘二均に限られ、これ等の楽器の律が二均の楽に適したものと考えるのも当然であるが、事実、驃国伝もこの期待に背くことはない。諸均に通ずる絃楽器を除くと、凡そ黄鐘・林鐘二均と関連のあるものは次の如くである。横笛一　黄鐘商。横笛二　荀勗律　清商律、蓋し林鐘均。両頭笛　黄鐘・林鐘両均。小匏笙　林鐘商。この中、両均に通じる両頭笛は、唐楽律の決定上、最も重要な効用を有している。(39)」

以上の三点は、林謙三氏が、驃国の律を、唐代の楽律に伝入した外来の律と見なした論拠である。「両頭笛」とそれに用いられる律について、読者が理解できるように、書中には「驃国両頭笛」の図像（【図二】）を載せ、さらに「両頭笛律表」（【表二】）を並べて、これに配している。

【図二】「驃国両頭笛」

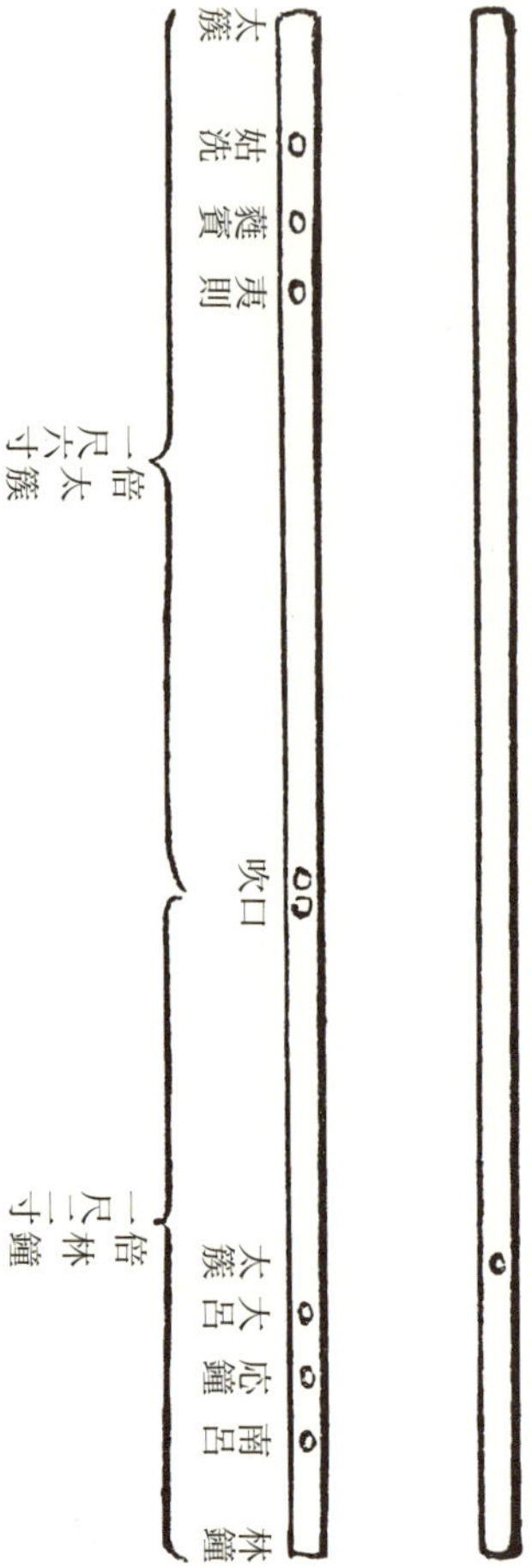

【表二】「両頭笛律表」

両頭笛律	太		姑		蕤	林	夷	南		応		大清	太清
黄鐘均	商		角		変徴	徴		羽		変宮	宮		商
林鐘均	徴		羽		変宮	宮		商		角		変徴	徴
太簇均	宮		商		角		変徴	徴		羽		変宮	宮

驃国が献上した両頭笛については、林謙三氏は（訳者注：『新唐書』驃国伝より引用して）以下のように紹介する。

両頭笛二有り、長さ二尺八寸。中に一節を隔て、節の左右に衝気穴を開き、両端皆分かれ、洞体は笛量を為す。左端は太蔟に応じ、管末に三穴あり、一は姑洗、二は蕤賓、三は夷則。右端は林鍾に応じ、管末に三穴あり、一は南呂、二は応鍾、三は大呂。下に托指の一穴あり、清太蔟に応ず。両洞体は七穴にして、共に黄鍾・林鍾両均を備ふ。(40)

また、【表二】の両頭笛律表については、林氏は次のとおり説明した。

右表を観れば、かえって、与えられた律が太簇・林鐘二均に通ずることを知る。この太簇・林鐘の二均を黄鐘・林鐘二均と見做すとき、別種の律の存在を想定しなければならない。即ち前者の林鐘を後者の黄鐘とし、前者の太簇を後者の林鐘とすれば、これは結局、造律尺に依拠した律より五律低い（俗楽調がもし「為調式」であれば三律低い）律である。この種の律は、まさしく唐人の調名が基準として依拠した律であり、唐史に称する古律、宋人の称する唐律である。[41]

【図一】に示す両頭笛は、両端が開口した管に七孔あり、発せられる音は計九律であることから（【表二】の第一行参照）、「共に黄鍾・林鍾両均を備」えるという。しかし、【表二】に挙げた黄鐘・林鐘・太簇の三均の音階のうち、黄鐘均のみ、均首となる黄鐘律が欠けており、完全な黄鐘均宮調の音階をなすことができず、また林鐘均と通じることもできない。そこで林謙三氏は、【表二】の太簇・林鐘の二均を黄鐘・林鐘の二均とし（つまり【表二】の黄鐘均を捨てて、林鐘均を黄鐘均とし、太簇均を林鐘均として）、新しく以下のような【表三】を作成したのである。

【表三】

両頭笛律	太		姑		蕤	林	夷	南		応		大
調名の依拠する律	仲	蕤	林	夷	南	無	応	黄	大	太	夾	姑
黄鐘均「黄鐘爲商」	徴		羽		変宮	宮		商		角		変徴
林鐘均「林鐘爲商」	宮		商		角		変徴	徴		羽		変宮

【表三】は、林謙三氏の言う「この種の律は、まさしく唐人の調名が基準として依拠した律」であることをはっきりと示している。以上、林氏が論じたこの内容は、驃国の律が外来の律として唐代の楽律に伝入されたことの、確

かな証拠となっており、また、『隋唐燕楽調研究』が示した新たな見解のうちの、極めて優れた事項の一つともなっているのである。

四、結語

燕楽調は、早くは六世紀から九世紀にかけての隋唐時代に存在していた。しかし、燕楽調に関する系統的な研究は、清代の十九世紀初頭になってから、凌廷堪の『燕楽考原』（一八〇四年序）および陳澧の『声律通考』（一八五八年自序）において、はじめて現れたのである。この影響を受けて、王光祈が一九三一年に脱稿し、一九三四年に中華書局にて出版された『中国音楽史』においては、第四章「調の進化」のなかに特別に、第二節「蘇祇婆三十五調」、第四節「燕楽二十八調」、第五節「唐燕楽と琵琶」、第六節「『燕楽考原』の誤り」、第七節「南宋七宮十二調」、第八節「宋燕楽と觱篥」が設けられた。そして、この書によって、その後に出された「中国音楽史」の著作には、必ず燕楽調に関する内容が含まれるようになったのである。

王光祈『中国音楽史』の後、極めて近い時期、すなわち一九三六年に出版されたのが、林謙三著『隋唐燕楽調研究』である。この書は、燕楽調の性質、燕楽調名の由来、そして燕楽調の律の高度という三方面において、前人の論考の不足を補い、あるいはそのなかの誤りを正したのであった。それゆえに、その後、中国の著名な学者である丘瓊蓀（一八九五〜一九六五）は、著書『燕楽探微』において、次のように『隋唐燕楽調研究』を評価している。

（訳者注：凌廷堪の）『燕楽考原』の後、陳澧の『声律通考』は、『燕楽考原』の誤りを少なからず正しており、その価値は『燕楽考原』を下るということはない。惜しむべきは、（訳者注：凌廷堪・陳澧の）二人とも時代的な限界があり、また当時の見聞も限られていたため、その学術の道を大きく発展させることはできなかったことである。これは如何ともしがたいことではある。日本の学者、林謙三はこれを継承し、西洋と東洋、中国、インドの学者の研究を総合して、『隋唐燕楽調研究』を著し、この分野を研究する人々に、新天地を切り開いた。彼はインドの楽調を取り上げて比較検討し、その根源を明らかにして、さらには日本に伝わる唐代の楽曲、楽調、楽器等によって実証したのである。まさしく「錦の上に花を添えた」と言うべきである。（訳者注：『隋唐燕楽調研究』が提示した）それらの資料は、季通（訳者注：『律呂新書』の著者、蔡元定の字）、竹軒（訳者注：『楽律表微』の著者、胡彦昇の字）、次仲（訳者注：凌廷堪の字）、蘭甫（訳者注：陳澧の字）らが実見できなかったものである。(42)

林謙三氏とその研究成果『隋唐燕楽調研究』に対する丘瓊蓀のこのような評価は、極めて適切であると言えよう。

注

（1）　本書三七―三八頁。
（2）　凌廷堪『燕楽考原』、上海：商務印書館、一九三七年、四頁。
（3）　凌次仲とは凌廷堪のこと。
（4）　『遼志』とは、『遼史』楽志のこと。
（5）　『声律通考』巻一、続修四庫全書、上海古籍出版社、一九九六年、三〇七頁。
（6）　本書一四一頁。

(7) 本書一四一頁。
(8) 本書一四〇頁。
(9) 本書一四一―一四二頁。
(10) 本書四三頁。
(11) 牛弘らは上奏文のなかで以下のように言う。
いま「五引」を五声とし、迎気楽で用いているものがこれであります。他の曲はことごとく(基準の音として)宮声を用いており、商・角・徴・羽を使うことはありません。どうしてそれがわかるかと申しますと、(宮声こそは)荀勗が三調のいずれが「均首」となるかを論じて、「正声」の名を得たものでありますれば、雅楽の楽曲がすべて宮調式であることは、明白なのであります。(今以五引爲五聲、迎氣所用者是也。餘曲悉用宮聲、不勞商・角・徵・羽。何以得知。荀勗論三調爲均首者、得正聲之名、明知雅樂悉在宮調。)(『隋書』巻十五、音楽志下)
鄭訳と蘇夔の提議文では以下のように言う。
思いますに、現在の楽府の黄鐘均は、こともあろうに林鐘を調首とし、君臣の議を失い、清楽(=清商楽)の黄鐘宮では、小呂(=仲呂)を変徴とし、相生の道からはずれております。そこで、雅楽の黄鐘宮(=黄鐘均)では黄鐘を調首とし、清楽では小呂を取り除き、元どおり蕤賓を変徴として下さいますよう。(案今樂府黃鍾、乃以林鍾爲調首、失君臣之義、淸樂黃鍾宮、以小呂爲變徵、乖相生之道。今請雅樂黃鍾宮、以黃鍾爲調首、淸樂去小呂、還用蕤賓爲變徵。)(『隋書』巻十四、音楽志中)
(12) 本書四一頁。
(13) 本書四三頁。
(14) 本書四三頁。
(15) 凌廷堪『燕楽考原』、上海：商務印書館、一九三七年、三八―三九頁。
(16) 通常の一均の「均首」は、宮音が首となるべきであるが、凌氏が指す「一均」の第一律は「黄鐘」、第二律は「大呂」で、両者は短二度の音程関係にあり、変宮にすることしかできず、「均首」は宮声を首とするという原則に合わない。凌氏はさらに「七宮」「七商」「七羽」「七角」を「四均」とし、「一均」中の「七調」はすべて同じ「調首」の同性の調としたが、これも「均は律に依り定まる」の原則に合わない。

(17) 本書一四一頁。

(18) 本書一五一頁。

(19) 元・脱脱等『宋史』巻百二十八、楽志三、北京：中華書局、一九七七年、二九八七頁。

(20) 前の四調は「太簇之宮（D／d）」「太簇之商（D／e）」「太簇之羽（D／b）」「南呂之角（A／♯c）」。後の四調は「太簇為宮（D／d）」「姑洗為商（D／e）」「応鐘為羽（D／b）」「大呂為角（A／♯c）」。

(21) 楊蔭瀏『中国古代音楽史稿』、北京：人民音楽出版社、一九八一年、二六二頁。

(22) 元・脱脱等『宋史』巻百四十二、楽志十七、北京：中華書局、一九七七年、三三四六頁。

(23) 王光祈『中国音楽史』、上海：中華書局、一九三四年、上冊一二五頁。

(24) 本書八五頁。

(25) 本書八二―八三頁。

(26) 「勾字は低き尺（勾字低尺）」の説は、韓邦奇『律呂通解』と凌廷堪『燕楽考原』から出たものである。後者は以下のように述べる。

『遼史』楽志に言う「五」・「凡」・「工」・「尺」・「上」・「一」・「四」・「六」・「勾」・「合」の十声は、燕楽の殺声によって考えると、「六」があって「合」がなく、「四」があって「五」がなく、「尺」があって「勾」がなく、実は七声に過ぎない。さらに燕楽では「勾」字を蕤賓に配しているが、七角の歇指角は蕤賓角であるのに、殺声に「勾」字を用いないで「尺」字を用いているから、「勾」字が低い「尺」であることは、「四」字が低い「五」であって、「六」字が高い「合」であるのと同様であることがわかるのである。明の韓邦奇が「勾字は即ち低き尺」と言うのは、思うに、その音から（その結論を）得たのであって、実際に古人と暗合していることについては知らなかったのである。（『遼史』「樂志」所謂五・凡・工・尺・上・一・四・六・勾・合十聲者、以燕樂殺聲考之、有六無合、有四無五、有尺無勾、實止七聲。又燕樂以勾字配蕤賓、七角之歇指角、即蕤賓角、殺聲不用勾字、而用尺字、則勾字即低尺、猶之四字即低五、六字即高合可知矣。明韓邦奇云「勾字即低尺」、蓋按其聲而得之、不知實與古人闇合也。）（凌廷堪『燕楽考原』、上海：商務印書館、一九三七年、一九頁）

(27) 本書八四頁。
(28) 本書四五―四六頁。
(29) 本書四八頁。
(30) 本書一四六頁。
(31) 岸辺成雄『唐代音楽の歴史的研究〈続巻〉楽理篇・楽書篇・楽器篇・楽人篇』、大阪：和泉書院、二〇〇五年、一一一頁。
(32) 本書一〇七頁。
(33) 本書一〇七―一〇八頁。
(34) 本書一二五頁。
(35) 本書一二六頁。
(36) 本書一二四―一二五頁。
(37) 本書一〇八頁。
(38) 本書一〇九頁。
(39) 本書一一〇頁。
(40) 本書一一〇頁。
(41) 本書一一三頁。
(42) 丘瓊蓀『燕楽探微』、上海古籍出版社、一九八九年、二四二頁。

4
資料篇

唐楽調の淵源

林　謙　三

翻刻凡例

一、本稿は、林謙三未発表原稿「唐樂調の淵源」を翻刻したものである。なお、本原稿は、昭和十七年（一九四二）に冨山房から出版が計画された『東亞樂器考』に収録される予定であった。同書は、昭和二十年（一九四五）に出版が中絶、その後、増削を経ながら、一九六二年には中国語版『东亚乐器考』（銭稲孫訳、北京：音楽出版社）が、また一九七三年（昭和四十八年）には日本語版『東アジア楽器考』（東京：カワイ楽譜）が出版されることとなったが、本篇はそれら二種の『楽器考』何れにも収録されることはなかった。

一、かなづかいについては、原稿では歴史的かなづかいを基本とするが、本書では現代かなづかいに改めた。また、送りがなについては、原稿を尊重した。

一、本文における漢字の字体については、原稿では旧字体と常用漢字が混在するが、本書では旧字体を常用漢字・代用字（「聯」に「連」を代用する等）等、通行の字体に改めた。但し、一部、常用漢字や代用字を用いず、原稿の字体をそのまま用いた箇所がある（「餘」・「辯」・「絃」等）。

一、古籍の引用文（原文）、書名、篇名の字体には原則として旧字体を用い、異体字・俗字・通仮字の類は正字または通行の字体に改めた。但し、一部、原典の字体をそのまま用いた箇所がある。

一、「鐘」と「鍾」、「紘」と「弦」、「簇」と「蔟」等、同一の意味でありながら異なる二種の文字で表記されるものについては、古籍の引用文では原典の表記を尊重し、本文では原稿の表記に倣いそれぞれ「鐘」・「紘」・「簇」に統一した。

一、明らかな誤字・脱字・衍字等については、適宜改めたが、逐一註記しなかった。

一、体裁・書式について、読みやすさを考慮し、少々改めた箇所があるが、逐一註記しなかった。

一、文中の「支那」という用語については、中国の呼称としては不適切とされるが、原稿を尊重し、改変せずそのまま用いた。なお、林謙三氏自身は、カワイ楽譜版『東アジア楽器考』出版の際には、旧版の「支那」をすべて「中国」に置き換えている。

一、「沙陁調」・「沙陀調」の表記については、原書では混在しているため、本書では、日本伝を「沙陀調」とし、中国の古籍に見えるものを「沙陁調」として区別し表記した。一般に「陁」は「陀」の俗字とされるが、中国の古籍では「沙陁調」として表記されることが多いためである。

一、古籍の引用文に誤字・脱字・衍字等があれば、原典に従って適宜改めたが、逐一註記しなかった。但し、原稿には古籍の底本が明示されていないため、通行する標点本等によって妄りに改めることはせず、複数の版本・写本等を参照し、可能な限り原稿の表記を尊重するよう努めた。従って、通行するテキストと異なる場合がある。例えば、主要な資料の一つ『隋書』については、諸本を比較した結果、武英殿本を基本としていることが判明したが、現在最も流布する中華書局標点本とは異なる点が散見される。

一、古籍の引用文に附された返り点・読点（句点は用いず）については、原則として原稿のとおりとした。従って、句読点については、通行の標点本とは異なる場合がある。

一、鉤括弧については、原稿では、例えば、註における引用文が二重鉤括弧で括られる等、独特の方法が散見されるため、適宜、現行の方法に従って訂正したが、逐一註記しなかった。また、書名（欧文・梵文は除く）については、原稿では二重鉤括弧で括られていないため、これを補った。

一、翻刻にあたって特記すべき事項がある箇所については、①②等の所謂丸数字を附して翻刻者註を施し、文末に配した。

一[①]、唐楽調の淵源

夫曲由レ聲起、聲因レ均立、均若不レ立、曲亦無レ准

『樂書要録』七

本書で取扱った楽器の音律中、特に頻繁に現われるものは、わが雅楽調の源である唐楽調——後人の燕楽調(1)と呼ぶもの——である。その起源・沿革については近世以来の諸家の所論継起し(2)、私説の大綱は先年『隋唐燕樂調研究』(3)中にも述べたところであり、これに関する論考は繰り返されているのである。私説の根本原理については今日でも餘り改むる要を認めないが、その後の研究によって一層、明かになった点も若干あるので、本『樂器考』の理解に特に必要と思われる項目を任意摘出し、これに補説を加えて左の四項としここに掲げることにした。

蘇祇婆七調とインド楽調の関係
唐代の俗（燕）楽調
唐楽調の律
日本に於ける沿革

（1）近世の和漢の学者ともに燕楽調と呼ぶのが慣しである。燕楽は燕（宴）饗楽の意で朝廷の宗廟社稷の雅楽に対するものであって、結局俗楽の一種である。従って『唐書』禮樂志にはこれを俗楽と称している。近年、岸辺成雄「燕樂名義考」（『東洋音樂研究』一ノ二）は燕楽の称は唐代に無く、宋代の創始であって唐燕楽の称を誤りとしているが、かりにこの説を正しいとするも、後代制定の術語でも沿襲の久しいものは、これを前代に遡って通用しても敢て不可ではない。殊に唐俗楽調と云えば唐一代に限る感じを与え、その後継者や転訛者をも包含する称とはなり難く、また単に俗楽調と呼ぶ時は、この系統以外のものもあり得る点に鑑み、所謂唐俗楽調系統の全楽調を燕楽調と称すべきことを私はむしろ慫慂したいとさえ考えている。いわんや、唐代撰と認められる『仁智要錄』引『律書樂圖』に

宴樂之林鐘羽、越殿

の句あるによって、林鐘羽が唐代、平調の正調名であり、この調を包含する宴楽とは燕饗の俗楽であり、結局、燕楽と同義語が唐代に已に存在したことを知るに於ては、いよいよ燕楽調の術語の広範囲に用うべき要を悟るのである。

（2）清、凌廷堪『燕樂攷原』清、陳澧『聲律通考』近人では夏敬観『詞調溯源』王光祈『中國音樂史』向達「龜茲蘇祇婆琵琶七調考原」等。またわが国では青木正児「燕樂二十八調考」（『支那文藝論藪』）石井文雄「啞律考」（『東洋學報』二二ノ二）岸辺成雄「唐の俗樂二十八調の成立年代に就いて」（『東洋學報』二六ノ三・四、二七ノ一）。

（3）『隋唐燕樂調研究』は中法文化出版委員会の編輯書の一つで、中華民国二十五年（昭和十一年）商務印書館の刊行するところ。中国訳は郭沫若による。

蘇祇婆七調とインド楽調の関係

支那音楽に於ける固有の楽調は何んであろうか。五声・十二律の楽説の完成した周末戦国時代[1]では、五声中の母胎である宮が一調の主声となっていたのではなかろうかと、先ず考えられるが、この場合、五声の音程は次のようになる。

宮・商・角・・徴・羽

宮に次いでは徴も重視されている。そして宮より徴を濁声にとる楽説[2]も見られるから、濁の徴を主声と見るものもあったのではなかろうかとも考えられるのである。[3]この場合五声の音程は

徴・羽・・宮・商・角

となる。五声に変宮・変徴の二声を加えた七声の場合も右に準じて好い。

さて宮を主声と見る調は後人の所謂、宮調であり、徴を主声と見る調は所謂、徴調である。そして支那の固有の楽調として考えられるのは以上の宮調か徴調の二つで、その他のものは六朝末以来、外邦から伝来したものと見て好いのである。従って後世、宮・徴二調以外の調を普く用いて異とせなくなる以前の方が遥かに長年月を閲しているわけで、調種の増加はたしかに支那音楽に於ける大改革と称しても過言ではないのである。

このような調の改革期に最も大きな貢献をしたのは六朝末、周の天和三年、武帝の聘した突厥出身の阿史那皇后[4]に従って渡来した亀茲の琵琶弾の蘇祇婆――一名、白籍[5]――である。蘇祇婆 Sujīva は華言、妙寿の意で、白姓は亀茲人であることを示している。蘇祇婆は隋初の開皇年間、前後九年を要した楽議に雅楽は須らく七調を採用すべ

しと説く鄭訳一派(6)の理論の根拠となった七調の伝授者として、その名を忘れることの出来ない人物であり、同時に唐代に完成した俗楽二十八調の原型の紹介者として永く記憶すべき人物である。『隋書』音樂志にはこの次第を次のように述べている。

譯（鄭訳）云、考㆓尋樂府鍾石㆒、律呂皆有㆓宮・商・角・徵・羽・變宮・變徵之名㆒、七聲之內三聲乖應、每恆求訪、終莫㆓能通㆒、先㆑是、周武帝時、有㆓龜茲人㆒、曰㆓蘇祇婆㆒、從㆓突厥皇后㆒入國、善㆓胡琵琶㆒、聽㆓其所㆑奏、一均之中、間有㆓七聲㆒、因而問㆑之、答云、父在㆓西域㆒稱爲㆓知音㆒、代相傳習、調有㆓七種㆒、以㆓其七調㆒、勘㆓校七聲㆒、冥若㆑合㆑符、

一曰娑陁力　華言　平聲　即宮聲也
二曰雞識　華言　長聲　即南呂聲也
三曰沙識　華言　質直聲　即角聲也
四曰沙侯加濫　華言　應聲　即變徵聲也
五曰沙臘　華言　應和聲　即徵聲也
六曰般贍　華言　五聲　即羽聲也
七曰俟利箑 誤箑之② 華言　斛牛聲　即變宮聲也

譯因習而彈㆑之、始得㆓七聲之正㆒、然其就㆓此七調㆒、又有㆓五旦之名㆒、旦作㆓七調㆒、以㆓華言㆒譯㆑之、旦者則謂㆑均也、其聲亦應㆓黃鍾・太簇・林鍾・南呂・姑洗五均㆒、已外七律、更無㆓調聲㆒

この記事を文義通り解釈すると、蘇祇婆の伝習した西域音楽では七声からなる調を用い、且つその音律は隋初の黃鐘・太簇・林鐘・南呂・姑洗の五均に限られていたと云うのであるが、右の七声名の原語は声名よりむしろ調名

に近いので、調名を声名に仮借したのではないかと思われる。ところで、この七声の原語が梵語であり、そのうち数箇は時代も殆んど同じ南インドの磨崖七調《ラーガ》碑に名を列ねたものと対照されるようになって以来、蘇祇婆調の真相や唐楽調の淵源は一段と明かになった。始め高楠順次郎「林邑八樂について」[7]はわが雅楽調中、沙陀調・盤渉調などの解釈に梵語起源説を提唱し、その中で蘇祇婆七調にも触れるところがあり、結局、この二調名をインド起源と断じ、その後クーラン (M. Courant)[8]は般贍・侯利箑[3]について、レヴィ (S. Lévi)[9]は沙識・沙侯加濫・侯利箑[3]について夫々梵語説を述べたが、最後に『法寶義林』[10]は『隋書』と南インドの磨崖碑刻との比較を為しペリオ (P. Pelliot)[11]の補説を得て、ここに蘇祇婆調名の梵語起源であることは決定的となった。

南インドの磨崖七調《ラーガ》碑刻と云うのはプヅコーターイ (Pudukkōṭṭai) 州のクディミイヤーマライ (Kuḍimiyāmalai) に所在し、西紀一九〇四年、発見されたものである。その刻文の書体は凡そ七世紀とのことであるから、支那では隋初から唐の武后代頃までに相当している。それ故、蘇祇婆と殆んど同じ頃に刻まれたものであることを知る。この碑の内容については、バハンダルカー (P. R. Bhandarkar) が詳述しているが、[12]蘇祇婆七調との楽理上の比較に於ては私は、この人の研究に負うところが甚だ多い。この碑はルドラーチャールヤ派のさる王により造られたもので、「シヴァ神に帰命す」の語に始まり、左の七つのラーガ (rāga) を刻している。ラーガは支那の所謂、調とは区別すべきもので一種の旋律型と称せられるが、結局支那の調に比較すべきものゆえ調と翻するも可である。

(一)　マジヒヤ　マグラーマ　madhyama-grāma

(二)　シャドジャ　グラーマ　ṣaḍja-grāma

(三)　シャーダヴァ　ṣāḍava

(四)　サードㇵーリタ　sādhārita
(五)　パンチャマ　pañcama
(六)　カイシカ　マジㇶヤマ　kaiśika-madhyama
(七)　カイシカ　kaiśika

この七つの題名は同じような短い語句が附してある。例えば（一）には

madhyama grāme catuṣprahārasvarāgamāḥ

とあり、この意は「マジㇶヤマ　グㇻーマに於ける四つの打撃による声の教（阿含）」である。そこでヴィーナー(vīṇā)のような絃楽器の打法を示したものであろうとバㇵンダルカーは云っている。

さて、この七つのラーガの表現法はと云うと異様なものである。インド七声である

サ sa　リ ri　ガ ga　マ ma　パ pa　ダ dha　ニ ni

に二変声に当る

ア（a＝アンタラ　antara）　カ（ka＝カーカリー　kākalī）

を加えた九声のうち夫々七箇（或は六箇）の声を借りて、ア・イ・ウ・エの何れかの母韻を附し四声を一組としたものを十六組を以って一団とし、それを四団から五・六・七団まで集めて夫々のラーガを組織している。ここで注目すべき点は一組の四声の最後の声は一団を通じて必ず同声であると云うことである。同一のラーガ中では団を異にする毎に一組の四声の終声は異るから、四団よりなるものはかような終声を四つ、七団よりなるものは同様七つ持っていることになる。今左にマジㇶヤマ　グㇻーマに例をとって、以上のことを具体的に示してみよう。［○印は

原碑にある符号で意味不詳]

1	så	ne	pů	sa	gi̇	ne	gi̇	sa	ne	dhu	ne	sa	mu	pů	ne	sa
	mi	ra	gi̇	sa	rů	gḙ̊	nů	sů	sa	gi̇	ne	sa	ne	mů	pe	sů
	mi	ga	ne	sa	pe̊	mů	ne	sa	ra	mi	ga	se	dhu	ne	gi̇	sa
	ne	pů	ne	sa	pi	ma	pi	se	ga	dhu	ne	sa	mů	ne	pu	////
2	ne	pe̊	rů	ge	mi	ga	re	ga	ne	sa	ra	gi̇	dhu	ne	ra	gi̇
	sa	gi̇	ne	gů	pe̊	mů	ra	gi̇	[mů]	pe̊	rů	ge̊	gi̇	sa	ra	gi̇
3	pů	sa	[mů]	pe̊	gi̇	sa	ne	pů	ne	sa	ne	pů	ma	ni	ma	pi̇

シャドジャ　グラーマ以下の声の排置の相もこれと大同である。このような四声の集団の真義は容易に窺い知ることが出来ないが、ラーガとしては一組の四声だけではその意義を尽さず、一団だけでも未だしであり、全団を通じて始めてその全貌を明かにするものであることは、蘇祇婆七調や唐楽調との比較に於て頷かれることである。と云うのは一ラーガの最後の一団の各四声中の終声が唐楽調の調を決定する主声に合致するからである。この点を中心にもう少し詳しく述べてみよう。

この南インドの碑刻が示す当時のインド音楽のラーガと殆んど一致するものを説いた書に撰述年代不詳の『ナー

ラディー シクシャ（*Nāradī-śikṣa*）』[13] がある。同書には諸ラーガに使用するスヴァラ（svara）——声——が何々であり、ヌヤーサ（nyāsa）——終声——が何であるかを一々明記しているが、碑刻の諸ラーガにも、その使用する声が何々であり、且つ終声が何であるかを如実に示しているのである。

一体、古インドに行われた七声はバハラタ（Bharata）[14] の示すところではシャドジャ グラーマ（サ）とマジヒヤマ グラーマ（マ）——共に七調碑のラーガ名と同じであるが、意味は異なる——に於ける諸声間のスルティ（śruti）[15]——インド律——の数は

サ　ni 4 sa 3 ri 2 ga 4 ma 4 pa 3 dha 2 [ni

マ　ni 4 sa 3 ri 2 ga 4 ma 3 pa 4 dha 2 [ni

となっている。この二つを純正調に最も近い五十三平均律[16]で示すと

サ　ni 9 sa 8 ri 5 ga 9 ma 9 pa 8 dha 5 [ni

マ　ni 9 sa 8 ri 5 ga 9 ma 8 pa 9 dha 5 [ni

となる。この二つのグラーマの差は微少で、もしこれを支那の七声に対照するときは両者とも次の如く見做して差

支えない。

ni	・	sa	・	ri	ga	・	ma	・	pa	・	dha	[ni
徴		羽		変	宮		商		角		変徴	[徴

次に七声の他に臨時声として使用するものにアンタラ ガ（antara ga 略称 a）とカーカリー ニ（kākalī ni 略称 ka）がある。a は ga を二インド律、ka は ni を二インド律高めたものである。従って a ka 二声を加えた九声の音程は次の如くなる。

ni ka sa ・ ri ga a ma ・ pa ・ dha [ni

隋代に応［声］と称したものは、この二声の何れかに当っている。またこの二声は ga ni の代りに用うることによって七声の音程を一変させ、転調に役立つ性能を有している。七声の中 ga の代りに a を用うることによって五度上の第二調に転じ得るし、更に新調の ni の代りに ka を用うることによって更に五度上の第三調に転ずることが出来る。その実例は七調碑にも現われているし、『ナーラディー シクシャ』にも説かれている。

右の『シクシャ』にも碑刻と同名のラーガについてその性格を述べているが、それらラーガの性格は碑刻のラーガにも殆んどそのまま具現しているように思われる。左にその一つ一つについて短い説明を加えてみよう。[17]

（一） マジㇶヤマ グㇻーマ——sa ri ga ma pa dha ni の七声よりなる。そのラーガ名より考えて同名のグㇻーマの七声音程をもつものであろう。ri dha 二声は軽視している。『シクシャ』に dha は弱声（durbala）と称しているが、弱声はアパニュャーサ（apanyāsa）――中間的終声――に用いない声で、碑刻もこの点は同じである。終声は ma で、唐の商調に当る。

（二）シャドジャ　グラーマ――これも sa ri ga ma pa dha ni の七声よりなるが、同名のグラーマの七声の音程をもつものと判ぜられるから、pa は（一）より一シュルティ低いものであろう。『シクシャ』には ga ni 両声を用うと云い、ni を軽視しているが、碑刻には七声悉く重視している。終声は ma で、これも唐の商調にあたる。

（三）シャーダヴァ――sa ri a ma pa dha ni の七声よりなる。『シクシャ』には ni を指摘するのみであるが、碑刻によると a pa ni 三声は軽視されているようである。終声は ma で、唐の徴調に当る。

（四）サードハーリタ――sa ri a ma pa dha ka の七声よりなる。『シクシャ』には a ka 二声を用うと云っているのと碑刻とはこの点一致している。尤もこの二声は碑刻では軽視されている。終声は ma で、唐の宮調に当る。

（五）パンチャマ――（三）と同様 sa ri a ma pa dha ni の七声よりなる。『シクシャ』によれば a ni 両声を用うとあるが碑刻も同様である。しかし a 一声は軽視されている。

（六）カイシカ　マジヒヤマ――sa ri a ma dha ka の六声よりなる。『シクシャ』によるとカイシカと同声を用うと云うが、同書のカイシカは ka 一声を挙げるのみで、他は尋常であるらしい点、碑刻と齟齬している。碑刻では pa は全く欠如し、a ka 二声を軽視している。終声は ma で、唐の宮調に当る。

（七）カイシカ――（四）と同様、sa ri a ma pa dha ka の七声よりなる。『シクシャ』は唯 ka を用うと云うのみで、ga も用いたものの如くであるが、碑刻は a ka を用いている。七声とも重用して、終声には pa を用いている。唐の商調に当る。

以上のうち（一）（二）の七声の正しい音程は夫々同名のグラーマと関係づけることによって推測出来るが、他の五つは何れのグラーマに所属するか明かでないので pa の位置については正確なことは云えない。しかしこれを支那の七声に対比するときは何等問題とはならないことは前述の如くである。そこでこれらの七ラーガの諸声を支那の声に当てて要約すると、九声の使い分けによって宛も黄鐘・林鐘・太簇のような関係の三つの均に分布することになる。例えば左表に於て（Ⅰ）を黄鐘均とすれば、（Ⅱ）は林鐘均、（Ⅲ）は太簇均の関係である。

九声／均	sa		ra	ga	a	ma		pa		dha	na	ka	
Ⅰ	sa 羽		ra 変宮	ga 宮		ma 商		pa 角		dha 変徴	na 徴		−a ka
Ⅱ	sa 商		ra 角		a 変徴	ma 徴		pa 羽		dha 変宮	na 宮		＋a
Ⅲ	sa 徴		ra 羽		a 変宮	ma 宮		pa 商		dha 角		ka 変徴	＋a ka

次にラーガの終声を調の主声として七ラーガが三均の何れの何調であるかを見易いよう表解してみよう。［●印、調の主声］

ラーガ	七声												均	調	蘇祇婆調
マジヒヤマ グラーマ	羽		変宮	宮		商		角		変徴	徴		I	商調	
シャドジャ グラーマ	羽		変宮	宮		商		角		変徴	徴		I	商調	
シャーダヴァ	商		角	宮	変徴	徴		羽		変宮	宮		II	徴調	沙臘
サードハーリタ	徴		羽		変宮	宮		商		角		変徴	III	宮調	婆陁力
パンチャマ	商		角		変徴	徴		羽		変宮	宮		II	羽調	般贍
カイシカ マジヒヤマ	徴		羽		変宮	宮				角		変徴	III	宮調	
カイシカ	徴		羽		変宮	宮		商		角		変徴	III	商調	鶏識
碑刻九声	sa		ra	ga	a	ma		pa		dha	na	ka			

右の表でわかるごとく、七ラーガの中、商調は三、宮調は二、徴調と羽調は各々一で、商調が特に著しいことが明かである。この中少くとも商調・羽調は支那では六朝末期に知られた調である。特に商調はインドでは当時最も重要な地位を占めていたらしく、インド七声の商声に当るmaが支那の宮声ほどの中心的な地位を占めていたことは已に説かれているところである。(18)唐代に及んでも俗楽二十八調の完成以前に於て特殊の名号をもつものは商調が最も多かったこと——越調・大食調・双調・小食調・水調——も商調を主位とするインド調と何等かの関係があったのではないかと思われる。それは蘇祇婆の所言の五均の律の音程が右の唐の五商調の調主の声の音程と一致する

ことからも充分想像出来ることである。

以上は『ナーラディー　シクシャ』の所説を参酌して解読した南インドの七調碑刻に現われた七つのラーガの調の性格であるが、これが誤りでないことは、この楽派と多大の関係のある蘇祇婆所伝の調や唐楽調との対照によって確認される。先ず蘇祇婆調に於ては、ラーガ碑刻と音韻的に正しく同語と解せられる沙陁力・鶏識・沙臘・般贍の四語は蘇祇婆は宮・商・徴・羽声に当てているが、これを夫々の調と解することによって七調碑の調性と夫々確然一致することを指摘したい。偶然にはかような言語のみならず実質までの一致はあり得ない。この点から逆に蘇祇婆の七声はむしろ七調とあるべきで、調名を声名にも代用したものか、インドより支那へ伝わるまでの誤用か、鄭訳の訳語の誤りと見るべきであろう。唐代に及ぶと蘇祇婆の七声名中、娑陁力・鶏識・般贍の三語は字体を少変したが、調名としてそのまま用いていることも右の一証である。

右の対照によって蘇祇婆所伝の調がインド系であることは疑いないのである。始めレヴィは蘇祇婆七調中、少くとも三つは梵語で、亀茲楽がインドにその術語及び理論を負うことは明かであると説き、次いで『法寳義林』は七調碑刻を注目し、蘇祇婆調との親近さを主張し、ペリオもこれに賛し、そのインド調であることを保証したが、私の試みた上記の彼此の調性の検討によって名目のみならず調の実質までも同一系統のものであることは明かになった。残るところは各調の音の高度の問題で、もしインド九声に絶対音を与えるときは、彼此の諸調の間に齟齬を生ずることは左の如くであって、支那化したものは一部の名称と調性と共に一部の音高も外来のものを受け容れたかも知れないが、全般的ではなかったことが容易に了解されるのである。

七調碑刻	婆陁力	・	般贍							
蘇祇婆伝	婆陁力	・	鶏識	・	・	・	・	・	・	般贍

尚お前著『隋唐燕樂調研究』（二七―四〇頁）中では蘇祇婆の五旦（均）の実際の音律について、一つの仮説を提出しておいたが、インドと支那の間や隋唐を通じて調の音律に餘り整然とした説明を与えることは困難なるばかりではなく、実情はそれほど厳しく考えるほどではあるまいと云う意見に傾いて来ているので、上記、唐代の五商調と蘇祇婆の五均の音程が一致するところに彼此、何らか音律的関係があるらしいと云うことだけ述べて、餘は省略することにした。

蘇祇婆七調が当時のインド楽調に由来することは前述の如くであるが、これが亀茲楽調であったことも亦疑いない。

一、蘇祇婆が亀茲種の琵琶工であり、
二、亀茲がインド文化の感化を受くること特に著しく、その音楽もインド系であっても不思議でなく、
三、蘇祇婆の弾いた胡琵琶はインド系の五絃琵琶であるとの一説もあり[19]、この楽器は亀茲壁画にもよく描かれており、
四、唐代の胡楽中、最も有力であった亀茲楽の調が俗楽調と同じであること、

これらの諸件を通じてインドと亀茲、亀茲と支那の音楽、特に楽調関係に密接なものがあったことは看取出来るのである。

蘇祇婆調中、唐楽調と調名・調性に於て特に親近さを保つものに娑陁力（＝唐、沙陁）・鶏識（唐、乞食・大食＝大乞食）・般贍（＝唐、般渉）の三調がある。その他のものは不幸、隋代の文籍に欠いているから、由来不詳で一々対照し難いが、唐の二十八調は大抵、隋以来の亀茲楽の楽調に胚胎すると考えて多くは誤りはなかろう。また諸調の高さも、そのあるものは、インドや亀茲原調の固有の高さを伝承したものであろう。

以上、蘇祇婆を中介者とする亀茲楽調の支那音楽に与えた影響は種々数えられるが、とりわけその最たるものは古来支那に行われ来た調の観念を一変せしめたことである。嘗ては一均の七声中、宮（もしくは徴）以外は一調の主声として取扱わなかったものが、爾餘の何れの声をも一調の主声として独立の調を立て得ると云う思想を涵養したのは、直接には亀茲楽であり、間接にはインド楽である。それは敢えて周隋代に蘇祇婆・鄭訳等少数者によって創められたものではなく、六朝或はそれよりやや以前から胡楽の輸入と共に徐々に生育されたものであろうが、史上特筆すべき者は依然、蘇祇婆・鄭訳であって、支那音楽史上、彼等は特に偉功ある者としてその名を記憶されて好いのである。

蘇祇婆七調がその名称のみならず、その調性まで当時のインド楽調の一派に由来することは最早疑いないが、インドと共に西域文化の重大要素であるイラン系の楽調の混入の迹がないかどうか。これに関しては充分なことは云えない。蘇祇婆と同代のインド楽調を知るより遥かに困難なのはペルシャ楽調である。サッサン朝代に七種の調の行われたことがアラビア史家マスウーディー（Masʿoûdi）によって記されているが、調名以上に実際を知ることが出来ないし、またコスロー二世（Khusrau II）代に三十日に対する三十調が案出されたと云うが、これも詳細はわからない。[20] これらのイラン系のある調はインドのある調と類似したものもあるであろう。かの安国楽や康国楽はイラン系と考えられるが、六朝代この両楽以外に同系の音楽の東遷は充分想像されて好いのである。しかし支那へ移入の後、インド楽調などと混淆して、宮調に擬すべきものは宮調に、商調に擬すべきものは商調に混入したもので、インド楽調名を用いた亀茲楽の支那に於ける優越は遂に隋唐楽の調名にイラン系のものの浸入を拒む結果となったわけである。従って唐楽の調名中、非支那的のものは――例えば沙陁調・水調――梵語の音訳、乃至意訳としか考えられないのであるが、イラン系の楽調も何処かに混入していると考えて差支えないと思う。楽器・楽調以外になら唐代の楽曲中には梵語以外の西域語に負うらしいものが『唐會要』の天宝十三載改名楽曲中に見えるのである。[21]

結局、支那楽調に対するイラン音楽の影響はインド音楽の光輝さに蔽われて表面に現われないが、それだからと云って皆無であったと考えることも出来ない。蘇祇婆所伝のものは明瞭に調名や調性から見て、インド系でなければならないが、それすら完全に彼此一致するとまで云えるかどうか断言出来ない。多くのインド文化がイラン人の中介によって、ややイラン化したものを支那に伝入した形迹のあることは屢々指摘されているところであるが、[22] 音楽上に於ても類似の現象がないかどうか、亀茲楽調そのものの中に已にイラン化の片影を見出し得ないかどうか。目下のところ唐楽へのイラン音楽の影響の有無は尚お将来に残る問題である。

蘇祇婆七調の概観は以上の如くである。そして『隋書』に七声とある梵語名は実は七調に擬して好いことも上述の如くである。尚お『隋書』には蘇祇婆の調が五旦（均）に渉っていることを述べているが、一均七調として五均三十五調を得るわけである。従ってもしこの理論を拡充延長すれば十二均に渉って八十四調を得ることが出来る。その試みを鄭訳は琵琶によって考案したと云うが、[23] 云わば理論上の考案で、どこまでが実用されたか明かでない。

唐の祖孝孫も同様八十四調を考案しているが、(24)これとても理想論で、実用に供せられた部分は一部に限られていたに相違ない。

ところが、蘇祇婆調によって隋初に楽議を賑わした七調の理論は胡楽の流行と共に、これと前後して俗楽にも相当の感化を及ぼしたものと推測され、六朝末期——隋製の曲中、唐代尚お存したもの、またわが国に存するものによってその一端を窺うことが出来る。例えば「玉樹後庭花」「堂堂」「泛竜舟」の如きである。三楽とも南朝系の清楽と称するが、(25)その曲調は亀茲楽調の感化があるのではないかと思われる。(26)

(1) 滝遼一「支那古代の樂律についての私見」(『東洋音樂研究』一ノ四) 五、二九頁。

(2) 『管子』地員篇によれば宮の数を八十一とすれば徴は却って百八にあたる。滝遼一「支那古代の樂律についての私見」六頁。

(3) 王西徴「五音七音泚攷」(『燕京學報』二八期) は『管子』の記に基きむしろ積極的に徴を主声とする徴調の存在を説いている。

(4) 『周書』(九) 皇后傳「武帝阿史郝皇后、突厥木扞可汗俟斤之女……天和三年三月后至、高祖行二親迎之禮一」同 (五) 武帝紀、天和三年「三月癸卯、皇后阿史那氏至レ自二突厥一」

(5) 陳暘が『後周史』に見るところ。

(6) 『隋書』音樂志「譯 (鄭—) 答レ之曰、周有二七音之律一、漢書律曆志、天地人及四時謂二之七始一、黃鍾爲二天始一、林鍾爲二地始一、太簇爲二人始一、是爲二三始一、姑洗爲レ春、蕤賓爲レ夏、南呂爲レ秋、應鍾爲レ冬、是爲二四時一、四時三始是以爲レ七、今若不下以二二變一爲中調曲上、則是冬夏聲闕、四時不レ備、是故每宮須レ立二七調一、衆從二譯議一」

(7) 高楠順次郎「奈良朝の音樂、殊④に林邑八樂について」(『史學雜誌』一八)。

(8) M. Courant, *Essai hist. mus. ch.* (*E. M. H.*), 1913.

(9) S. Lévi, *Le Tokharien B, langue de Koutcha* (*Journal Asiatique*, 1913.)

(10) 高楠順次郎等監修『法寶義林』*Dictionnaire encyclopédique du Bouddhisme d'après les sources chinoises et japonaises*, 2 me fasc., 1930.

(11) P. Pelliot「『法寶義林』第二輯批評」(*T'oung Pao*, 1931.)

(12) P. R. Bhandarkar, *Kuḍimiyāmalai Inscription on Music* (*Epigraphia Indica*, Vol. XII, 1913-4.)

(13) Bhandarkar, ibid., p. 229.

(14) Bharata, *Nāṭya śāstra* は遅くとも五世紀代は下らずと云う。同書の楽律に関する項は第二十八章 Jātilakṣaṇa「調相」にあり、その訳註としては J. Grosset, *Contribution à l'étude de la musique hindoue*, 1888 并びにその研究としては E. Clements, *Introduction to the Study of the Indian Music*, 1913 がある。また P. R. Bhandarkar, *Contribution to the Study of Ancient Hindu Music* (*The Indian Antiquary*, 1912) も参考すべきものがある。

(15) 支那の十二律にも比すべきもので、二十二律ある。従ってその一律は凡そ¼音に近い。

(16) 田中正平「印度樂律の本體」(『東洋音樂研究』二ノ二) 一二頁。

(17) Bhandarkar (*Kuḍ. Inscrip.*, pp. 229-230.) は七ラーガについて、『シクシャ』と『サンギータ ラトナーカラ』の両説を対比しているが、後書はその説くところは殆んど碑刻と一致しないので、紹介しないでおく。

(18) Bhandarkar, *Stud. Anc. Hindu Mus.*, pp. 254-5.

(19) 岸辺成雄「琵琶の淵源」(『考古學雜誌』)。

(20) A. Christensen, *L'empire des Sassanides*, 1907, p. 104；C. Huart, *Musique persane* (*E. M. H.*), p. 3065.

(21) 例えば小食調曲「蘇羅密改爲昇朝陽」は、朝陽とあるのを参酌すれば蘇羅は梵語、蘇利耶 (sūrya 太陽・日天) の粗訳とも考えられないこともないが、朝陽はむしろ密に当るものであろう。『宿曜經』(唐、不空訳、楊景風註) に「日曜太陽、胡名蜜 (mihr)、波斯名曜森勿、天竺名阿儞底耶 (āditya＝sūrya)」とある。経中の所謂、胡は、粟特を指す。[S. Lévi「龜茲國語とその研究の端緒」(『現代佛教』四ノ三九 bis) 四九―五〇頁参照] また『會要』所録中、某々胡歌と称するものが若干あり、その原語は不明ながら、粟特等イラン語系の語に基くものもあろう。蘇莫遮も原語⑤不明であるが、この楽戯がイラン地方に出ずらしいことは充分考えられる。向達『唐代長安與西域文明』六五―九頁。那波利貞「蘇莫遮考」。

(22) ペリオの主唱する説。

(23)『隋書』音樂志「……譯（鄭―）遂因㆓其所㆑捻琵琶㆒、絃柱相飲爲㆑均、推㆓演其聲㆒、更立㆓七均㆒、合成㆓十二㆒、以應㆓十二律㆒、律有㆓七音㆒、音立㆓一調㆒、故成㆓七調十二律合八十四調㆒、旋轉相交、盡皆和合」[6]

(24)『唐書』禮樂志「孝孫（祖――）又以㆓十二月㆒、旋相爲㆓六十聲八十四調㆒、其法因㆓五音㆒生㆓二變㆒、因㆓變徵㆒爲㆓正徵㆒、因㆓變宮㆒爲㆓清宮㆒、七音起㆓黄鍾㆒、終㆓南呂㆒、迭爲㆓綱紀㆒、黄鍾之律管長九寸、王㆓於中宮土㆒、半㆑之四寸五分、與㆓清宮㆒合、五音之首也、加以㆓二變㆒、循環無㆑間、故一宮・二商・三角・四變徵・五徵・六羽・七變宮、其聲繇㆑濁至㆑清、爲㆓一均㆒、凡十二宮調皆正宮也、正宮聲之下無㆓復濁音㆒、故五音以㆑宮爲㆑尊、十二商調、調有㆓下聲一㆒、謂㆑宮也、十二角調、調有㆓下聲二㆒、宮商也、十二徵調、調有㆓下聲三㆒、宮商角也、十二羽調、調有㆓下聲四㆒、宮商角徵也、十二變徵調居㆓角音之後、正徵之前㆒、十二變宮調、在㆓羽音之後、清宮之前㆒、雅樂成㆑調、無㆑出㆓七聲㆒、本宮遞相用、唯樂章則隨㆑律定㆑均、合以㆓笙磬㆒、接以㆓鍾鼓㆒」

(25)三楽とも『通典』（百四十五）「雜歌曲」、（百四十六）「清樂」に出ず。「玉樹後庭花・堂堂……並陳後主所㆑造、恆與㆓宮女學士及朝臣㆒相唱和爲㆑詩、太樂令何胥採㆓其尤輕艷者㆒、以爲㆓此曲㆒」「汎龍舟、煬帝幸㆓江都宮㆒、所㆑作」

(26)日本伝玉樹後庭花は一越調に、汎竜舟は水調に列し、共に商調なりしもの。また堂々は『唐會要』によれば林鐘角に列し、国宝『五絃譜』の韋卿堂堂は黄鐘角に属している。かような調は本来の清楽の調とは考えられない。

唐代の俗（燕）楽調

隋を去って唐に入ると、胡楽中、特に亀茲楽の隆盛は俗楽の勃興を促し、讌楽・法曲・立部伎・坐部伎・散楽の類は大抵亀茲楽調に由来している俗楽調を用いたものと考えられる。一体、隋以来、胡楽は亀茲楽一つに限らないが、支那楽調に移入した胡楽調は結局、亀茲楽調の陰に隠れて表面に現われなかったのである。そして宮調に擬すべきものは宮調に、商調に擬すべきものは商調として、亀茲楽調によって組織された俗楽調の中にとり入れられたものと考える。従って当時の胡楽調は即ち俗楽調であったと云っても好いのである。この間の消息は『唐會要』の天宝十三載の改名楽曲を一覧しても明かに看取することが出来るところで、そこにはイラン系らしい胡語を帯びた曲も梵語名をもつ曲も俗楽調の何れかの中に収められているからである。

　このようなわけで、唐代では俗楽と汎称すべき、諸系統の音楽――外来のものも、その支那化したものは――悉くその調は俗楽調に従っていたのである。そして世に唐の俗楽（燕楽）二十八調と称する名高い調組織にまで発展したのであるが、この調の最も具体的な例証を掲げた重要な資料は『唐會要』に見出される。同書（三十三）に

天寶十三載七月十日、太樂署供奉曲名、及改㆓諸樂名㆒、太蔟宮、時號㆓沙陁調㆒……太蔟商、時號㆓大食調㆒……太蔟羽、時號㆓般涉調㆒……太蔟角……林鐘宮、時號㆓道調㆒……林鐘商、時號㆓小食調㆒……林鐘羽、時號㆓平調㆒……林鐘角調……黃鐘宮……黃鐘商、時號㆓越調㆒……黃鐘羽、時號㆓黃鐘調㆒……中呂商、時號㆓雙調㆒……南呂商、時號㆓水調㆒……金風調……（1）

とあって十四調の名を掲げている。このうち沙陁調は隋の娑陁力調、般涉調は隋の般贍調の転訛語として、この十四調の系統・由来の何処にあるかを明示していることは注目すべき点である。今これらの調について述べるに先立ち『唐會要』の冒頭の句について一応考えてみなければならないところがある。すなわち「太樂署供奉曲名、及改諸樂名」の意味である。同書の記事は例えば先ず「太蔟宮」を挙げ、次に「時號㆓沙陁調㆒」を云い、その後に本調に所属する曲名を列挙しているが、その曲中には夥しい数の改曲名――例えば「龜茲佛曲、改爲㆓金華洞眞㆒」「因度玉、改爲㆓歸聖曲㆒」――を含んでいる。ところで太楽署供奉曲が改名曲を包括するならば――勿論それは当然のことであるが――「改諸樂名」の意味するところは以上の改名曲以外の何かを指すかどうかと云うことが問題となるのである。殊に始めに供奉曲と云い、後に諸楽名と云っている点に、疑えば疑いが湧くのである。そこで、諸楽

の解釈について、これは調を意味し、「改諸樂名」とは例えば太簇宮を沙陁調に改名したことを指すと考える論者も現われるわけである。(2) かように解釈するときは都合の好い場合もある。それは『唐書』や『樂府雜錄』の二十八調が最早、正調名――太簇宮・太簇商等――を挙げず、専ら『唐會要』の時号にあたる俗称を用いているからである。その代り反対に後述、貞元中貢献の驃国楽のように正調名と俗称を弁用する例や、晩唐撰の『羯鼓録』のように正調名のみによるもの(3)――尤もこれは盛唐代の記事を録しただけのものと見れば問題は別――もあって必ずしも正調名が天宝十三載を機会に廃せられたとは見られないのである。更にまた支那の用語法から云っても調を楽と称する例は絶えてないところで、もし「改諸樂名」に太簇宮に対する沙陁調が当るならば、別に「時號㆓沙陁調㆒」と云うよりも「改㆓沙陁調㆒」とあるべきである。これに反し夥しい改名楽曲の存在は「改諸樂名」に最もよく呼応するものである。本書に収録の改名曲は実に五十八曲(4)で、その一つ一つについて改名の由来を挙げていることは、この改名こそ天宝十三載の新制定であること、従って殊に「改諸樂名」と断っている冒頭の一句とよく符を合せたように呼応するのである。残る問題は、それならば供奉曲に属する改名曲を何故、別に「改諸樂名」と書いたかと云うことであるが、供奉曲は全曲を包括し、改諸楽名はその一部を特記したものと解しても別に文章に誤りはない。このような重記は珍らしいことではなく、また曲と楽の使い分けは深く追求するまでもないことである。

以上は上掲『唐會要』の冒頭の一句の私案であるが、この一句の判断如何によって楽調の時号の年代考査に響くところは少くないのである。すなわち沙陁調以下の時号を改称と解すれば天宝十三載がその始めとなるが、時号は改称と見る要はなしとすればこれらの調名はもっと早くから存在し得る所以で、私は自然後の意見に傾くものである。(5) 目下の資料だけでは、『唐會要』の一文だけを以って唐楽二十八調の俗称や、その調組織の成立の年代を云々するのは躊躇すべきであると思う。(6)

以上の論議はとも角として、『唐會要』天宝十三載の楽曲について、太簇宮と云い太簇商と云う意義について短い説明が必要であろう。十二律に声を組み合せて調名とする、これらの名号を私は正調名と呼ぶことにする。その始まりは『周禮』に出ずるものであるが、――圜鍾爲宮、黄鍾爲角、太蔟爲徵、姑洗爲羽――その解釈は必ずしも後人の想像するようなものであるとは限らない。『周禮』はとも角も、十二律と声の間に為字の存するものは、某律に某声が位すると解するのが一番合理的であるが、中には為の代りに之字を用うるものがある。これは餘程遅れて現われたものらしく、その意味は「某律を宮とすれば」の条件の附している調名である。例えば黄鐘之商は黄鐘＝宮、太簇＝商であり、同時に商を主声とする調であることを示している。ところが普通には為・之を省略して、単に律と声だけを組み合せにして正調名とする場合が多く、その意味の解釈には当惑することが少なくない。同じ唐代でも雅楽では為字を省略したものと読むべく、俗楽では之字を省略したと読まなければならないような例があるのである。この二つの正調名を区別するために

一、為調式―為字を略す。（例）黄鐘商＝黄鐘爲商

二、之調式―之字を略す。（例）黄鐘商＝黄鐘之商

と私は呼ぶことにしている。(7)

それでは何故、唐の俗楽の正調名が之調式に属するかを述べなければならない。私は旧著では俗楽調が大体、日本雅楽や、宋楽との比較から之調式らしいとは気附きながら、(8)いろいろの理由から断定は避けていたが、今日では確証も挙っておるので、之調式であることを信じて疑わないのである。今、左にその理由二条を列挙してみる。

一、安然の『悉曇藏』（二）に笛説として掲げた竜笛の孔に対する唐楽調の排置によれば一越調と沙陀調の主声は今日の雅楽同様、共に一越に当り、その他の調の律位も今制と全く同じである。『悉曇藏』は元慶四年の撰述で

唐では僖宗の広明元年に相当するから、時代的に考えて唐楽調の遺式は同書には充分反映しているべきことは当然である。そこで同書の所説のごとく、沙陀調と一越調の主声を共に同律に置こうとすれば、『唐會要』の正調名を之調式と解する他はないのである。大食調・平調・双調・黄鐘調も同様である。これを之調式とすることによって北南宋伝とも一致することは後の表によっても明かであろう。

二、源博雅の『新撰横笛譜』の盤渉調曲に太簇角盤渉調、鳥歌万歳楽がある。同譜の太簇角盤渉調とは、実は太簇角であるが、七声の律が盤渉調と同じところから後者に列したまでに、調名を重記したものである(9)。太簇羽の盤渉調に対して太簇角が七声同律たるには太簇羽・太簇角の正調名を之調式に読まなければならないことは明かである。尤も、この太簇角は上記『唐會要』の一調にもあるが、『唐會要』の角調は記載の順位より考えて角調の属音終止型の変格の場合のように判ぜられる。このことについては後に述べる。とも角、『博雅譜』の太簇角の称あるによって、日本雅楽が平安朝の何時頃からか一越を黄鐘に擬す以前に、当然太簇と見做していた奈良時代からの遺風の存することを知り得るのである。これまた之調式を可とする一証である。

以上二条の確証により、上記『唐會要』の唐俗楽調の正調名が之調式に属するものであることは明白である。今それに宋燕楽調や日本雅楽を対比させると一層その妥当なことが了解される。

唐の俗楽の遺式を継承している北宋の教坊の楽調の正調名は唐代とはやや異っているが、それは標準律を二均ほど高めたことと、為調式正調名を採用した結果に他ならない。これに反し、南宋代では唐同様、之調式に還ったが、標準律だけ北宋伝をとっているため、依然、唐の正調名とも齟齬している。以上の観察を是認して日本雅楽の諸調と唐・北宋・南宋の諸調を対照すると符を合せたように一致すること下表の如くである。これは偶然の一致ではなく、伝統の上からして当然のことである。以下、正調名に対する俗称——沙陁調・大食調など——を『唐會要』の記により時号と称することにしたい。尤も調名には正調名あって時号の無いもの——例えば『會要』の太簇角・林鐘角・黄鐘宮——もあり、宋以後には標準律の移動から唐の正調名がそのまま時号と化したもの——例えば北南宋の黄鐘宮は共に無射を宮としているから決して正調名として取扱うべきではない——もあることを記憶しておく要がある。

					道調宮 道調		
	歇指調 水調		小石調 小食調		双調		
	般渉調						
	応	無	南	夷	林	蕤	仲
之調式					林鐘宮		
	南呂商		林鐘商		仲呂商		
	南	夷	林	蕤	仲	姑	夾
為調式					仲呂宮		
	南呂商		林鐘商		仲呂商		
	南呂羽						
之調式					仲呂宮		
	林鐘商		仲呂商		夾鐘商		
	黄鐘羽						
	・盤渉	鸞鏡	・黄鐘	鳧鐘	・双調	下無	勝絶
					・双調		
	・盤渉調		・黄鐘調				

		黄	大	太	夾	姑
俗楽時号	二宮調			正宮 沙陁調		
	五商調			越調		大石調 大食調
	二羽調					正平調 平調
俗楽正調名	古律	黄	大	太	夾	姑
唐	宮調			太簇宮		
	商調			黄鐘商		太簇商
	羽調					林鐘羽
	俗律	無	応	黄	大	太
北宋	宮調			黄鐘宮		
	商調			黄鐘商		太簇商
	羽調					太簇羽
南宋	宮調			黄鐘宮		
	商調			無射商		黄鐘商
	羽調					仲呂羽
日本雅楽	律	神仙	上無	・一越	断金	・平調
	宮調			沙陀調		
	商調			・一越調		大食調
	羽調					・平調

さて『唐會要』の十四調は最後の金風調一つを除き悉く正調名を挙げているから、その調性・音律的相互関係などを充分想像することが出来るのである。これを調性によって分類すると

一、宮調三　沙陁調・道調・黄鐘宮

二、商調五　大食調・小食調・越調・双調・水調

三、羽調三　般渉調・平調・黄鐘調

四、角調二　太簇角・林鐘角
五、未詳一　金風調

で商調が最も多く、宮調・羽調がこれに次いでいる。ここに注目すべきことは、（一）角調が記載の順序、同均の羽調より却って後に位することと、（二）徴調の欠けていることである。

一、角調は宋代、明かに閏（変宮）を主声とする云わば変宮調が存在していたから、羽調の後に位する『唐會要』の角調はこの系統の源流と考え得る。これは単なる想像ではなく、唐代の実証が他にも存するのである。

イ、盛唐代の楽譜の伝写である国宝『五絃譜』中の韋卿堂々は黄鐘調に似て六帖とも変宮声に終止しているのは角声に終止するを本義とする角調の属音終止の場合とも考えられないこともないが、むしろ変宮声を主声とする第二の角調——変格的角調——と解する方が正しいかも知れない[7]（××頁参照）。

ロ、燉煌発見の唐代琵琶譜中、第一群に属する十曲は先年解読の際、変徴調（二種）・変宮調（四種）・角調（二種）三調の何れかと判ずる他はなく、その断定に躊躇したのであるが[10]、今日ではこの三調中最も可能性のある変宮調であると肯定したいと思っている。この譜は中晩唐代の書写で、『五絃譜』の韋卿堂堂と共に唐代変宮声に終止する調の存したことを実証するものである。

ハ、『樂府雜録』の二十八調は羽・角・宮・商の順で、依然、角調が羽調の後に置かれている。

以上によって唐代変宮終止の角調の存在は充分想像して好いのである。それでは何故変宮に終りながら、これを角調と称するかについて私考を述べてみよう。七声相生の順に於て変宮は角より生ずる。従って変宮を主声とすれば角は属音である。一曲が主声に終るのが理想的であるが屢々属音に終る場合があり、その好例は国宝『五絃譜』の大食調に見られる。同様に角調も属音に終る場合もあろう。してみると主声に終る角調——『博雅笛譜』の太簇角、鳥歌万歳楽がこれに属す——と属音に終る角調の二つの場合があり得るわけで、やがてこの属音が主声ほどに考えられた時は角調とは云え変宮調に他ならなくなる。このようにして角調の属音終止型が何故か愛好されて一調を形成したのが、第二の角調であって質は変宮調と変りないのに依然、角調の称を保有している所以もここに存するのであろう。しかし、その差は主声の置き方にあって、使用の声律は全く同じであるから、角調と云う名目からすれば主声（角）終止の正格的角調と、属音（変宮）終止の変格的角調であって二にして一、一にして二の調と考えても好い。殊に宮・商・角・羽二十八調しか認めない場合は二型の角調が互に独立して存在することは出来ず、所詮、二にして一の角調が存したことになり、属音終止型が却って主の調として、主声終止が却って副の調として併存したものであろう。そしてその正調名は名目上、之調式の法則に従い、正しい角を意味し、決して変宮を指していなかったものと考えるのである。例えば太簇角は太簇之角で、蕤賓に角が位したものであるが、大呂に位するわが変宮が却って主声的地位をもったと解すれば好いのである。このように解釈することによって正角に終止するわが『博雅譜』の太簇角、鳥歌万歳楽の唐代の曲であることを認め、同時に天宝代に変宮調的角調の存在したことを認めてこれらの調を結局二にして一の調に帰することが出来るのである。宋の沈括の角調の正調名は唐の角調のそれと同傾向を示し正角に位しつつ、終声だけ変宮にあり、宋の仁宗の『景祐樂髓新經』は変宮位にそのまま角調の主声を置いているために二者の正調名は齟齬しているが、実際は一致したものであることは時号の一致によっても知られる。(11) これを要するに唐の角調には正角に終止する正格のものと、変宮に終止する変格のものとがあり、変格のものが却って愛好されたために名義に反する調のように見えるものも生じたが、依然角調の名を保つごとく二者は一調の二面に他ならないのである。

二、次に徴調の欠如は充分の理由は明かでないが、俗楽では餘り愛用されなかったものか。尤も初唐代には讌楽

調＼律	黄	大	太	夾	姑	仲	蕤	林	夷	南	無	応
宮調	黄鐘宮		沙陁調 太簇宮					道調 林鐘宮				
商調			越調 黄鐘商		大食調 太簇商			双調 仲呂商		小食調 林鐘商		水調 南呂商
羽調					平調 林鐘羽					黄鐘調 黄鐘羽		般渉調 太簇羽
角調							太簇角					林鐘角

に五調を用いた明証があり、天宝よりやや遅れて徳宗代には五絃琵琶の名手、趙璧が徴調を弾ずとの元稹の楽府[12]もあり、俗楽にも徴調がなかったわけでないことを知るのである。

以上、『唐會要』所出の天宝十三載の十四調中金風調以外の調の主声の位置並びに相互関係を表示すると上の如くなる。

『唐會要』には以上十四調の他、何等言及するところがないので、前述のごとく当時二十八調が完成していたかどうかについて確実なことは云えない。今日は尚おそれを論ずる時期ではないと云った方が正しいかも知れない。尚おこれら『唐會要』の諸調の則る律が古律であることや、その本態が何であるかは後に述べる。

『唐會要』の記述の他に唐人の記録に基いた『唐書』や段安節の『樂府雑録』に金風調を除く十三調を包括する俗楽二十八調名を掲げている。それらは時号のあるものは時号しか掲げていないから、それ自身としては全調の相互関係を明示していないが、一部『唐會要』所説や、北南宋伝を参酌するときは、その意味は殆んど正しく了解することが出来るのである。以下、各調を概観するに当り、二十八調の記録を掲げてみよう。先ず『唐書』禮樂志には

凡所謂俗樂者二十有八調、正宮・高宮・中呂宮・道調宮・南呂宮・仙呂

宮・黃鍾宮、爲二七宮一、越調・大食調・高大食調・雙調・小食調・歇指調・林鍾商、爲二七商一、大食角・高大食角・雙角・小食角・歇指角・林鍾角・越角、爲二七角一、中呂調・正平調・高平調・仙呂調・黃鍾羽（羽字疑調字之誤）・般渉調・高般渉、爲二七羽一、皆從レ濁至レ清、迭更二其聲一、下則益濁、上則益清、慢者過レ節、急者流蕩、其後聲器寖殊、或有二宮調之名一、或以二倍四一爲レ度、有下與二律呂一同名、而聲不レ近レ雅者上、其宮調乃應二夾鍾之律一、燕設用レ之(13)(13イ)

とあり、『樂府雜錄』には

平聲羽七調、第一運中呂調、第二運正平調、第三運高平調、第四運仙呂調、第五運黃鍾調、第六運般渉調、第七運高般渉調、上聲角七調、第一運越角調、第二運大石角調、第三運高大石角調、第四運雙角調、第五運小石角調、亦名二正角調一、第六運歇指角調、第七運林鍾角調、去聲宮七調、第一運正宮調、第二運高宮調、第三運中呂宮、第四運道調宮、第五運南呂宮、第六運仙呂宮、第七運黃鍾宮、入聲商七調、第一運越調、第二運大石調、第三運高大石調、第四運雙調、第五運小石調、第六運歇指調、第七運林鍾商調

とある。両書の術語には若干の相違もあるが、字音は大同小異である。この点むしろ『唐會要』と両書との間の時号の相違の方が著しいものがある。例えば『唐會要』の沙陁調・水調に対する両書の正宮［調］・歇指調の如きである。しかしその他は特記するほどの差はない。そして両書には宮調中に正調名が時号を兼ねるものが三調ある他、正調名を附記していないので、『會要』に掲げたもの以外の調の音律的相互位置については一部時号中の律名より判ずるか、それより一層合理的なのは唐伝の直系である宋伝による解釈である。已に述べたように正調名の呼び方には唐・北宋・南宋の間に相違があるが、実質は同じであることが明かであることからして、宋伝から逆に唐の時号を解釈することは何等困難ではないのである。左に文籍に現われた二十八調の正調名・時号と、これに対す

る宋の正調名を附して理解の便に供しよう。七角は変格を主と見て七羽調の後に列した。

	唐 時号	唐 正調名（之調式）	北宋 正調名（為調式）	南宋 正調名（之調式）
七宮	沙陁調 正宮[調]	太簇宮	黄鐘宮	黄鐘宮
	高宮調	[夾鐘宮]	大呂宮	大呂宮
	[中呂宮]	中呂宮	夾鐘宮	夾鐘宮
	道調[宮]	林鐘宮	仲呂宮	仲呂宮
	[南呂宮]	南呂宮	林鐘宮	林鐘宮
	仙呂宮	[無射宮]	夷則宮	夷則宮
	[黄鐘宮]	黄鐘宮	無射宮	無射宮
七商	越調 伊越調	黄鐘商	黄鐘商	無射商
	大食調 大石調	太簇商	太簇商	黄鐘商
	高大食調 高大石調	夾鐘商	夾鐘商	大呂商
	双調	仲呂商	仲呂商	夾鐘商
	小食調 小石調 小植調	林鐘商	林鐘商	仲呂商

	水調 / 歇指調	南呂商	南呂商	林鐘商
	林鐘商調	無射商	無射商	夷則商
七羽	中呂調	仲呂羽	黄鐘羽	夾鐘羽
	平調 / 正平調	林鐘羽	太簇羽	仲呂羽
	高平調	南呂羽	姑洗羽	林鐘羽
	仙呂調	無射羽	仲呂羽	夷則羽
	黄鐘調	黄鐘羽	林鐘羽	無射羽
	般渉調	太簇羽	南呂羽	黄鐘羽
	高般渉調	夾鐘羽	無射羽	大呂羽
七角	越角[調]	黄鐘角	南呂角	無射閏
	大食角 / 大石角調	太簇角	応鐘角	黄鐘閏
	高大食角 / 高大石角	夾鐘角	黄鐘角	大呂閏
	双角[調]	仲呂角	太簇角	夾鐘閏
	小食角 / 小石角調	林鐘角	姑洗角	仲呂閏
	歇指角[調]	南呂角	蕤賓角	林鐘閏
	林鐘角[調]	無射角	林鐘角	夷則閏

二十八調の夫々の七声の律については終りに附した二十八調表を参看すれば一目瞭然であろう。

二十八調の時号中には蘇祇婆七調名に由来するもの若干を含んでいることは已に指摘した如くである。その他、外来語起源のものや、支那旧楽の調名に由来するもの等がある。今、蘇祇婆調を始め二十八調の主なるものを拾い、互に関係のある調名や旧来の異説を類聚して批判を試みて見よう。

（略称）燉煌＝燉煌石室遺籍仏曲[14]、日本伝＝日本所伝雅楽
『樂書』＝陳暘『樂書』[15]、『宋史』＝『宋史』律歴志・樂志

一、娑陁力『隋書』
　婆陁力『通典』・『遼史』・『宋史』・『樂書』・日本伝
　[8]沙陁・沙陀『唐會要』・日本伝
　婆陁燉煌
　正宮『唐書』・『樂府雜録』・『宋史』・『遼史』・『夢溪筆談』

二十八調中の沙陁調は娑陁力調の略称であることは音韻関係のみならず、調性が共に宮調であることからしても明かである。七調碑の sādhārita に一致するから婆字は娑字を正しとすべきであろう。隋訳の仏典では娑を sa、沙を ṣa の対訳に区別して用いている例があり[16]、蘇祇婆七調中でもこの二字を区別しているから、沙陁も娑陁の転訛と見るべきであろう。沙陀を唐代の沙陀国の調とする一説も[17]、またそれに代って沙陀即ちインド音階による sa+dha+ni であろうとする一仮説（高楠順次郎説[18]）も今日では最早、旧説に属している。しかるにペリオは大食（アラビ

ア）の名による大食調を連想して沙陀（トルコ族）の名による沙陀調の存在を敢て否定せないで、沙陀調名が沙陀族の出現――第九世紀中葉――以前より存在したとすればその原語は sadja 乃至 sādava の如き ṣad に関係のある語に求むべきであろうとして高楠説に反対しているが[19]、天宝十三年（第八世紀中葉）に已に沙陁調の名あり、且つ娑陁力・沙陁は共に宮調であって、娑陁力以外に類語であり宮調である調名は求め難く、且つこの二調は共に胡俗楽の中心的地位を占めている点よりして同一に帰すべきは疑いを容れず、ペリオ説には従い難いのである。またペリオが大食を大食国と連想するのも誤りであることは次に述べるが如くである。

それから日本所伝林（臨）邑楽の曲は恐らく隋唐代、扶南地方から一旦、支那に伝った音楽らしく[20]、それらの曲は壱越調・沙陀調が主であるが、林邑楽をインド系の楽と見ることから、元来、唐の沙陁調（宮調）に一致すべき沙陀調を顧ずして、後世調性の一変した沙陀調――尤も沙陀調にも宮調の面影を存するものがある――と近世インドのシャドジー（sadji）調との関係を説く学者もあるが[21]、その非は敢て云うまでもなかろう。唐代沙陁調の代りに正宮の名が起きた。これはこの調が俗楽の中心であることを言外に漏らしている。

二、雞識『隋書』・『通典』

稽識『宋史』［律］

乞食燉煌・『樂書』・日本伝

器食日本伝[22]

大乞食『樂書』

大食『唐會要』・『唐書』・『遼史』・『宋史』・日本伝

大石『樂府雜錄』・『宋史』［律］・『夢溪筆談』・日本伝(23)
小訖食『樂書』
小食『唐會要』・『唐書』・『遼史』・『宋史』
小植『唐書』驃國傳
小石『樂府雜錄』・『宋史』［律］・『夢溪筆談』・日本伝(23)

鶏識は七調碑の kaiśika に当る。共に商調である点までよく一致している。また二十八調の商調、大食と同一調である乞食調は、その音韻が鶏識と類似するところからして同語の異訳と考えられる。尤も乞食調については『大日本史』禮樂志は

乞食調、疑歇指調、即林鐘商南呂也、……○按……狛氏所傳倚蘭琴譜有㆓碣石調㆒、他莫㆑所㆑見、碣石・乞食音亦近、疑乞食之轉也

として、乞食調を水調の異名である歇指調と同視している。後に述ぶるごとく乞食に大・小の別あることより、第三位の乞食として歇指があるとも云えなくもないが、果してどうであろうか。しかし碣石に至っては全く乞食とは区別すべきもので、『幽蘭琴譜』によると徵調――楊宗稷は宮調とす――である。次に大食を大食国（Tajik アラビア）の調に擬する旧説は近代の内外の学者にも尚お信奉されているが(24)、大食は大石とも書し、また乞食とも称せられること、異均（林鐘均）の商調に小食（小石・小植）のあることから判じて、大は大小の大の意に過ぎず、識・食・石・植は何れも類音ゆえ、これらの調名の間には密接な関係があるものと考えたい。そして大乞食・小訖食の遺例もあり、大食は大［乞］食、大石は大［乞］石、同様に小食は小［乞］食、小石は小［乞］石と判断するのである(25)。一体わが雅楽で実は同一調ながら乞食調と大食調とを名目上区別しているのは、楽曲伝来の時の事情によるも

のであるらしい。甲曲は大食調として、乙曲は乞食調として伝承したのを、比較的忠実に祖述しているために、この二調の区別を生じたので、調の実質の同不同については殆んど考える者はなかったらしい。

三、沙識『隋書』・『通典』・『宋史』[律]

渉折『樂書』

この二語は何れも七声としては角に当り、調としても角調に宛てられているから、音韻のやや不一致はあるが、同一語原の異訳と考えられる。レヴィは沙識＝ṣaḍja と解している。(26) ṣa の対訳としての沙は穏当で、かようにも解されるが、調そのものの間の類似は認め難い。ペリオは『金剛頂經略出經』(沙臘の項参照) の「破音」を或はこの語かと述べている。(27)

四、沙侯加濫『隋書』・『通典』

レヴィはこの語を saha grāma に還元し、(28)『法寶義林』は ṣaḍja grāma と解している。後者は七調碑に出ずる語であるが、調性は一致しない。碑刻は商調であり、沙侯加濫は変徴調に擬すべきものであるから、尤も『隋書』に変徴声とあるのは蘇祇婆や鄭訳の仕業だけのものに過ぎないかも知れない。ペリオは「『法寶義林』批評」に於て加濫を grāma にあてるのは良いが、ḍja>侯は不可だと云う意見を漏らしている。

五、沙臘『隋書』・『通典』・『宋史』[律]

婆臘敦煌

灑臘『金剛頂經略出經』

七調碑の ṣāḍava と音韻も近いし、共に徴調である点も一致するから、この語の音訳と認めて好い。中央アジアに於ける ḍ>l の音韻転換は珍らしいことではないから[29]、ḍa に対する臘は別に気にならない。『隋書』では沙は ṣa、娑は sa の対音として区別して用いているから娑は娑字の誤りであって同時に沙の転訛と見られる。『金剛頂經瑜伽中略出念誦經』（唐、南印度三藏、金剛智訳）巻四に

其讃詠法、晨朝當レ以二灑臘音韻 ṣāḍava一、午時以二中音 madhyama一、昏黄以二破音一、中夜以二第五音韻一讃レ之[30]

とある灑臘も同語の異訳である。

六、般贍『隋書』・『通典』

般贍『宋史』［律］

般涉『唐會要』・燉煌・『宋史』・『樂書』

盤涉日本伝

般贍は七調碑の pañcama とは音韻も酷似しておれば共に羽調である点も一致している。この語言説は近代の学者の並びに認めるところであるが[31]、日本盤涉が唐の般涉と共に般贍の転訛であり、調性も一致するに拘らず、盤涉をインド五河地方のパンジャブ Panjab の楽調かと説く高楠説[32]には到底従い難い[33]。『金剛頂經略出經』に第五音韻とあるのは般贍のことである（沙臘の項参照）。

七、俟利箑⑨『隋書』・『通典』

俟利蓮『宋史』〔律〕

『隋書』に華言斛牛聲とあるところから、原語を梵語の ṛṣabha(34) vṛṣa(35) vṛṣabha(36) 等に擬する諸説がある。この三語は何れも牡牛の義である。ペリオは俟利箑の音韻は ṛṣabha の訳としては甚だ好いと云っている。(37)

八、越『唐會要』・『樂府雜錄』・『唐書』・『宋史』

伊越『唐書』驃國傳

一越日本伝

壹越日本伝

単に越と云えば呉越の越を想わせ、何か地域にちなんだ調名のように思えるが、越と同じ正調名をもつ伊越の存在によって出現の年代こそ越の方が伊越より早いにせよ、後から餘計な字が附せられるのは却って不自然ゆえ、越はむしろ伊越のような語の省略であろうと考えられる。クーランは越の語義は不明であるが、多分、ある特異の運指法にこの名を与えたものかと云っているが(38)、果してどうであろうか。また伊越を仲介として一越と越の関係を一層親密のものにさせるのである。それでは伊越の語原は何かと云えば適宜なものが見当らない。『法寶義林』は日本訓の一越《イチコツ》より東トルキスタンのイジクッチャリ Idiqutshari の調に擬する一仮説を立てているが(39)、ペリオはこの地方は極く近代のものであって、その対合は不可と批評している。(40) 一体に唐楽調名と国名・地名を結びつける説には一つとして合理なものはない。沙陀・大食も然りである。楽調は一国・一地方でも僅か一種に限っていないから、一国・一地方名を代表とする調名は実際に生ずることは滅多にないのである。この点からペリオが伊越の伊は伊州 Qomul を現わすらしいと云う仮説にも賛成し難い。(41) 伊・越はたまたま地名であるが、共に仮借字で、さる外来語の音訳と見るべきであろう。唐の五商調——越・大食・双・小石・水——の音程が蘇祇婆の五均の音程に一致し、且つ夫々特殊の時号をもっている点より、これを一組と見て何れも梵語の音訳または意訳と考えるのも無稽の説ではあるまい。

九、雙調『唐會要』・『樂府雜錄』・『唐書』・日本伝

特殊な時号をもつ唐の五商調の一つであるから、越調の項で述べたようにさる梵語の意訳らしい感じがする。『法寶義林』はこの原語を梵語 dvipadī——プラークリットの詩韻の一——に擬しているが、(42) 首肯し兼ねる。

十、水『唐會要』・日本伝

歇指『樂府雜錄』・『唐書』

唐の南呂商は二つの時号を持っている。本調も五商調の一つである点から、これらの名称はある梵語に負うとすれば、歇指はその意訳、水はその音訳かとも考えられるのであるが、以上の音訳と意訳とを兼ねる原語は求め難い。従って原語を夫々別に求めると、先ず音訳の原語に対しては『大日本史』の説のように歇指＝乞食で大小乞食以外の第三の乞食を指したものとするも一案であるが、遽かにその是非を論じ難い。またクーランは越［調］が、多分特殊な運指に与えた名の如く、歇指も類似の起源のものであろうと説いているが、(43) 相当疑わしい説である。次に意訳の原語に対しては『法寶義林』は rāga sindhuka を挙げているが、(44) このインダス河名を帯びたラーガがどの点、水調に近いか疑問である。

十一、道『唐會要』

道調宮『樂府雜録』・『唐書』

道調の名は老子の所謂道に起るらしい。『唐書』禮樂志に

高宗自以㆓李氏老子之後㆒也、於㆑是命㆓樂工㆒製㆓道調㆒

とあり、高宗は道調と云う一種の楽を興したが、それに用うる調が同時に道調であったのであろう。しかし玄宗代に増広した道［調］曲は中には商調もあり、天宝十三載の楽曲表によれば太簇宮・沙陁調に列しているものが少なからず存することは林鐘宮を道調とするのと背馳している。強いて説けば高宗以来の伝統の道調曲は後の道調を用いたものとすることである。それとも高宗の道調と二十八調の道調とは無関係とするかである。

十二、平『唐會要』・日本伝

正平『樂府雜録』・『唐書』

南朝所伝の俗楽である清楽の三調——瑟調・清調・平調——の一に同名の調がある。これと関係があるかどうか。『魏書』樂志に後魏の陳仲儒の言を引いて「平調以㆑宮爲㆑主」とある。それならば宮調で、二十八調の平調と実質的関係はないが、『玉海』に引くところの『魏書』によれば「平調以㆑羽爲㆑主」とあり、羽調の平調と調性だけ一致することになる。とも角、その名称は清楽の調名と関係があるらしい。清楽そのものも、その楽曲の一部が俗楽の中に混入していることを見れば、この点、別に不思議とするに足りない。

十三、仙呂『唐書』・『宋史』

宮調に仙呂宮、羽調に仙呂調がある。クーランは仙呂の名称は恐らく道教的意義を含むものかと云っている[45]。

十四、金風『唐會要』

調性も不詳であるが、これと関係のあるらしいものに『唐書』藝文志に

　玄宗金風樂一巻

がある。

十五、移風敦煌

　平調移風『樂書』

『樂書』に般贍調は平調移風とあるから羽調であることは確かである。

（1）岸辺成雄「唐の俗樂二十八調の成立年代に就いて」（中）はこの記事が唐、杜佑の『理道要訣』の佚文であることを説いている。

（2）石井文雄「啞律考」、岸辺「二十八調」（中）。

（3）羯鼓の曲として太簇宮・太簇商・太簇角（羽の誤か）の諸調の曲を挙げている。

（4）沙陁調十五曲、大食調八曲、般涉調九曲、道調二曲、小石調七曲、平調四曲、林鐘角一曲、越調七曲、黄鐘調二曲、双調二曲、金風調二曲。

（5）正倉院古文書（天平十九年）の紙背にある琵琶譜には黄鍾とあるが、その調絃は琵琶黄鐘調に該当する点より、黄鍾は

黄鐘調の略記であることを認める。この紙背の譜は天平十九年以前であるか以後であるか審でないが、この年は唐の天宝六年に当り、それ以後の写としても唐より伝来に相当の年月の要することを考慮に容れるときは、案外天宝十三載以前の譜であるかも知れない。これも私案によればあり得ることである。

(6) 岸辺「二十八調」の中心論題である二十八調の天宝十三載成立の時期説は、このような全貌を語らない『唐會要』(＝『理道要訣』)所説に立っている以上、餘り強くは主張出来ないであろう。

(7) 之調式・為調式の術語は私の創案である。『燕樂調研究』附論一「唐燕樂調之調式」参照。岸辺「二十八調」の之調型・為調型の語はこれより出で、やや改めたものに過ぎない。

(8) 『燕樂調研究』序、「隋唐前後諸律尺黄鐘表」、「蘇祇婆五旦之新釋」、「燕樂二十八調」、「驃國樂調之律」、「黄鐘宮與正宮」、「燕樂與五律之關係」、「唐燕樂二十八調圖」、附論一「唐燕樂調之調式」の諸章。

(9) 盤渉調の七声は

律調：	宮		商	嬰商		角		徴		羽	嬰羽		宮
羽調：	羽		変宮	宮		商		角		変徴	徴		羽
	h		#c	d		e		#f		#g	a		h

で主声がhであり、『博雅譜』の太簇角は主声が♯fである他、七声の律の高度は全く同じである。

(10) 林・平出久雄「琵琶古譜の研究」(『月刊樂譜』)。

（11）

	『樂髓新經』	『補筆談』	[殺声]
黄	黄鐘角 高大石調・(角)	黄鐘角 林鐘角	[尺]
大			
太	太簇角 変・(双)角	太簇角 越角	[工]
夾			
姑	姑洗角 小石角	姑洗角 大石角	[凡]
仲		仲呂角 高大石角	[六]
蕤	蕤賓角 歇指角		
林	林鐘角	林鐘角 双角	[四]
夷			
南	南呂角 越調・(角)	南呂角 小石角	[一]
無			
応	応鐘角 大石調・(角)	応鐘角 歇指角	[上]
	変宮位	角位	

（12）『樂府詩集』（九十六）元稹、五弦彈「趙璧五弦彈㆓徵調㆒、徵聲巉絶何清峭」

（13）「其宮調、應㆓夾鍾之律㆒」の真義は解き難いが、一二の私案を述べると——（一）調の中心をなす正宮の所在する均が古律の夾鐘に当るとする案——この場合は俗楽の標準は古律より三律高いことになる。（二）しかし正宮の所在だけについて宮調と云う語が妥当でないとすれば、七宮の音程に於て古律の夾鐘が宛も宮位にあるを示したものとする案も可能である。

古律	黄	大	太	夾	姑	仲	蕤	林	夷	南	無	応
七宮	黄鐘宮		正宮	高宮		中呂宮		道調宮		南呂宮	仙呂宮	
	｜		｜	｜		｜		｜		｜	｜	
七声	羽		変宮	宮		商		角		変徵	徵	

(13イ) 岸辺「二十八調」は『唐書』の記事が徐景安『新纂樂書』(一名『歴代樂儀』)に基くと指摘している。
(14) 向覚明「龜茲蘇祇婆琵琶七調考原」所載。
(15)『樂書』(百五十九)胡曲調。
(16)『佛本行集經』(隋、闍那崛多訳、十一)「唱二沙、(ṣa)字一時、當レ知二六界(ṣaḍdhātu)一、出二如レ是聲一、唱二娑、(sa)字一時、當レ得二諸智(sarvajñā)一、出二如レ是聲一」
(17) 高楠「林邑八樂」(七九〇頁)にその非を論じている。
(18) 高楠「林邑八樂」(七九五―六頁)又、『法寶義林』一五六頁。
(19) Pelliot,「『法寶義林』批評」。
(20) 津田左右吉「林邑樂について」(『東洋學報』六)。
P. Demiéville, *La Musique čame au Japon* (*Etudes asiatiques*, t.I, 1925.) 後者は津田説の紹介増補である。
(21) 田辺尚雄「印度樂律と林邑樂の沙陀調との關係に就て」(『東洋學藝雜誌』三五) 向達「七調考原」。
(22)『類箏治要』。
(23)『教訓抄』。
(24)『大日本史』禮樂志「按唐書大食、本波斯地、此調蓋出二于此、故名、食一作レ石、音通」高楠「林邑八樂」(七九〇頁)、『法寶義林』一五六頁。
(25) 岸辺「二十八調」大食・小食の解また私案の踏襲に他ならない。
(26) Lévi, *Langue de Koutcha*, p. 352.
(27) Pelliot,「『法寶義林』批評」。
(28) Lévi, ibid.
(29) Pelliot, ibid., p. 102.
(30)『法寶義林』九七頁。
(31) 高楠「林邑八樂」　田辺『東洋音樂史』　向達「七調考原」Courant, *Essai hist. mus. ch.*, p. 96, note 4 ; Lévi, ibid.『法寶義林』一五六頁。

(32) 高楠「林邑八樂」七九〇頁、『法寶義林』一五六頁。
(33) Pelliot (ibid., p. 97) はペルシャ語 Panjab は唐宋代には未だ現われず、この擬定は不可なりと批評し、また、般膽の訳語には何か中央アジアの中間語が介在すべしと説いている。
(34) Courant, ibid.
(35) Lévi, ibid.
(36)『法寶義林』一五六頁。
(37) Pelliot, ibid.
(38) Courant, ibid., p. 119.
(39)『法寶義林』一五六頁。
(40) Pelliot, ibid., p. 98.
(41) Pelliot, ibid.
(42)『法寶義林』一五七頁。
(43) Courant, ibid., p. 119.
(44)『法寶義林』一五七頁。
(45) Courant, ibid., p. 119.

唐楽調の律

唐楽二十八調の組織については以上でその大要を述べ尽したと思うが、それらの調の基準とした音律が何であるかの問題が残っているので、次にこれを論じようと思う。

唐楽律については今までに先人に論じ尽されている感じがありながら、その実ある一隅しか明かにされていないのである。それは（一）唐人自身の明記した資料の乏しさと、（二）宋人の所論も前代の真相を明かにするほどのものがなく、（三）宋代の楽調の音律は推測出来ても、直ちにそれを以って唐代の楽調の真相を尋ねるに足らず、（四）一方、唐楽を祖述する日本雅楽も長年月の経過による変遷を考慮に容れるときは、そのまま音律的証拠資料とはならないこと等が理由となって、唐楽の音律の真相は殆んど明かになっていなかったのである。これに対し私は『唐會要』の十四調の正調名と『六典』の律尺説と『唐書』驃國傳の両頭笛の記録を根拠として一新説を提唱したが、今日でもその説の根本理論に代る妥当な説を見出さないのである。以下これを述べるに先立ち、唐代の音律の高さを決定する律尺とそれについての諸説を紹介しよう。『唐六典』（三）に大小尺について次のように述べている。

凡度以㆓北方秬黍中者、一黍之廣㆒爲㆑分、十分爲㆑寸、十寸爲㆑尺、一尺二寸爲㆓大尺㆒[1]……凡積㆓秬黍㆒爲㆓度量權衡㆒者、調㆓鍾律㆒、測㆓晷景㆒、合㆓湯藥㆒、及冠冕之制、則用㆑之、內外官司悉用㆓大者㆒

度量衡を造り、鐘律を調べるものは累黍尺の小尺であり、日用はその一尺二寸に当る大尺であることを知る。その小尺については後周の代に造られた玉尺とする説と、同じ後周の代の鉄尺とする説の二つがあり、更にその行使の年代について唐の律尺を

一、玉尺とする説
二、鉄尺の時代もあり、玉尺の時代もあるとする説
三、鉄尺とする説

の三通の説がある。

『通典』に唐初、雅楽の制定に大功のあった張文収の鋳造した銅律その他について、唐律を考えるのに重要な記

録を収めている。すなわち同書（百四十四）に

大唐貞觀中、張文收鑄二銅斛秤尺升合一、咸得二其數一、詔以二其副一藏二於樂署一、至三武延秀爲二太常卿一、以爲二奇翫一、以三律與二古玉斗升合一、獻焉、開元十七年、將レ考二宗廟樂一、有司請レ出レ之、敕惟以二銅律一付二太常一、而亡二其九管一、今正聲有二銅律三百五十六、銅斛二、銅秤二、銅甌十四一、斛左右耳與レ臀皆正方、積レ十而登、以至二於斛一、銘云、大唐貞觀十年、歲次二玄枵一、月旅二應鍾一、依二新令累黍尺一、定レ律校レ龠、成二茲嘉量一、與二古玉斗一相符、同二律度量衡一、協律郎張文收奉レ敕修定、秤盤銘云、大唐貞觀秤、同二律度量衡一、匣上有三朱漆題二秤尺二字一、尺亡、其跡猶存。以二今常用度量一校レ之、尺當二六之五一、衡皆三之一

とある。常用尺である大尺の5/6は小尺であるから、開元時代の大尺は張文収時代の小尺の一尺二寸であることがわかる。右『通典』には尚お一類大きさの違う斛・秤を記している。同書に

一斛一秤、是文收總章年所造、斛正圓而小、與レ秤相符也

とあるもので前の貞観中の製作より三十年ほど後に製作したものであることが知れる。ところで、文収時代の古玉斗と云うのは何んであるか。この解釈如何が唐の小尺を玉尺と見るか鉄尺と見るかの分岐点となるのである。この古玉斗を後周の保定中、発掘した古玉斗と見、件の古玉斗から生れた後周の玉尺(2)に関係があると認めて、唐小尺即ち玉尺説を唱えたのは南宋の蔡元定で、(3)荻生徂徠も同説であり、(4)近くは郭沫若もこれを主張している。(5)沫若説によると文収時代には『隋書』の撰者は尚お存命中であり、その時代に古玉斗と云えば、『隋書』律歴志中に堂々と述べている後周代、発見の古玉斗を指すのは当然で、銘文の性質上、無根拠に古玉斗云々と刻したのではない。今少し詳しく云えば、唐代には前後屢々尺度の変更があったもので、（一）貞観十年前は鉄尺で武徳四年、制定の「開元通宝」銭の径が『唐書』によれば径八分(6)とあるのは鉄尺によれる証拠で、（二）貞観十年に古玉斗に拠って修正

したものが後周の玉尺系であり、(三)文収が総章年中、所造の第二斛が「正圓而小」とあるのは、これ亦、鉄尺に叶うものであり、(四)開元中の常用尺が、貞観の新尺と六：五の比をなしていたのは、開元代、再び玉尺に改制したもので、その時期は凡そ武后代であろうと云うのである。

一方、狩谷棭斎は『本朝度量權衡攷』中で先人の諸説を厳正に批判し、元定・徂徠の唐小尺即ち玉尺説の根拠としている古玉斗は必ずしも後周代に発掘のものに限らず、東晋乃至劉宋代の所造のものかも知れないと述べ、また山田正珍が古玉斗を周漢代のものとする説をも排し、貞観十年文収が新令累黍尺による尺は隋の開皇中、用い出し、大業中、一旦廃した鉄尺を再興使用したまでに他ならないと細々と主張している。またその傍証の一として、文収の新尺は『玉海』(八)に宋の景祐三年、丁度の上言中

今司天監景表尺、和峴所㆑謂西京銅望臬者、洛都舊物也、五代不㆑聞㆑測㆑景、此卽唐尺、今以㆓貨布錯刀貨泉大泉等㆒校㆑之、則景表尺長六分有奇……

と云い、また同書に

司天監景表尺、比㆓晉前尺㆒長六分三釐

と云うところの唐小尺即ち鉄尺であるべく、法隆寺の古尺八――尺八は唐初呂才の作るところ――の長さもこれに応じていると説いている。

今、唐代の遺品に基いて何れが妥当かを見よう。先ず正倉院所蔵の盛唐代に相当する奈良時代の大尺は長短不揃いであるが、うち十二枚[7]を平均すると九寸八五七一有奇となる。これは今の曲尺の祖である。同類の尺は法隆寺・慧日寺・嘉納家ら均しく所蔵し、烏程蔣蔵尺もこれらと大同である。その優品は何れも唐制の撥鏤尺であって、盛唐代の製、または当時の尺制を模範としたものであることは疑いを容れない。この他に嘉納氏所蔵品に曲尺、八寸

のものがある切りで、唐代の遺品は殆んど大尺が大部分を占めている。従って唐一代に前後の変革があったとしても、少くとも盛唐代のものはこれらの遺品が示す度制のものを用いたと考えて好く、右の正倉院の大尺から5/6の小尺を求めると、八寸二一四餘と云う数を得るのである。近時馬衡の研究(8)によると、『隋書』律歴志の周尺、即ち西晋尺（晋前尺）は二三・一糎（七寸六二三）で、今これに従い『隋志』に示した比率によって鉄尺の長さを求めると、二四・五七八糎（八寸一一〇六七四）となり、正倉院大尺から換算した小尺より僅か一分餘短いだけのものとなる。従って正倉院尺を盛唐代の通行尺とすれば、当時の小尺は鉄尺と云うことに定まり、また『通典』の所謂、開元代の常用尺の5/6に当る唐初、貞観十年の張文収の秤尺も鉄尺であると云うことになり、従って斛銘の「與二古玉斗一相符」は後周の時、発掘した古玉斗では不合理であることがわかるのである。以上の観方は棭斎説と帰すると同じである。尤も『通典』に貞観十年より後に文収の造った小形の斛・秤の問題が残っているが、これを必ずしも鉄尺に関係のあるものと観る要はなく、時にいろいろの試みも行われたこともあったのを知っておけば好いのである。尚お次のことは鉄尺行使の確証とはならないが、『續日本紀』（十二）天平七年（＝唐、開元二十三年）四月に

辛亥、入唐留學生、從八位下上道朝臣眞備、獻下唐禮一百三十卷・太衍暦經一卷・太衍暦立成十二卷・測影鐵尺一枚・銅律管一部・鐵如方響寫二律管聲一十二條・樂書要錄十卷……上

とある記事で、測景鉄尺は『六典』の「調二鍾律一、測二晷景一用二小尺一」の説に合い、鉄尺の小尺を輸入した証拠であると考え得ないこともない。上記、宋の丁度の説によると司天監景表尺は唐尺で、その長さは西晋尺より六分三厘長いとあれば、これも鉄尺で、真備の輸入したものも同類であり、単に鉄質で造った鉄尺と解さない方が穏当かも知れない。尚お嘉納氏の蔵品のうちには鉄尺に殆んど一致する尺があり、以上の考古学的資料を参酌するときは唐代、殊に盛唐代の小尺は鉄尺であることは愈々確実に思われるのである。従って以下盛唐の律尺を鉄尺として論

を進めることにする。

さて鉄尺の九寸の律管を一端閉じて吹くと凡そf′/♯f′の音を得る。それが鉄尺の黄鐘である。正倉院蔵尺八のうち、丁度鉄尺の一尺八寸、即ち倍黄鐘に当る一管があるが、実験によれば勝絶・下無の間f′/♯f′に当っている。(9) そこで、f′/♯f′を鉄尺の黄鐘と定めておいて、これが唐代どのように用いられたか、特に二十八調との関係はどうであるかの問題に移ってみよう。

『唐會要』の天宝十三載楽調の太簇宮＝沙陁調と黄鐘商＝越調はその正調名により、これを之調式に読むときは共に太簇に主声を置いていること、わが雅楽の沙陀調と一越調が共に一越（d）に主声を置いているのと同様である。ところが一越は元来太簇であって、黄鐘ではない。その何よりの証は『唐會要』の所説と、『博雅笛譜』の太簇角「鳥歌万歳楽」が同様一越を太簇に配していることである。一越を太簇にすると黄鐘は神仙（c）に下る。このような低い律を生むには少くとも大尺より更に長大な尺によらなければならない。近世わが国では曲尺（唐大尺の裔）の九寸の律を一越としているが、一越が太簇である限り曲尺から九寸の律を求めることは唐代では大尺の九寸を以って太簇を求めることになり、理に合わないことは自明である。それに又、唐代大尺を以って律を求めたと云う記録は絶無である。それではわが雅楽調の基準律の低いのは長年月の経過による変化と見るべきで、本来の唐楽調は鉄尺の九寸を黄鐘とする律に相応したものと見るべきであろうか。これに対し、宋代の人々が何れも唐律の低いのを指摘していることは右の疑問を否定するものとして注目に値する。今、宋人の所説の代表的なものを列挙してみよう。

一、李照説——『玉海』（七）、景祐二年、李照の建言に

王朴律準視㆓古樂㆒高五律、視㆓禁坊樂㆒（『玉海』（百五）註云胡部）高二律、擊㆓黄鐘㆒、則爲㆓仲呂㆒、擊㆓夾鐘㆒、則爲㆓夷則㆒

とある。云う所の古楽は下記の范鎮・房庶等の言と比べて唐楽であること明かで、その律が王朴律準より五律も低いことを説いているのである。五代の王朴律は宋の初め雅楽に採用された律で、その後再三、楽律の改制ありながら、殆んど宋雅楽の標準律のように喧しく云われ、また事実、多少変形したものを北宋代久しく用いたらしい律である。

二、范鎮説——王応麟『困學紀聞』引、范鎮『仁宗實錄』序に、

王朴始用レ尺定レ律、而聲與レ器皆失レ之、太祖患二其聲高一、特減二一律一、至レ是、又減二半律一、然太常樂比二唐之聲一、猶高五律、比二今燕樂一、高三律

とあり、李照説より更に一律半低い唐律を指しているが、この文には何か誤りがあるかも知れない。と云うのは、『宋史』（百三十一）樂志[10]に

鎮 范鎮 以所レ收開元中笛及方響、合二於仲呂一、校二太常樂一下五律、教坊樂下三律

と云って、李照説と一致するからである。

三、房庶説——『宋史』律歴志に

初庶 房庶 言、太常樂高二古樂一、五律

四、沈括説——その著『夢溪補筆談』に

本朝燕部樂、經二五代離亂一、聲律差舛、傳聞國初比二唐樂一、高五律、近世樂聲漸下、尚高兩律

とあるが、この全文はそのまま受取れない。宋初、高くなったのは燕部楽、俗楽ではなくして、王朴律による雅楽であるからである。

かように北宋の人の云う所は若干の差はあるにせよ、大体、王朴律より五律低いところに唐律があったことを説

いているのである。思うに唐に近い時代のことでもあり、唐代の楽器や記録・口伝なども残っていたことであろうから、それらに基くと思われる以上の諸説を無稽のものとして排することは出来ないのである。王朴の律準尺は梁の表尺と殆んど同じで二三・六糎弱で、その黄鐘は晋前尺と鉄尺の二つの黄鐘の中間#f′に当る。これから五律低いものを求めると#c′で、一越（d）より僅か低いところにある。これが宋人の考えた唐律の黄鐘である。

ここで一言附け加えておきたいのは、同じ資料に基きながら、私とは別の決論に達した清の陳澧の説である。北宋末、徽宗代に蔡絛は新楽の大晟楽の律が唐の律より二律低いと云っているが[10]、大晟楽律はその後、金・元・明まで継続して用いられたらしく、そこで陳澧は明楽の黄鐘から遡って、唐律を明律の二律上に置いた結果、西晋律から四律半——王朴律から四律しか唐律を下すことを得ず、そこで宋人の所言との不一致を除くために苦慮を費しているのである。澧の云うところの金・元・明楽律は西晋律より六律半低いもので c′/#c′の間にある。朝鮮李王職にある李朝の明代の編鐘磬の黄鐘も凡そこれに近く、実測によると c′より僅かに高い所にあるから[11]、澧の金・元・明楽の律と李王職のものとは先ず一致することはわかるが、と云ってそれより二律高い d/#d に果して唐律があったかどうか疑問である。

これを要するに宋人の見る唐律は凡そ#c′/d′の間としても、問題となるのは、このような低い律は何を標準として作られたかと云うことで、唐人はそれについて一切を沈黙しており、宋人もその理由を知らないようである。所詮、唐の小尺（鉄尺）では直接的にはどうしても生み出せない律であることは明かである。この問題の解釈として私の案出したのが律尺所造の律と、調の依拠する律の并存と、その関係についての特殊な観方の一説である。この解釈は『唐書』驃國傳の貞元中驃国から貢献した楽器・楽曲・楽調等の実録から示唆を得たのである。その特に重要な資料である両頭笛その他の楽器については別稿、[11]「唐宋代南蠻三國の樂器」の項中詳しく述べたから、ここでは驃楽の調の大意と共に、その要点のみを挙げるに止めたい。

驃国は今のビルマの地に当る国で、古くよりインド文化の恩恵に浴したため、唐代に於てはその音楽にもこれを反映している。例えば楽器中にも土俗系のものの他に、インド系のものを多数混じており、殊に楽調に至っては黄鐘商伊越調（＝越調）、林鐘商小植調（＝小石調）の二商調を限って用いているのは南インドの七調碑《ラーガ》でも中心である商調を愛好したインド音楽の感化の著しさを如実に示している。次に楽器の律を見るに、楽曲が黄鐘・林鐘二均の律に応じているように、固定の音を備えた楽器――笛類――中にもこの二つの均に関係のあるものが二三説かれている。すなわち（一）横笛一は黄鐘商に、（二）横笛二は荀勗律、清商律、蓋し林鐘均に、（三）両頭笛は黄鐘林鐘両均に、（四）小匏笙は林鐘商に夫々応じているのである。ここで一番問題となるのは両頭笛であって、この笛について『唐書』に

> 有㆓兩頭笛㆒、長㆓尺八寸、中隔㆓一節㆒、節左右開㆓衝氣穴㆒、兩端皆分、洞體爲㆓笛量㆒、左端應㆓太蔟㆒、管末三穴、一姑洗、二蕤賓、三夷則、右端應㆓林鍾㆒、管末三穴、一南呂、二應鍾、三大呂、下托指一穴、應㆓清太蔟㆒、兩洞體七穴、共備㆓黄鍾林鍾兩均㆒

と述べている。この笛の律について格別に注意を促したい点が二つある。その一つは、笛の長さと音律との間に支那楽論に叶う整然たる関係の存在すること、その二つは、律と調との間に特殊な関係の存在することである。

一、先ず笛の長さと律との関係について云うと、律管の黄鐘は九寸、林鐘は六寸、太簇は八寸が定式であるごとく、この笛もそれに順応しているのである。この笛の一端、林鐘の律を生ずる一尺二寸は林鐘六寸管の二倍であるから倍林鐘管であり、太簇の律を生ずる一尺六寸は太簇八寸管の二倍であるから倍太簇管である。かようにこの笛の長さと音律とはよく楽論に一致していることは、たとえこの笛が外来のものであって、正確には唐の尺や律に合

う筈はないとして多少の相違は認めるとしても、この記事により少くとも中唐代に律尺から割り出した律が確かに用いられた証拠を知るのである。このように律尺から造られた律を私は便宜上、正律と呼んでいる。この笛の寸法を計った尺は上来述べた小尺の鉄尺に私は擬している。

二、次にこの笛の律には面白い事実が発見される。両頭笛の律を順に並べると太簇・姑洗・蕤賓・林鐘・夷則・南呂・応鐘・大呂・太簇清の九律で、この九律によって黄鐘・林鐘二均に通ずるかと云うと、林鐘均には通ずるが、黄鐘がないので黄鐘均には通ぜず、却って夷則の存在によって太簇均に通ずるのである[12]（×××頁表参照）。それでは『唐書』にこれだけの律を挙げながら、黄鐘・林鐘二均に通ずると云っているのは誤りかと云うと、左様ではなく、正律では林鐘・太簇二均であって、これを黄鐘・林鐘二均と云うのは正律より七律高いか、五律低い別の組織の律に関しているのであって、その別組織の律こそ、黄鐘商越調や林鐘商小食調など二十八調の基準となる律であろうと云う判断に達したのである。驃国楽が林鐘商・黄鐘商の二つの商調に限られていることから考えて見ても、二つの均の名が黄鐘・林鐘である可きは当然で、林鐘・太簇であってはならない筈である。従ってこの笛を鉄尺によって造ると、林鐘は c′/#c′ となり、これが今、私が指摘した第二の律では黄鐘に該当するのである。この関係を表示すると左の如くである。

	c	#c	d	#d	e	f	#f	g	#g	a	#a	h
第一律(正律)	林	夷	南	無	応	黄	大	太	夾	姑	仲	蕤
第二律	黄	大	太	夾	姑	仲	蕤	林	夷	南	無	応

右の第二律の黄鐘 c′/#c′ は上記の宋人の云う唐律の黄鐘 #c′ に殆んど一致している。これによって宋人の云う低い唐律なるものは無根拠のものではないことを知るのである。それではこの第二律を唐人は何んと呼んだかと云う

と、中唐代で古律と呼んだものがそれらしいのである。古律は新律に対する意味であるから粛宗の新律施行以前は勿論、古律などと呼ぶ理由はないが、盛唐人自身の恰好な賦名が見当らないので古律と呼ぶことにする。今それを古律に擬する若干の理由を述べよう。

『唐書』驃國傳中に徳宗の貞元中、新附の南詔——唐と驃国との間にある国——の唐朝に対する忠誠を楽に現わした南詔奉聖楽を記録したところに古律を当時の新律に比べて三律低いことを示す左の文がある。

南呂羽之宮、應二古律黄鍾爲レ君之宮一、樂用二古黄鍾方響一・大琵琶・五絃琵琶・大箜篌・倍黄鍾觱篥・小觱篥・竽・笙・壎・篪・搊箏・軋箏・黄鍾簫・笛・倍笛・節鼓・拍板等一、工皆一人坐奏レ之

ここに使用する楽器中、特に注目すべきは古［律］方響や倍黄鐘觱篥や黄鐘簫など古律の黄鐘均に関係のある楽器を用いて新律の南呂均の曲を奏していることである。その他の楽器中には雅楽・法曲・清楽系のもの——竽・笙・壎・篪・搊箏・軋箏・節鼓・拍板——や琵琶・五絃・觱篥のような胡楽・俗楽用の器を雑えていることは[13]『新唐書』の所謂、天宝年間の玄宗の詔による

道調・法曲、與二胡部・新聲一合作

の事蹟に応ずるかのようである。とも角、南詔楽の記によって俗楽・胡楽とも密接な関係をもつことが窺われる。それから天宝十三載の楽調中には黄鐘商越調・林鐘商小食調の名を列ねているから、南詔楽の古律は天宝末の楽曲の調名に与えた黄鐘商とか林鐘商とかの黄鐘・林鐘等の律に関係があり、同様、両頭笛に見る第二の律の黄鐘・林鐘二均も、その二均の商調——一つは黄鐘商伊越調であり、一つは林鐘商小植調である故に、南詔楽の古律や天宝楽曲の律と同格に見るべきが当然で、両頭笛に見る第二の律は、これを古律と見るべきであると云うのが私の考えである。

もう一つ、結果からの比較であるが驃国の楽調を古律と判ずるときは、わが雅楽の律とも殆んど一致させることが出来ると云うことも単なる暗合ではないと思う。すなわち、古律の黄鐘と林鐘均に通ずる両頭笛をもって、越調と小食調の二調が吹奏されるわけであるから、黄鐘商越調の主声（商）の律は古律の太簇の他にはなく、その音の高さはd'/♯d'となり、わが壱越調の主声の位する壱越d'と殆んど一致する。またわが篳篥の声律を見るに、僅か半律ずつ高めると、そのまま私の推測による高さの正律の両頭笛の律に一致するのは、篳篥も両頭笛も多分、元来は同律の楽器であったもので、両頭笛の寸法を鉄尺に借りたことも結果として決して不適当でなかったことを示している。尚お唐代行われた篳篥の類に林鐘を欠く他、両頭笛と同律名のものがあったことを陳暘『樂書』に示しているが、これによっても『唐書』の記録による両頭笛の律の間違いでなく、またその律制が唐の篳篥と関係深く、並びにわが篳篥とかつては同一水準にあったことを推測することが出来るのである。

	g	♯g	a	♯a	h	c	♯c	d	♯d	e	f	♯f	g	♯g	a	♯a	古律均
両頭笛 正律	太		姑		蕤	林	夷	南		応		大	太				黄鐘・林鐘
両頭笛 古律	林		南		応	黄	大	太		姑		蕤	林				
日本篳篥	舌		ㄊ		工	凢	ム	六		四		一	上		丅		黄鐘・林鐘
漆觱篥 正律	太		姑		蕤		夷	南		応		大					林鐘
双觱篥 正律	太		姑		蕤		夷	南		応		大					林鐘
古律 黄鐘均	徴		羽		変宮	宮		商		角		変徴	徴		羽		
古律 林鐘均	宮		商		角		変徴	徴		羽		変宮	宮		商		

篳篥は支那では中央アジアの亀茲国から伝ったと云う説があり、その音韻関係よりして頷くことが出来るが、元来は遥か西アジア地方から伝来したものである。その声律の制がインド楽論を採用した亀茲楽調に叶い、一方、亀茲とは天壌の間にある南国の、それもまたインド音楽系を主潮とする驃国の楽器の声律の上にも、それと同じ制の取り入れられていたことは、実は当然のことのようでもあるが、驚くべき一奇事である。

さて以上、古律の発見によって辯明しなければならないことが二つある。

一、両頭笛の記録が明示しているように、楽器の寸尺と契合する笛孔の律を述べながら別に楽調の律（古律）がありとすれば、後者は何に基いて割り出された律であるか。換言すれば古律は律尺から造り出されるかどうかと云う問題である。これに対し直接律尺とは関係はないが、間接にはあると辯じたい。古律の黄鐘を九寸の律管から吹き出すには明治の初めに山井景順が試作したような長大なものを要す[⑭]（×××頁参照）。このようなものを作る律尺は唐代に全く用いられた形迹はない。従って古律を直接、律尺から誘導することはあり得ないのである。その代り正律によって造られた十二律を仮借し、原意を変えて用うる方法がとられたのであると考えるのである。例えば正律の倍林鐘を古律の黄鐘に、正律の黄鐘を古律の仲呂に転用するのである。已に両頭笛に見られるように、笛の尺寸は正しく律尺により、笛孔の音律は律尺より造った正律によって現わしながら、一方、均や調は古律によると云う特殊な関係が存したものと考えるのである。

二、次に唐の雅楽は古律を用いたか、それとも正律を用いたか。それに対しては古律を用いたものではないかと考える。古律より三律高い新律の楽曲に、古律時代の楽器を転用している確証がある故に、新律が雅楽の律ならば古律もまた雅楽の律と云い得るであろう。宋代の人が頻りに宋楽に対し、唐楽が低いと云っているのも単に俗楽に関するだけならば、あれほど喧しくは云わなかったであろう。かようなことから古律は同時に唐の雅楽の律であったと考えるのである。

天宝十三載の楽調から判断すると俗楽も古律そのものに従ったようであるから、雅楽が古律を用うとすれば、当時は雅俗同律と云うことになる。尤も天宝代已に俗楽では太簇均を中心とし、太簇宮沙陁調を後には正宮と称し古律の黄鐘に立つ黄鐘宮より、むしろ調の中心に置いているところからして、太簇を俗楽の黄鐘とするほどの観念は当時朧ろに芽生えていたことであろうが、さらばと云って正宮の位置を黄鐘とする律組織に基く正調名が存したかどうかは頗る疑問である。そして正宮の位置を黄鐘とする観念は宋代に入って確かとなり、明瞭に俗楽の正調名を古律より二律高い律名によって呼ぶようになったのである。わが国でも平安朝の中頃から、古律の太簇である一越を黄鐘に配する思想が正当と目されるに至ったのである。

（1）釋氏『行事鈔』引唐令「尺者以二尺二寸一爲レ尺」[15]

（2）『隋書』律暦志「十一、蔡邕銅籥尺、後周玉尺實比二晉前尺一尺一寸五分八氂、……祖孝孫云、相承傳是蔡邕銅籥、後周武帝保定中、詔遣二大宗伯盧景宣・上黨公長孫紹遠・岐國公斛斯徵等一、累レ黍造レ尺、從横不レ定、後因三修レ倉掘レ地、得二古玉斗一、以爲二正器一、據レ斗造二律度量衡一、因用二此尺一、大赦改二元天和一、百司行用、終二於大象之末一、其律黄鍾與二蔡邕古籥一同」

（3）蔡元定『律呂新書』（下）「蔡邕銅龠尺、後周玉尺……按銅龠玉斗二者、當二是古之嘉量一、……唐之度量權衡、與二玉斗一相符、卽此尺爾」

（4）荻生徂徠『樂律考』「唐以二宇文周玉尺一、造レ律、亦以二無・南之間一爲二黄鐘一」

（5）『隋唐燕樂調研究』附論二「唐代律尺質疑」一四二頁に出ず。

（6）『唐書』食貨志「武德四年、鑄二開元通寶一、徑八分、重二銖四參積十錢重一兩、得二輕重大小之中一、其文以二八分篆隷三體一」

(7)『正倉院御物圖錄』第一—六輯に所載のもの。
(8)馬衡「隋書律曆志十五等尺」。
(9)田辺尚雄『正倉院樂器の調査報告』五—六頁。北倉階上にある竹製尺八（全面に花鳥人物草木の彫刻を施す）は総長、一尺四寸四分五厘あり、その筒音の振動数は353.3で、勝絶より約半律高い。
(10)『宋史』律歴志「條（蔡—）又曰、宴樂本雜用二唐聲調一、樂器多夷部亦唐律、……政和初命二大晟府一、改用二大晟律一、其聲下二唐樂一已兩律」
(11)田辺尚雄。

日本に於ける沿革

終りに、わが国に於ける唐楽調の沿革について簡潔に述べてみよう。所謂唐楽調は奈良時代に始めて伝来したものであることは云うまでもなく、それ以前のものは漢魏六朝の支那楽の影響を大なり小なり受けた三韓楽の調であって、その真相については今日では殆んど明かにされていない。後世伝える狛楽の調は唐楽と殆んど択ぶところなく、唐楽化していることは蔽うべくもない。

さて唐楽の調として今日知られている最も古いものは正倉院古文書の紙背にある『天平琵琶譜』[16]（二二八図）の調で、黄鍾とあるのは黄鐘調と解する。これに次いでは奈良時代末の原本の伝写本と認められる国宝『五絃譜』によって一越調・大食調・平調・黄鐘調・盤渉調・黄鐘角の六調が知られる。当時は唐文化の模倣時代で、唐楽器も後世より遥かに多数使用していたことよりして調も尚おこれ以外にも相当多数行われたものであろうが、詳しいことは一切わかっていない。しかし少くとも平安初に知られているその他の調の如きは殆んど当時行われていたと見て好い。やや遅れて平安時代に入ると、南宮貞保親王の『横笛譜』――延喜中撰――には十二調を収め、源博雅の『新撰横笛譜』――康保中撰――には更に角調を加えている。以上の十三調は壱越調・壱越性調・沙陀調・双調・平調・性調・道調・大食調・乞食調・黄鐘調・水調・盤渉調・角調である。この名目は十種を越してはいるが、同調異名を雑えているから、実は八・九調に過ぎないのである。すなわち壱越調と壱越性調、性調・道調と大食調・乞食調は夫々異名同調であるからである。後世雅楽の所謂、六調子とその枝調子は以上十三調より胚胎している。

また琵琶の調は唐代已に独特の調絃名を帯びたものが多数あり、わが国にも藤原貞敏が唐から伝えた「琵琶諸調子品」[1]にその一部を掲げている。すなわち壱越調・壱越上性・索調・沙陀調・双調・平調・大食調・乞食調・小食調・道調・黄鐘調・大黄鐘調・水調・万渉盤渉調・風香調・返風香調・仙女調・林鐘林龝・林秋調・清調・殺孔調・難調・仙鶴仙鴈・仙鷹・仙寫調・鳳凰調・鴛鴦調・南品南呂調・玉神調・碧玉調・啄木調の諸調である。[2]陳暘『樂書』にも唐土の琵琶諸調名を掲げているが、[3]所謂二十八調名の外に右に一致するものは風香調一つあるだけである。以上は琵琶の調絃による独自の名称で、調そのものは依然二十八調の何れかに所属しているものと思われる。同様の調絃名は箏にもあり、『絲竹口傳』にその特異なもの十調名を述べている。すなわち涼風性律・涼風性呂・上陽性律・上陽性呂・朱娘性律・朱娘性呂・霓裳性律・霓裳性呂・泗浜性律・泗浜性呂である。そのあるものは『仁智要録』や『類箏治要』に調絃法を説いているが、要するに二十八調の埒外に出でなかろう。平安末には宋人魏氏（方響の楽家）が二十八調の知識を移植したことがあるが、これは単に名目だけに過ぎないにせよ、特筆すべき出来事である。また、その所伝の方響の律によって彼此の律の同一水準にあったことが確められるのである。

とも角、奈良時代に伝えられた当初の調は名実とも大抵、原義に近いものであったことは、『五絃譜』を通じても容易に推測される。例えば一越調・大食調は共に商調であり、平調・黄鐘調・盤渉調は共に羽調であり、黄鐘角が変宮に終止する角調であることも唐伝のままである。ところが平安朝に入ると相当の混乱を生じたらしい。殊に楽器に夫々に独自の口伝・秘説を生じて原義を失うものすら現われて来た。例えば琵琶に於ては一越調は双調・水調と共に宮調或は徴調に変化したため、宮調である沙陀調と一越調との間の確然たる区別はなくなるような結果になった如きである。それから大食調の他に乞食調・性調・道調が幷存しているが、これらは何れも同一調で、大食は大乞食の略で、小食の小乞食に対するのと同じで、わが国では大食調・乞食調は全く同じである。また性調は『歌儛品目』に商調の仮借であると説いているのは傾聴すべく、わが国では四商調――一越・大食・双・水――のうち、この性調を何故か大食調にあて、一越の商調には別に一越性調の名を与えている。次に道調は唐代、林鐘宮の俗称で、もし正しくこれを伝えたとすれば双調（g）を宮とする調でなければならない。これを大食調と同調異名とするのは解し難い。この誤った名称が已に南宮の時代から存するとは不思議である。不思議と云えばもう一つ。水調もそうである。水調は唐代、南呂商の俗称で、盤渉（h）を商とするものでなければならない。しかるにわが水調は二均低く、従って唐の小食調に当っている。これらは誤りと云うべきか、異説と云うべきか、時代を同じうする晩唐代の唐士に已にこのような説が行われていたのであろうか、頗る疑わしい。

以上の唐の原義と異る日本伝の真相は伝承者またはその祖述者の思い違いと判ずる他、解釈の仕様がないのであるが、ひとり大食調と乞食調の幷存については、甲曲は大食調曲として、乙曲は乞食曲として唐より伝えたものを伝統を重んじて別々に云い伝えたために、同調でありながら、異調の如く取扱われ、その癖、二つの調の差は全く知られていないと云う奇現象を後世に残したものと思われる。

終りにわが十二律名の若干の起源について一言述べたい。一越（d）・平調（e）・双調（g）・黄鐘（a）・盤渉

（ｈ）の五律名は夫々同名の調の主声の律の位置に因んで、その名を借りたものであることは先人の説くが如くである。(4) 残り七律名は日本独自の賦名である。これら和風十二律名の完成は平安末期と推定され、決して奈良時代から存したものではないこと、しかも断金と鸞鏡二律は鎌倉―足利間には尚お相反する二説が行われていたほどであること等、その沿革については別稿「日本十二律名の起源」⑰に詳論したから、これ以上ここでは述べない。

（1）「琵琶諸調子品」奥書に「大唐開成三年戊辰八月七日壬辰、日本國使、作二牒狀一、付二勾當官銀青光錄大夫撿挍太子庶事王友眞一、奉二揚州觀察府一、請二琵琶博士一、同年九月七日壬戌、依二牒狀一、送二博士州衙前第一部廉承武一（字廉十郎生年八十五） 則揚州開元寺北水館、而傳三習弄二調子一、同月廿九日、學業既了、於レ是博士承武送レ譜、仍記耳　開成三年九月廿九日　判官藤原貞敏記」とある（書陵部本による）⑱。

（2）傍註の名称は『夜鶴庭訓抄』・『吉野樂書』等による。尚お『大日本史』禮樂志参照。

（3）『樂書』（百三十七）瓦琵琶註。

（4）中村清二「日本支那樂律考」（『東洋學藝雜誌』）　田辺尚雄『最近科學上より見たる音樂の原理』。

結言

以上、縷々として述べて来たことを一言もって要約すれば、わが日本雅楽や近世支那の俗楽の則るところの楽調の祖である唐の俗楽（燕楽）二十八調は、更にその淵源を凡そ六朝末のインド楽調に受け、これを周隋代、亀茲を介して輸入、唐代整理増広したものであって、当時の音律を殆んど変うることなく、今日のわが雅楽に伝承しているのである。

唐楽二十八調

d #d e f #f g #g a #a h c #c d

古律		太	夾	姑	仲	蕤	林	夷	南	無	応	黄	大
俗律		黄	大	太	夾	姑	仲	蕤	林	夷	南	無	応
太簇均	声	宮		商		角		変徴	徴		羽		変宮
	調	正宮 沙陀調 太簇宮		乞食調 大石調 大食調 太簇商		大石角 大食角 太簇角					般渉調 太簇羽		
夾鐘均	声	変宮	宮		商		角		変徴	徴		羽	
	調		高宮 夾鐘宮		高大石調 高大食調 夾鐘商		高大石角 高大食角 夾鐘角					高般渉調 夾鐘羽	
仲呂均	声	羽		変宮	宮		商		角		変徴	徴	
	調	中呂調 仲呂羽			仲呂宮		双調 仲呂商		双角 仲呂角				
林鐘均	声	徴		羽		変宮	宮		商		角		変徴
	調			正平調 平調 林鐘羽			道調宮 道調 林鐘宮		小植調 小石調 小食調 林鐘商		小石角 小食角 林鐘角		
南呂均	声		変徴	徴		羽		変宮	宮		商		角
	調					高平調 南呂羽			南呂宮		歇指調 水調 南呂商		歇指角 南呂角

		d	#d	e	f	#f	g	#g	a	#a	h	c	#c
無射均	声	角		変徴	徴		羽		変宮	宮		商	
	調	無射角 林鐘角					無射羽⑲			無射宮 仙呂宮		無射商 林鐘商	
黄鐘均	声	商		角		変徴	徴		羽		変宮	宮	
	調	黄鐘商 越調 伊越調		黄鐘角 越角					黄越羽 黄越調			黄鐘宮	
宋教坊律		黄	大	太	夾	姑	仲	蕤	林	夷	南	無	応
同字譜		合六	下下四五	高高四五	下緊一五	高一	上	勾	尺	下工	高工	下凡	高凡
日本律		一越	断金	平調	勝絶	下無	双調	鳧鐘	黄鐘	鸞鏡	盤渉	神仙	上無

翻刻者註

① 「一、」とあるのは、昭和十七年（一九四二）に冨山房から出版が計画され、同二十年（一九四五）に中絶した旧版『東亞樂器考』に収録予定であった附録数篇の第一篇であることを表わす。

② 引用文に挿入されている割註は、原則として、林謙三自身の註である。以下同じ。

③ 「筳」について、クーランは『隋書』音樂志中に基づき「鋌」と表記する。レヴィは、蘇祇婆七調名について、漢字は用いず、アルファベットによる発音表記のみであるが、その表記はクーランに基づいている。林氏は上述のとおり「筳之誤」としており、そのため「筳」に改めて表記したものと思われる。

④ 「*E. M. H.*」とは、Albert Lavignac and Lionel de la Laurencie, ed., *Encyclopédie de la musique et dictionnaire du Conservatoire : première partie, Histoire de la musique* （Paris : Delagrave, 1913-1922）の略称である。

⑤「那波利貞」は、原稿では「伊波普猷」に誤る。

⑥「因㆓五音㆒」は、原稿では返り点を脱しているため、これを補った。

⑦「×××頁参照」とは、冨山房版『東亞樂器考』に収録予定であった附録「國寶五絃譜の研究（一）・（二）」を指すと思われる。これらの論考は、「国宝五絃譜とその解読の端緒」・「全訳五絃譜」（前者初出：『日本音響学会誌』第二号、一九四〇年、後者初出：『奈良学芸大学紀要　人文・社会科学』第十三巻、一九六五年。ともに東洋音楽学会編『雅楽――古楽譜の解読――』、東京：音楽之友社、一九六九年に再録）として発表されている。

⑧「沙陁・沙陀」は、原稿では「沙陀」とするのみであるが、凡例に示した理由により「沙陁」を加えた。

⑨原稿では「侯利⿱竹是」（傍点は翻刻者による。本註以下同じ）とする。『隋書』音樂志中に「侯利篷」に作り、『通典』巻百四十三、樂三では、北宋本は「侯利⿱竹是」、武英殿本は「侯利⿱竹是」に作る。ここでは「侯」は『隋書』に従い「侯」に改めた。「篷」については、林氏は上述のとおり「篷之誤」とする立場であり、『通典』に拠ったものと思われる。

⑩原稿では「樂志に」の下に「朱熹は」とあったが、当該箇所の引用は朱熹の説ではないため、これを削除した。

⑪「唐宋代南蠻三國の樂器」は、冨山房版『東亞樂器考』に収録予定であった「唐宋代南蠻三國（ビルマ・ジャワ・カンボジア）の樂器――特に唐書驃國傳とボロブドゥル浮刻の樂器に就いて――」を指す。なお、両頭笛その他の楽器については、『東アジア楽器考』（東京：カワイ楽譜、一九七三年）所収「中唐代、驃国（ビルマ）貢献の楽器とその音律」に書き改められ、そこに詳しく述べられている。

⑫「×××頁表参照」は、冨山房版『東亞樂器考』収載予定の「唐宋代南蠻三國の樂器」に所収の表を指すと思われる。その説は、カワイ楽譜版『東アジア楽器考』所収「中唐代、驃国（ビルマ）貢献の楽器とその音律」六八四頁にも見える。なお、本表は、ほぼ同じものが『隋唐燕楽調研究』にも見える。本書一七一頁を参照。

⑬「新唐書」は、原稿では「唐會要」に誤る。ただし、この記事の初出は白居易の楽府詩「法曲」の自註。

⑭山井景順の律管については、カワイ楽譜版『東アジア楽器考』所収「日本に知られた律用の楽器」六四〇頁に見える。

⑮「實比㆓晉前尺㆒」は、原稿では返り点を脱しているため、これを補った。

⑯『天平琵琶譜』の図は、カワイ楽譜版『東アジア楽器考』には収録されていない。林謙三「天平琵琶譜「番仮崇」の解読」（東洋音楽学会編『雅楽――古楽譜の解読――』東京：音楽之友社、一九六九年）一三二頁の第二図にスケッチが、林謙三

『正倉院楽器の研究』（東京：風間書房、一九六四年）巻頭図版の第二十三図版に写真がそれぞれ掲載されている。

⑰ 別稿「日本十二律名の起源」とは、「律名新考——日本十二律の起源及び音高の問題について——」（『樂道撰書』第六巻、楽道撰書刊行会、一九四三年）を指す。本論考は、当初、冨山房版『東亞樂器考』に収載される計画もあったようである。

⑱ 「書陵部本による」について、原稿では「多本家本による」とするが、本書では、引用文を宮内庁書陵部伏見宮本（一名、『南宮琵琶譜』）に差し替えた。林氏自身、「琵琶譜新考——特にその記譜法・奏法の変遷について——」（『奈良学芸大学紀要 人文・社会科学』第十二巻、一九六四年）以降、カワイ楽譜版『東アジア楽器考』においても書陵部本を用いている。「琵琶譜新考」の中で、林氏は「藤原貞敏が唐開成三年、琵琶博士廉承武からうけた琵琶諸調子品については本考の資料中に述べたごとく《（ママ）》である。その具体的内容は近著、東亜楽器考（北京音楽出版社、一九五二）の琵琶的定絃原則及其変遷の条で論じたが、用いた資料が善写本でなかったために、いくつかの誤りを犯しているのを書陵部本との比較によって知った」としている。なお、「琵琶諸調子品」の引用文に見える割註は、林氏の註ではなく、原註である。

⑲ 「仙呂調」を脱するか。

郭沫若

林　謙　三

翻刻凡例

一、本稿は、林謙三著「郭沫若」（『文藝春秋』一九五五年四月号所収）を翻刻し直し、再録したものである。

一、原本の字体は旧字体を基本とするが、本書では、常用漢字に改めた。また、異体字は通行の字体に改めた。

一、送りがな・ルビについては、原本を尊重した。

現代中国の第一級の文化人として時めく郭沫若氏の亡命十年を通じ私の脳裏に深くも刻まれた思い出は忘れようとして忘れえない。

郭氏が亡命した昭和三年の春も逝く頃のこと、私は東洋文庫で白皙温容の一中国人が甲骨金石文献を渉猟しているのに気をひかれ、いつか言葉をかけるようになった。それが郭氏と前後約十年にわたる淡々たる交遊の始まりである。文庫の帰り、ほど遠からぬ西ケ原の自宅に招いたり、果ては市川の寓居を訪ねたりした。その後移られた市川の第二の住居こそ私にはなつかしい交遊の舞台である。生垣に囲まれた庭の大半は花畑と菜園となり、その間に郭氏の好きな泰山木や梔子《くちなし》などを植えていた。まことに晴耕雨読にふさわしい場所であるが、畑作りは大抵夫人の仕事のようであった。この勝気な夫人なしには不定収入の家計を切り盛りして五人の子女を見事に育てあげることは難かったであろう。交遊が個人的から家庭的に進展するにつれ世話好きな夫人の世話に与ったことは度々である。双方の家族連れで隣村へ梨狩りに誘われた楽しい日のこと、殊に末子の鴻君をおんぶして歩いた郭氏の和服姿が今も眼のあたりに思い浮ぶ。

私達の対話は大抵相互の研究に関していた。新発見を子供のように眼を輝かして説く郭氏の表情の何んと素直だったこと！　耳の遠さも鋭い理解力がそれを補い、後進の意見でもとるべきものはとり、私のささやかな説すら「甲骨文字研究」の片隅に紹介を惜しまなかったほどである。その読書力の逞しさ、研究心のはげしさは云わずもがな、著作や翻訳の手早いことは驚くばかりで、影印本の自筆稿など毛筆でたちどころに書き下ろされた。

時には昔語りに花が咲くこともあった。ペンネームの沫若は郷里の沫・若二つの川名に由来するが、これに郭姓を冠する誤りも通称となった今では致し方ないのだとか、若い頃東京の市電で神保町をカミヤスチョウと得意気に云って車掌に通じなかった失敗談とかも聞いたし、近頃新聞にも見えた、例の刺身即ち中国の三滲論を自宅で刺身を御馳走した時に聞かされたように覚えている。

郭氏はなかなかの能書家で、かつて私の求めで伍挙の「三年飛ばず鳴かず云々」の語意を寓した快心の書を贈られた。その折「孤高」の一幅を示し、私はこの言葉が好きですよと云った。この一語はよくその頃の郭氏の心境を現わしている。ある時縁側に並んで立って遠い空に向けた郭氏の眸に限りない寂しさ、空虚さの湛えるのを感じたが、そんな折でも内心にははげしい孤高の意気に燃えていたのではなかろうか。この人に「屈原」のすぐれた史論や史劇が書かれたのもさこそとうなずかれる。

思い出は尽きないが、一番私が郭氏に恩を感じているのは、中国古代音楽に関する私の小論文を中国で発表のため進んで翻訳と出版の労をとって頂いたことである。郭氏にとっては方面違いの難物であり、且つ一文《もん》にもならない、後進への奉仕のために、暫時自分の仕事までを放棄して関係古典を精読研究しつつ翻訳された——その頃の副産物に隋の楽人「万宝常」の一篇あり——いきさつを熟知しているだけに私の感謝の念は筆舌に尽せない。

こうした交遊十年、その人となりの誠実さと人情味の豊かさにいよいよひきつけられて行った矢先、郭氏は忽然眼界から去った。昭和十二年七月七日の華北事変は郭氏の亡命生活を急速に打ち切らせた。その月二十五日の朝、私は虫が知らせるわけでもなく郭氏を訪ねた。が郭氏はその日の明方に家を出奔したのである。僅か数時間の行き違い！　思い当るのは数日前訪ねた時、顔見知りの中国青年達のいたことで、折りが折りとて夫人は私が事件を予知しての来訪と一時は疑ったのも無理はない。私は何も知らなかったのだが。

私は今後幾年かの苦難の道を辿るべき夫人らの身の上に思いをやり、せめてもの慰めになろうかと、手許にあった郭氏のいろいろの写真を一冊のアルバムに収めて贈ったり、また郭氏の日本脱出記を載せた中国雑誌が見つかるや早速これを届けたりした。

家族との交渉はなお続いたが、戦争は私のもつ郭氏の思い出の品々を一挙に奪い去った。書翰、墨蹟、訳稿、写真、手沢本等々。焼あとの灰をかきわけて発見したのは五寸角の方硯一枚のみ。この硯こそ郭氏の毛筆による原稿や書類のための墨が磨られたもので、夫人から形身として頂戴したものである。

終戦後、帝都を離れた私が逢えたのは京都に遊学中の長女淑君だけである。郭一家は次々中国に渡り、郭氏の遺した文献千五百点は一括して沫若文庫を建てて保管されるとの話だが、あの思い出深い市川の家はどうなるのであろうか。

私は今年になって郭氏の夢を二度も見ている。兄事した頃の昔ながらの温雅な郭氏にならもう一度逢いたいものだと今も切に思い続けているのだが。

（奈良学芸大教授）

郭沫若さんと私の『隋唐燕楽調研究』

林　謙　三

翻刻凡例

一、本稿は、林謙三著「郭沫若さんと私の『隋唐燕樂調研究』」（長屋紀氏所蔵原稿）を翻刻し、収録したものである。原稿末尾欄外に「昭和三十年四月十四日録音。同十六日ＮＨＫ国際放送、十九日中国語放送」とある。原稿が保存されていた封筒には「昭和三十一年」と記されるが、これは誤りであろう。昭和三十（一九五五）年の十二月に林謙三は来日した郭沫若と再会しているからである。

一、原本の字体は旧字体を基本とするが、本書では、常用漢字・代用字（例えば「智識」に「知識」を代用する等）に改めた。また、異体字は通行の字体に改めた。

一、送りがなについては、原本を尊重した。

郭沫若さんと云えば今は中国第一級の文化人として誰知らないものもない有名な方であり、その人の幅の広い学問やすぐれた文学上の多くの仕事は世界的に高く評価されています。

私は不思議な縁から、この人が日本に亡命して来られた十年ほどの間、日本人の誰よりも身近かに交わりを結ぶことができ、その上大変な恩恵を受けました。そのことは私の一生涯を通じて忘れることがないでしょうし、大きな誇りの一つとしているのであります。

私が始めて郭さんに出逢ったのは一九二八年、亡命直後、中国古代の文字として有名な甲骨文字の研究資料を求めて東京駒込の東洋文庫に通っておられた時であります。私は当時中国古代音楽資料をさがして同じ文庫に通っておりました。私は郭さんがそんなに有名な方とは全く知らないで、あっさりした附合いを続けていました。勿論、市川のお宅にも度々訪問しましたし、私の家へも招いたりしました。そしてその人の広い深い学問上の知識に接して私の研究がどれほど豊かにされたか計り知ることができません。

交際が七年も続いた間に郭さんの仕事は驚くほど多量な立派な著書となって次々世に現われました。それに比べて私の研究は相当進んではおりましたが、あまり特殊過ぎて日本で発表する機会がなかなか摑めそうもありませんでした。ある日、私がこの苦しみを郭さんに話しましたら、郭さんは自分から進んで「じゃ私が中国文に訳して中国で発表できるように努めてあげましょう」と申し出され私を驚喜させました。これが私の「隋唐燕楽調研究」と題する論文が世に出る始まりです。

燕楽調と云うのは俗楽に用うる楽調の意味で、主としてインド起源の音楽調が中国六朝の末頃から伝来し隋を経て唐時代に完成したものであります。その後中国の俗楽や日本の雅楽にもこの楽調のいくつかを今日まで伝えていますが、本書はこの楽調の起源や名称や性格を実証的にくわしく研究したものであります。

ところが郭さんは音楽には縁の遠い方だし、殊に中国の古代音楽については門外漢でありましたので、この訳の精確を期すために、私の論文に関係のあるいろいろの文献を集めて研究を積まれました。だからこの小さな研究の訳にも思いがけない月日がかかっております。一通り訳ができ上ってからも、疑問が湧けばそれを問いただすし、矛盾があれば指摘して已まなかったので、訂正には更に数か月を要しました。私はその頃、奥さんから「うちの主人は一つごとに凝り出すと他のことを顧みない性質です」と聞かされ、この訳のために自分の仕事も一時放棄しておられたことを知り大変すまないと思いましたし、またそんなにまでして頂けることを大変うれしく思いました。郭さんには、この時、研究の副産物として隋の天才音楽家と云われた「万宝常」の評伝があります。これはたしか『日本評論』か何かに掲載された筈ですが、郭さんにこのような作品があることを知っている人は今はあまりないでしょう。

さて訳は完成しましたが、郭さんの顔でも出版を引受けるところはなかなか見当りません。でも漸くのこと、中法文化出版委員会の厚意により中国最大の書店である上海の商務印書館から出版されるときまった時の私の喜びは全く言葉では云い尽せません。この書は一九三六年の十一月に初版が出ました。私はこの書によって日本の学界に第一歩を乗り出したわけであり、またこの書を仲介として中国その他の学者の知己を得ました。この書は今から二十年ほど前のものであり、改めたい箇所も少なからずありますが、私の第一番目の野心作であり、郭さんの助力が織り込まれていることによって、私にとってはまことに記念すべきなつかしい著述であります。郭さんにしてはこんな訳など一生の仕事の上では数の中に入らないかも知りませんが――。郭さんに対する感謝のしるしとして私はその肖像を作って贈りました。それは今でも保存されていると思います。

この書の出版によっていよいよ、郭さんが私の身近かの人になって来ましたのに、翌一九三七年、七月に不幸な華北事変が起き、私はとうとう郭さんと遠く離れなければならなくなりました。その月の二十五日の朝、私は何も知らずに郭さんを訪ねたところ、郭さんはその日の明方に家を出奔されたとのことを奥さんから聞かされて大変おどろきました。始めから終りまで全く不思議な縁でありました。

それ以後やがて十八年になろうとしています。私は郭さんから受けた大きな恩を終世忘れられる筈はありません。いつもなつかしい思いを胸にたたんで、長年月にわたる中国音楽に関する私の研究が立派にまとまったら、それを郭さんにささげたいと、ひそかに思って今日まで静かに過ごして来たわけであります。

万宝常　彼れの生涯と芸術

郭　沫　若

翻刻凡例

一、本稿は、郭沫若著「萬寶常――彼れの生涯と藝術――」（『日本評論』〔東京：日本評論社〕一九三六年一月号所収）を翻刻し直し再録したものである。

なお、本論考のほかに、郭氏には、中国語版「隋代大音樂家――萬寶常」（『文學』〔上海：生活書店〕第五巻第三期、一九三五年九月号。末尾に「一九三五年七月十三日夜脱稿」と見える）がある。中国語版は、後に『沫若近著』（上海：北新書局、一九三七年）に転載され、また『歴史人物』（上海：海燕出版社、一九四七年）に収録された（『歴史人物』の日本語訳に、牧田英二訳『歴史人物』〔郭沫若選集刊行委員会編『郭沫若選集15』京都：雄渾社、一九八三年〕があり、中国語版「隋代大音樂家――萬寶常」の日本語訳も収められている）。発表の時期は、中国語版が早いが、双方を比較すると、論旨はほぼ変わらないものの、日本語版に見える明らかな誤認〔例えば、「変宮」の位置等〕が中国語版では修正され、また、内容も一層詳しくなっており、恐らく日本語版を先に執筆し、中国語版は、それをもとに推敲、増補改訂したものと考えられる。併せて参照されたい。

一、かなづかいについては、原本では歴史的かなづかいを用いているが、本書では現代かなづかいに改めた。但し、書き下し文には歴史的かなづかいを用いた。また、送りがな・ルビについては、原本を尊重した。

一、漢字の字体については、原本では旧字体を用いているが、本書では原則として常用漢字・代用字（例えば、「劃」に「画」を代用する等）等、通行の字体に改めた。但し、書名・篇名・古籍の引用文（原文）には旧字体を用い、また、一部、常用漢字や代用字を用いず、原本の字体をそのまま用いた箇所がある（「餘」・「紘」等）。

一、明らかな誤植・脱字・衍字等については、適宜改めたが、逐一註記しなかった。但し、本文中に引用される古籍の書き下し文については、原典との間に、文字の異同が散見されるが、原本を尊重し改めなかった。

一、鉤括弧については、原本では、例えば、引用文（書き下し文）の段落分けを表すために、段落の冒頭に二重鉤括弧を用いる等、独特の用法が散見されるため、現行の方式に従って、適宜、訂正したが、逐一註記しなかった。また、書名には、二重鉤括弧を補った。

一、句読点については、誤脱が散見されるため、適宜、追加・訂正したが、逐一註記しなかった。

一、翻刻にあたって特記すべき事項がある箇所については、①②等の所謂丸数字を附して翻刻者註を施し、文末に配した。また、文中には郭氏の誤認と思われる箇所が散見されるが、特に音楽にかかわる事項についてのみ翻刻者註に示した。

一、日本語の表現にやや不自然に感じられる点が散見されるが（例えば、係助詞「は」と格助詞「が」の用法等）、原本の表現を尊重し改めなかった。

一

隋唐時代の音楽は東方音楽の黄金時代である。二百年近くの長期分裂の南北朝時代（西紀四二〇―五九〇）を経過して、政治的統一機運が漸く実現したに伴い、中国古代に於て最も尊重されていた芸術の一部門、南朝に餘喘を保っていた在来の衰微した雅楽と北朝に西域方面から輸入された新鮮な胡楽との合成機運も、隋代に於てその萌芽をみ、唐代に這入ってようやく成長した。唐の貞観初元から徳宗代迄の間（六二七―八〇四）は、恐らく音楽文化の最高峰であったろう。その時代楽曲の残餘、日本にのみ保存されている少数の「唐曲」を偶々の機会できくと、千年以上も隔てていながら、吾々近代人の耳に強くアッピイルする程の魅力を未だに充分に持っているのに驚嘆させらるるのである。

だが、南北朝の末頃から隋初にかけて、この新旧音楽の合成機運に先駆し、それへの実現の歩みを促進させた一人の偉大な音楽家、ベトーベンにも匹敵すべき吾が万宝常、『隋書』や『北史』に伝記がありながら、彼れの存在及び業績が一般の人から忘却されて来たが、勿論、中国音楽史を専門的に研究する学徒の間に於てさえも、殆ど注意されていなかった。在生の当時あらゆる辛酸を嘗め尽した万宝常に取って、此以上の不幸はないのであるまいか？

画時期的な勝れた芸術家が大抵、その時代に受入れられずして、不幸の内に一生涯を終えるのは定例のようであるが、万宝常程不幸な芸術家は古今を通じて稀である。彼れは幼ない時から故国を失い、父親と死別れ、音楽奴隷の境遇に陥って、一個の卓越せる実際演奏家、兼、音楽理論家として成功したに拘わらず、一生涯奴隷の境遇から解脱する能わざるのみでなく、妻も資財も人に奪われて四十ならずして遂に餓死してしまった。此だけであるならば、物質上のこと故我慢が出来るものであるとしても、私の調べた所では彼れの不幸な実際はまだ此以上深刻なものであった。彼れの音楽技術に関しての主なる発明、発見が当時の権勢者に剽窃されてしまい未だ誰も摘発してやることをしていなかったのである。私をして義憤を感ぜしめこの千年以前の古人を忘却の深淵から引上げて、再認識を要求するように筆を取らしめた主なる原因は、是れである。

今ここに、先ず『隋書』にある萬寶常傳の全文を訳出して一覧に供しよう。

二

万宝常は何許《いづく》の人かを知らざるなり。父、大通は梁の将・王琳に従ひ、斉に帰《き》す。後また江南へ還《かへ》らむと謀り、事洩《も》れ、伏誅す。是に由て宝常、楽戸《がくこ》として配せられ、因みに鐘律に妙達し、遍く八音を工《たくみ》にし、玉磬を造り、以て斉に献せり。

また嘗て人と与に食しつつ、声調に論及し、時に楽器なく、宝常、因って前の食器及び雑物を取り、箸《はし》を以てこれを叩く。その〔音の〕高下を品し、①宮商《きゆうしやう》ともに備へ、糸竹よりも諧《ととの》ふ。大いに時人の為に賞せらる。

然るに周を歴して隋に至りても、倶《とも》に調《しらべ》を得ず。

開皇の初（西紀五八二年—五八九年）沛国公鄭訳等、楽《がく》を定め、初め「黄鐘調」をつくる。宝常は伶人たりと雖、訳等毎に召《まね》いて与に議す。然るに、言は多く用ゐられず。後、訳の楽《がく》成り、之を奏す。上、宝常を召《め》して、その可否を問ふ。宝常曰はく「此れ、亡国の音、豈に陛下の宜しく聞くべき所ならんや」と。上、悦ばず。宝常、因て楽声の哀怨、淫放、雅正の音に非らざるを極言し、水尺を以て律をつくり、以て楽音を調《ととの》へんことを請ふに、上、之に従へり。

　宝常、詔を奉じ、遂に諸楽器を造り、その声《せい》、率《おほむ》ね鄭訳の調《てふ》に下《さが》ること二律。並びに楽譜六十四巻(註一)を撰び、具《つぶ》さに八音旋《めぐ》りて相ひ宮を為すの法、改絃移柱の変を論じ、八十四調、一百四十四律をつくり、変化は一千八声(註二)に終へり。時人が『周禮《しゆらい》』に旋宮の義あれど、漢魏より以来、音を知る者通ずる能はざるを以て、宝常がその事を特創せるを見、皆之をわらへり。是《ここ》に至りて誠に之を為さしむるに、手に応じて曲を成《な》し、凝滞する所なく、見る者、驚嘆せざるはなし。是に於て楽器を損益して紀し勝《た》ふべからず。その声《せい》は雅淡にして時人の為に好まれず、太常の声《せい》を善くする者も多く之を排毀せり。

　又、太子洗馬の蘇夔、鐘律を以て自ら命じ、尤も宝常を忌《い》む。夔の父、威は方《まさ》に事を用ゐ、凡そ楽《がく》を言ふもの、皆之に附し、而して宝常が数《しばしば》公卿に詣《まう》で怨望するを短《そし》る。蘇威、因て宝常の所為が何所より伝授せられしやを詰る。一の沙門あり、宝常に謂ひて曰はく「上、雅《つね》に符瑞を好み、徴祥を言ふものあれば、上皆之を悦ぶ。先生は当に胡僧に就て学を受け、云はく是れ、仏家菩薩の所伝の音律なりと、と言ふべし。則ち上必ず悦ぶべし。先生の所為は以て行はるべし矣」と。宝常、之を然りとす。遂にその言の如く以て威に答ふ。威怒りて曰はく「胡僧の所伝、乃ち是れ、四夷の楽《がく》、中国の宜しく行ふ所に非らざるなり」と。その事遂に寝《や》む。

　宝常、嘗て太常、所奏の楽を聴き、泫然として泣けり。人、その故を問ふ。宝常曰はく「楽音、淫厲にして哀れ、天下久しからずして相殺し、将に尽きんとす」と。時に四海は全盛、その言を聞きし者、皆「然らず」と謂ふ。大業の末（西紀六一六年隋の亡びる前後）、その言卒《つひ》に験《あら》はる。

　宝常、貧にして子無し。その妻、かれの臥疾に因り、遂にその資物を窃《ぬす》みて逃ぐ。宝常飢《き》餒《だい》し、人として贍《せん》遺《ゐ》するものなし、遂に餓ゑて死す。将に死なんとするや、その所著の書を取りて之を焚く。曰はく「何の用かある」と。見る者の為、火の中に数巻を探し得、現に世に行はれ、時論、之を哀《かなし》む。

開皇の世、鄭訳、何妥、盧賁、蘇夔、蕭吉あり、並に墳籍を討論し、楽書を撰著し、皆当時に用ふる所となりしが、天然に楽を知るに至りては、宝常に及ばざること遠し。安馬駒、曹妙達、王長通、郭令楽等、よく曲を造り、一時の妙となり、また鄭声（淫蕩の音楽）を習ふ。しかるに宝常の所為、皆、雅に帰す。此の輩、公議には宝常に附せざるも、然れども皆心服して、謂ひて以て神とす。

三

以上は『隋書』にある萬寶常傳の全訳、『北史』の伝は此からの転録で少々文字の省略があるのみである。伝文をよく吟味すれば、『隋書』を編纂せる唐初の人達(註三)が宝常に対して可なり同情を抱いていたことを知り得るが、然し、彼等の同情は飽和点には達していなかったようである。宝常に距ることさ程遠くもなかった彼等が、宝常の生地を知らずに付し、彼れの年齢も、著述の名目も皆あげていない。歴史家としては恐らくは注意点を貫うべきであろう。然し、宝常は南朝の梁の末に江南に生れたことは動かない事実にして、彼れの死も四十は超えないと、色々の旁証から推論し得るのである。

彼れの幼時の状態を探《さぐ》るには、王琳の動静は最も良い線索である。王琳は梁末の勇将、梁が陳に滅されるや、暫く梁の宗緒を守り、陳に反抗したが、戦に利あらずして到頭、黄河流域の北朝の斉に帰化してしまった。彼れの帰化の年は陳文帝の天嘉元年、西紀五六〇年である。その後の天嘉五年に陳の将、呉明徹が斉を征伐する時、王琳、斉に起用されて軍事に参加したが、種々の牽制を受け、今の安徽省の寿県たる寿陽城に於て囲困されること三か月、城が陥落するに及び、呉明徹に殺された。王琳は勇将にして名将、部下と一般の民衆から深く愛され、彼の死耗をきくや、田夫野老、彼れを知ると知らざるとを問わず、一人として涙を流さなかったものがないと云われていた。王琳がか程部下の歓心を博していたことから見ると、宝常の父、大通が「江南へ還らむと謀」ったのは、王琳の死後の事であるに違いない。

その当時、斉の法律の規定としては、総て強盗殺人者は首従とも斬罪に処し、その妻子と同籍が悉く楽戸《がくこ》に配せられることを知られている（『通典』一六四巻刑二による）。大通の伏誅後、子たる宝常が直ぐ楽戸として配せられたのをみると大通の受けた罰は強盗殺人罪と同等であった。が、宝常の母及び同籍の有無は伝文に不詳、若しありとせば同じく楽戸に配せられたに違いない。楽戸――即ち音楽の奴隷――の境遇に陥った宝常の年齢に就いては『隋書』の音樂志に左記一節の旁証がある。

音を識る人、万宝常あり、洛陽旧曲を修め、言ふには、幼にして音律を学び、祖孝徴に師し、その上代の修調せし古楽を知れりと。

是をみると、彼れの音楽を学ぶ時は幼少の節であった。彼れの師たる祖孝徴はもと斉の「尚楽曲御」[②]という楽官、後は宰相の位階にも登った人で、宝常の父に従って斉に帰化したのは極く幼ない時であるを知り得る。多く見積っても西紀五六〇年頃の彼れの年齢は四五歳位で、音楽を学ぶ年は十歳以前のこととせねばならぬ。元来、音楽を学ぶには若ければ若い程、絶対音の認識は準確となっている。万宝常の音識の準確さは、彼れが食器を叩いて楽器よりも諧和な音曲を奏出した逸話に徴して明かであるが、それも彼れが音楽を学ぶ年齢の若かりしことの一証である。

兎に角、万宝常はおよそ西紀五五六年前後、江南に生まれ、五六〇年に父に従って北上以後、十歳以前のこと、彼れの父の誅《ころ》される時の彼も恐らくは十歳には達していない。十歳未満な一人の童が、はやくも故郷、祖国、父母、親戚を失ってひとり奴隷の生活に這入ってしまった。だが、かかる不幸な境遇に陥っても、彼れの音楽的天才は、此が為に一寸も窒息されてはいなかった。艱難、汝を玉にすとの言葉は彼れにこそ適用される。一切の物を失い、一切の物も奪われて、沙漠より乾燥な、凍苔原《ツンドラ》より冷酷なこの世に唯々、一人毅然として、頭角を現わし、不朽の業績をあげて来た彼れも誠に人傑と称すべきであろう。

だが、彼れはやはり奴隷であった！　彼れの音楽技術に於ける存在、隋初に於て如何に高貴なる大臣、宰相、乃至は至尊の天子でさえも、黙殺することが出来ず、国家の一大事――楽を制作するような時に際しては、どうしても彼れの意見を徴せねばならなかったが、奴隷はやはり奴隷、斉から周へ、周から隋へ、転々と三朝を流歴しても、父の罪科に由ての楽戸の境遇からは到頭、解脱することが出来なかった。

斉の周に滅された年代は西紀五七七年（宝常の二十二三歳の頃）で、その後僅かに三年間で周がまた隋に滅された。隋の開皇楽議は『隋書』音樂志によれば開皇二年（五八二年）に始まり、当時の公卿、鄭訳、牛弘、辛彦之、何妥、蘇威等が「各朋党を立て」七八年間も紛争してようやく竜頭蛇尾に終結を告げたのであったが、万宝常が水尺律を用いて楽器を造ったことは『隋書』律歴志によれば開皇十年（五九〇年）即ち南朝の陳が隋に滅されてからの、または南北朝の統一されてからの、二年目であった。それ以後、宝常の名は、もう何処にも見えない。宝常の餓死は恐らく開皇の十一二年、彼れの三十六七歳の頃であったろう。彼れが畢生の心血を傾倒して造り上げた楽器が当時の権貴者に忌嫉されて水泡に帰し、労瘁の上に悲憤やるかたなく非常に疾を得易い状態にあった筈である。又、彼れが疾んでいる内に彼れの妻が資財を捲上げて逃げたのをみても、彼女も未だ年取っていない証拠、何故なら、彼女の逃亡は決して単なる逃亡ではなく、背後には必ず男女の関係が潜んでいたからである。これ等のことから推論してみると、宝常の死んだ時はどうしても四十以前のことではなければならぬと思う。

又、宝常の疾も如何なる性質のものであったかは確かに解らないが、「臥疾」の文句がある以上、無論、傷ではなく、「餓而死」といった以上は胃腸病も問題外である。臨終に際して著述を焼いた位であったから、意識もはっきりしていて、熱病や精神病ではあり得ない。私の推測を許せば彼れの疾患は、恐らく呼吸系統に属するものであって、肺結核であったかも知れない。彼れが専ら音楽に没頭し、貧困にして疲労し普段からきっと彼れの夫人のことを餘り顧みなかったであろう。彼れが音楽奴隷の身分を以てしては勿論彼女の物質的欲望を満足させ得ないものであった。彼れの所有せる資財は一個の女性にやすやすと持ち運ばれて行ける位であってみれば、大したものはないに違いない。然し、その内には彼れが生命よりも大事にしていた楽器の一挺位は、恐らくあったであろう。妻に逃げられ、起きて書物を焚いた位であったから、欲しければ飯位は炊けたであろう。米も金もなかったに違いないが、隣人に向って借りることをしなかったのは、何故であろう。隣人は揃いも揃って薄情であったか？　彼れの著述を火から取上げるだけの有志者もあった位であるから、隣人の薄情よりも宝常の非妥協性が然らしめたのであろう。誠に万宝常は非妥協的な男であった。彼れの尊厳な自我が至尊の天子の前でも屈せざりしものの、些少な物質的要求に屈することが、どうして出来ようぞ。思うに、彼れの先生、祖孝徴が斉の末葉に宰相同様の権威を張っていたにも関らず、彼れが依然として楽戸から解放されなかったのも、人の前に低頭せざるこの非妥協性を物語っているではなかろうか？　而も、生きていて――「何の用かある！」

彼は妻には逃げられた。だが、彼れのあれ程厭世的な痛恨は、恐らく彼女の逃走に由来したのではなかったろう。彼女は本《もと》彼の愛する人に違いない。何故なら、父母の命に由らずして彼れ自身が楽戸の身分で自ら選んだ伴侶であったから。彼女は彼れの愛を裏切った訳であったが、彼れにしては彼女を恨むよりも、彼女を逃げさせたものを恨んでいたに違いない。彼女を逃げさせたのは、若しありとせば、彼女の新しい愛人か？ ——否、嫉妬位な料見で万宝常をして著述を焚かせた動機にはならない。彼れをしてか程激怒させたのは、彼れを忌刻し、排毀し、学説を剽窃して彼の一生涯を奴隷の境遇から浮ばせなかった所の当時の権勢者——あの一群の文化強盗の輩であった。彼等が彼れを圧迫し、彼れを貧困に追いやり、病気に倒し、一人の妻をも、最愛な一挺の楽器をも保持し能わざらしめたのであった。かかる文化強盗が占拠していた世の中に彼れは、もはや一刻も自己の生命を引延ばすに忍びず、喜んで餓死して自己の精神上の産児の火葬をも自己の手で行うに至った。その心情の表露は強盗世界に対する彼れの為し得た最大の抗議ではなかったろうか？

四

宝常の芸術は「音樂志」にある彼れ自身の言葉に明示されている通り、祖孝徵から学んだものであった。孝徵は斉の楽官だったが、彼れの父、祖瑩も斉朝の前代・北魏の太常卿（楽官の長）たりし事があった。父子とも音楽的天才であるらしい。父の編成した「大成楽」が子の批評によれば「戎華兼備」のもので、子の編成した「広成楽」即ち「洛陽旧曲」も「宮懸の器（編鐘と編磬の類）を具へ、西涼の曲を雑ぜ」たものであった。二人とも新旧音楽の合成を企てていた。此の二代を継承した万宝常も合成派であった事が自明である。合成派の音楽は無論純粋の華でもなければ、純粋の戎でもなく、更に一段高き成果であったが、その内には両方の成分を具備しているので、随って過渡期に於ては両方からの攻撃を受けざるを得なかった。祖氏二代の新楽が長き生命を維持し得なかったのも、万宝常の芸術が隋代に用いられなかったのも、時代が合成芸術には未だ十分に成熟していないからであった。此処に於て開皇楽議に関する様子を『隋書』音樂志に依拠して少々述べてみよう。

中国の古代に於ては朝代が変る度毎に、正朔即ち暦を改め、服色を変《か》え、礼楽を制す底の大芝居を演る事を通例としている。隋文帝が周に代って帝位に即くとその大芝居の一場面を演出した。即ち所謂「開皇楽議」である。開皇は文帝の年号、楽議はその二年に始まり、九年に終って前後八か年の歳月に亙っている。その音楽会議に参加する主な人達は文帝の幼時の同窓たる沛国公の鄭訳、太常卿の牛弘、国子祭酒の辛彦之、国子博士の何妥、太子洗馬の蘇夔等である。此等の人達には色々の派別があり、就中、鄭訳が新派の花形、何妥は旧派の権現であった。

鄭訳が西域音楽の魁たる亀茲（今の新疆省庫車県あたり）の音楽技術に精通していてそれを応用して在来の旧楽に徹底的な改造を加えようとした。当時の楽府に使用する律が所謂「鉄尺律」で、鄭訳の主張せる亀茲律よりは五律高く、そのような高い律は不合理なので低い律に訂正すべきであると主張し、又、彼が自ら亀茲琵琶の固有せる三十五調の調子を拡充して八十四調にしたと称え、それをも実施せよと提議した。此の八十四調の創始者としての、中国音楽に一新転機をきたした功労者としての鄭訳は、現在の音楽史研究者の間には莫大なる令名を博しているが然し、彼の当時に於ての改律の主張も、八十四調実施の提議も、倶に反対されて、その反対者の首領は即ち何妥博士であった。

何妥先生は音楽に全く門外漢であったが、然し、隋文帝に尊敬されている大知識であった。音樂志が彼れの卑劣な心事を遺憾なく暴露して曰わく「己は宿儒なれど、訳等に及ばざるを耻ぢ、その事（制楽の事）を沮壊せんと欲す」る目論見の下に、彼が南朝に伝わっていた雅楽の清商三調③（宮調、平調、側調）を用うべしと主張した。

万宝常の参与したのは最後の九年の楽議のようであるが、彼はまた彼の合成派の面目を発揮して祖氏父子の楽を廃すべからざる事を説いた。

各派が三巴になって論争し、是非が決し難く、ある者は折衷的な意見を吐露して各派に各々造らせ、造り上げてからその善なるものを選べと称え出したが、卑劣にも何妥は此さえも我慢出来ず、楽が出来上がると優劣が容易く見えるので功労は結局音楽の門外漢たる自分に属しないことを恐れて、彼は到頭一層卑劣な政治的な手腕を用い出した。鄭訳が先ず黄鐘調を作り上げた時、何妥が隋文帝に進言して「黄鐘は以て人君の徳を象る」と先入見を注入してから、楽を試演させた。武人出身の文帝は勿論楽調も楽理も分る筈がなく、彼れがその奏楽を聴くと、如何にも玄人のように何妥の注進に準拠して讃嘆した。何妥がその機に乗じ、黄鐘調のみを採用してその他は造るに及ばずと言出したところ、文帝も大に悦び、何妥の修楽に参与した人達に賞賜を与えて八か年もかかったさしもの楽議がそれで中止してしまった。――

この何妥博士と隋文帝とのコンビに由て打ち出された一幕の狂言は全く喜劇の上乗と称すべきであるが、悲しいかな、悲劇の性格役者たる万宝常が得意正に絶頂に達した隋文帝の面前で彼に讃嘆された楽調を、容赦もなく「亡国の音」と斥けてしまった。世故的に言えば、宝常は実に餘りに世故に通じなさ過ぎる。若し、彼にしても少し「聡明」であり、声に随って附和して誉めたら、恐らく彼の同時代の楽工・曹妙達等のように爵位を貰って王府を開いたであろう。然し、宝常はかく出る事を屑よしとしなかった。自信の堅、自持の高、これ正に宝常の宝常たる所以。彼が飽迄自己の説を持出し、水尺を以て律を定むる事を請うた。だが、終に皆から排毀を受けた事も、実に当然過ぎる事である。

排毀の実例としては本伝中の沙門の教唆に由って偽りの答辞を挙げていいと思う。その答辞は必ず蘇威等の捏造によったもので、宝常の言葉では決してあり得ない。宝常が自ら附言した通り、彼れの芸術は祖氏父子に習得したもの、胡僧の伝授と偽託して以て悦を取るような卑劣さは宝常の性格にはない筈である。此処いらは伝記の筆者の取材に非難すべき点があると言わなければならぬが、然し、排毀の一実例として提供してくれたのも亦勿怪の幸と言うべきである。

五

更に進んで中国音楽の史的発展の足跡を少々訪ねてみよう。

元来中国の音楽が餘程古代から殆ど絶間なく外来の影響を受けた。楽器から言えば中国固有の楽器は石で製った磬、蘆管や竹管で製ったハモニカのような排簫、鼓、鐘位のもんで琴瑟でさえも外来のものである。琴瑟の輸入或は仿造はおよそ春秋初年頃（西紀前七世紀の末）に当り、輸入が餘りに古かったので秦漢以来の何人にも「国粋」視されてしまった。其実、琴瑟のような文字は、三十五年程前に河南の安陽から出土された無数の殷代の亀甲獣骨文字にも、殷周二代の合せて五千種以上の青銅器の銘文にも、全然痕跡がなく、『詩經』に於てさえ殆ど恋愛の媒介としてのみ使用されるモダン楽器で、古人の郊廟に於て神や祖先を祭る音楽には琴瑟のようなものは使われていなかった。這間の消息は『詩經』の内の周頌や商頌などを読めば分る事だが、戦国時代及び其後の人達に由て偽託された「堯典」や『周禮』などに神楽に琴瑟を使用しているのは、正にそれらの偽籍の露わした馬脚である。日本に現に伝わっている大琴の箏や、中国式の琵琶の前身であるところの阮咸などが秦時代に、横笛や胡笳は漢時代に、踵を継いで輸入され、外来の楽器は漸く「喧賓、主を奪ふ」ような形勢を呈した。南北や隋唐時代に至ると、志のある人はそれらの時代の楽書或は楽志を調べれば、当時に使用されていた楽器は殆ど外来物ばかりなのに驚嘆せざるを得ないであろう。

楽制、楽論も同様なことで、中国の音楽史に二千年来の中心問題として争論されている音律の問題、所謂「三分損益法」によって生じた十二律の音制——九寸の管の発せる音を「黄鐘」と命名して基準とし（所謂君位に位す）、それの⅔の長さの管の音を「林鐘」、林鐘管の4/3を「太簇《たいそう》」、太簇の⅔を「南呂」、南呂の4/3を「姑洗」、姑洗の⅔を「応鐘」、応鐘の4/3を「蕤賓」、蕤賓の4/3を「大呂」、大呂の⅔を「夷則」、夷則の4/3を「夾鐘」、夾鐘の⅔を④「無射《ぶえき》」、無射4/3を「仲呂」という風によって出来た黄鐘、大呂、太簇、夾鐘、姑洗、仲呂、蕤賓、林鐘、夷則、南呂、無射、応鐘の順序での音階は、由て生成されるところの器械に管と絃の差こそあれ、楽理も数の関係も西紀前六世紀頃（春秋の末期）のギリシヤのピタゴラスの方法と全く一致している。所が、中国に於ける「三分損益法」の萌芽をみたのは『管子』、十二律の名の最初の出現は『呂氏春秋』倶に戦国時代の末葉（前三世紀）に出来た書物であって、ピタゴラスよりは二百年以上も後れている。随てかような律も輸入品であることは争われない事実である。十二律輸入以前の中国固有の音階は宮・商・角・徴《ち》・羽の五音、後に徴の前に「変徴」を置き、羽の次に「変宮」を置いて所謂「七声」になったが、五音には七声が元来絶対の音値を有していた。北宋出土の戦国初年の器たる二具の「楚恵王鐘」に宮・商・⿱羽于（羽）の音律を銘記しているのは何よりの物証である。十二律が輸入されると中国の律制は遂に双重化され五音又は七声は倶に絶対音値を失い、全く洋楽のdo re mi fa sol la siのように相対的な移動音符になってしまった。

十二律の生成は上述のように、全く簡単なことであるが、然し、その基準たる黄鐘九寸の長さは尺度という外在条件によったものである。中国の尺度が始終変化しているもので、尺度が変ればそれの函数たる音律も随て変るようになる。尺度が伸びれば音が低くなり、縮まれば高くなる。歴代の音律に関する争論は即ちそこから誘導され出して来る。開皇楽議も大半はこの律に関する争であった。

『隋書』律暦志によれば、その当時まで存在していた物指は二十六種もあり、律暦志の編輯者はそれらの尺を十五等に分けて王莽時代の劉歆銅斛《こく》尺を標準として一々その比例の寸法をあげ、千三百年前の文献としては可なり科学的に出来ている。尚、幸なことに劉歆銅斛の遺物が現存しているから、その尺度からのメートル法に由る換算も出来ている（〇・二三一m）。隋初の律尺は律暦志に明記されている通り、第十二等尺の「後周の鉄尺」であって、劉歆銅尺の一・〇六四尺、メートル法では〇・二四五七八m。万宝常の用いた「水尺」は第十三等尺としてあげられている。

十三、開皇十年、万宝常所造の律呂水尺、実は晋前尺（劉歆尺に等しい）に比して一尺一寸八分六厘（〇・二七三九六m）今、太楽の庫度内より出づる銅律一部、是れ、万宝常の造る所、名は「水尺律」と。説に称へらく、その黄鐘律は鉄尺の南呂倍声に当り、南呂は黄鐘〔均の〕羽なり。故に之を水尺律と謂ふ。

劉歆尺は南朝に伝わっていた雅楽の清商律の標準尺であって、尺としては最も短く、随て律の音値が最も高い。清商律の黄鐘は友人林謙三氏の測定によればおよそ今の洋楽の g^1 に当る。鉄尺律の黄鐘がそれより一律（半音）低く、$\#f^1$ に当る。万宝常の水尺律は尚低く黄鐘が $\#d^1$ に当る。当時流行していた胡楽の律は尚更低くて、黄鐘は $\#c^1$ に当る。数種の律の比較を明瞭にする為、今左に表示しておこう。

	胡楽律	水尺律	鉄尺律	清商律
$\sharp c^1$	黄			
d^1	大			
$\sharp d^1$	太	黄		
e^1	夾	大		
f^1	姑	太		
$\sharp f^1$	仲	夾	黄	
g^1	蕤	姑	大	黄
$\sharp g^1$	林	仲	太	大
a^1	夷	蕤	夾	太
$\sharp a^1$	南	林	姑	夾
h^1	無	夷	仲	姑
c^2	応	南	蕤	仲

鄭訳が胡楽律を主張したが、反対されたのでやはり鉄尺律に由て例の「黄鐘調」を編成した。宝常の造った楽器の音声の「率ね鄭訳調に下る事二律」は此の表をみてはっきり分るがごとく、鉄尺律は高くてその黄鐘は水尺律の夾鐘に当っているからである。また水尺律の黄鐘は鉄尺律の倍声（一オクターブ低い）南呂に当ることも明かで、南呂は黄鐘を調首とする一均の羽位、五音の羽は五処の水に比定されているから、「水尺」の命名はその訳であった。此の律制に於て万宝常もやはり彼の合成派の面目を保っている。彼の律は胡楽律と鉄尺律の略中間にある。

六

律が定まると、調がそれによって生まれる。十二律に一定の度数関係で五音又は七音を配すると一つの「均」が出来る。均は韻の古語である。即ちその配せられた五律若くは七律の声が互に和声関係を持ち、それの範囲内での音声の適当な組合せは即ち調となる。例えてみれば、黄鐘律に宮を配すると、太簇は商、姑洗は角、蕤賓は変徴、林鐘は徴、南呂は羽、無射は変宮となってその成せる一均は黄鐘均と称されている。

十二律	黄鐘均
黄	宮
大	
太	商
夾	
姑	角
仲	
蕤	変徴
林	徴
夷	
南	羽
無	変宮⑤
応	

調には調首があり、調首が宮なれば宮調、商なれば商調、等々であるが、中国古代では宮調しかなかったので十二律の各律が各宮に配せられて調首となれば十二種の宮調が出来る訳である。所謂「旋相爲レ宮」即ち旋宮法はこれである。旋宮法の文献に見え始めたのは『禮記』の禮運篇であった。曰わく「五声、六律、十二管、還(旋)りて相ひ宮を為す」と。然し、宮声以外の四声或は六声でも皆調首となり得るもので、即ち宮調以外に商調、角調、徴調、羽調、等々の違った調子があり得べく、各調も同じく十二種が出来るので、五声なら六十調、七声なら八十四調が出来る訳である。宮調以外の調の出来たのはやはり南北朝時代の西域音楽の影響であったらしい。然し、此処で主に問題にしようとするものは、例の八十四調の創始者の誰であるかと云うことである。

在来の研究家は殆ど皆が鄭訳を以て八十四調の創始者としていた。根拠は『隋書』の音樂志だが、そこには鄭訳が例の開皇楽議の席上で自ら創始者として名乗っていたからである。彼がいう在来の楽府の鐘磬の音律を研究するに、皆宮・商・角・徴・羽・変宮・変徴の名だけあって、七声の内に三声が合わない。恒に探究していたが、到頭分らなかった。所が、周武帝の天和三年(西紀五六八年)に胡琵琶の名手、蘇祇婆《スジワ》と云う亀茲人が突厥皇后の阿史那氏に従って中国へ渡って来、その奏でる楽を聴くに調としては七種あり、その七調を以て中国の七声を校勘すると全く符合する。七調は一つの「旦」となって、都合五旦、三十五調があった。鄭訳は「旦」のことを漢語の「均」と対訳している。彼が直にこれを習得して而もその調を拡張させた。以下は音樂志の原文を引用しよう。

訳、遂にその捻《ひ》く所の琵琶に因り、絃柱相顧み（註四）て均を為し、その声を推演して更に七均を立てて合せて十二となす。以て十二律に応ず。律に七音あり、音に一調を立てて故に七調成す。十二律合せて八十四調。旋転して

相交り、尽く皆和合す。

この亀茲楽制の輸入及び八十四調の学理⑥の発見は、全く中国音楽にレヴォリューションを捲き起した一大事件であった。殊に蘇祇婆七調に就ての研究は中国音楽史研究の中心問題を形成している。内外の学者が競って殆どこの一点に注意を集中し、色々の闡発を為しているが、筆者の知っている範囲内では友人林謙三がこの問題に多年の心血を費し、極めて独創的な闡明を収獲して近い内に業績を発表する段取りになっている。

だが、筆者の問題とする所は八十四調の創始者が誰であるかということである。音樂志によれば、鄭訳が創始者であることは自明であるが、然し、萬寶常傳では、宝常が「具さに八音旋りて相ひ宮をなすの法、改絃移柱の変を論じ、八十四調、一百四十四律をつくり」当時の人達から彼れの「特創」だと笑われた。同一の時代に於て同一のことの創始者は二人となっている。この二人が全然面識がないなら、また同時発明の可能もあるが、然し、宝常の意見がいつも鄭訳等に徴求されて、用いられなかった言が多くあった位であった。而も鄭訳の発見は自称で、宝常の「特創」は公認、如何に寛大にみても鄭訳先生は剽窃の嫌疑を免がれないと思う。

鄭訳の八十四調は彼れ自ら蘇祇婆の亀茲琵琶の音制に暗示を得て拡張して出来たものだと言っていたが、亀茲琵琶が蘇祇婆の到来以前、已に輸入されていた。『通典』（一四二巻、樂二）によれば北魏の宣武帝（西紀四九九―五一五）以後、「屈茨琵琶」及びその他の胡楽が流行《はやり》出して、「琵琶が当路に及ぶと琴瑟殆ど絶ゆ」と云われた。屈茨亀茲は林謙三氏の説によると即ち亀茲琵琶であることは動かせない。また『舊唐書』の音樂志にも次のような記事がある。

後魏に曹婆羅門あり、亀茲琵琶を商人より受け、世に其業を伝へ、孫の妙達に至り、尤も北斉の高洋（文宣帝）に重んぜられ、〔高洋〕常に自ら胡鼓を撃って以て之に和す。

『北史』の恩倖傳にも曹妙達及び彼れの父曹僧奴のことに言及して親子とも「よく胡琵琶を弾けるを以て甚だ寵遇され、倶に王に封ぜられ、府を開」いたと云われた。

此等の文献をみると蘇祇婆の来る前に亀茲琵琶が已に輸入されていたのは勿論、全く万宝常と同国同時の曹妙達父子も亀茲琵琶の能手であった。而も万宝常の師たる祖孝徴も、やはりこの種の楽器の達人であった。『北齊書』の祖孝徴傳によると、彼れが「白ら琵琶を弾く事を解し、よく新曲をなせる」と云ったり、「〔武成〕帝、後園に於て珽（即ち孝徴）をして琵琶を弾かしめ、和士開をして胡舞せしむ」と云ったりしていた。新曲を奏で、胡舞の伴奏をする琵琶は例の胡琵琶に違いない。然らば万宝常が蘇祇婆その人に面接した事がないにしても、亀茲琵琶及びその音制に就ては夙に知っていた筈である。而も当時に於ける琵琶は現代に於けるピアノの如く、普遍的にはやって琴瑟を殆ど駆逐し尽した位で、万宝常程の大音楽家が遂にそれを知らなかったとか、或は知ってもそれからは何等の暗示を得られなかったといったら、むしろ不合理であろう。

亀茲琵琶は現に日本の雅楽にまだ伝わっていて、四絃四柱のものである。絃柱の制限がかくあれば、音声の制限も自然と伴って来て蘇祇婆の原曲は三十五調しか出来なかったのは、それが故である。八十四調も弾けるようにするには、絃或は柱の上に何らかの工夫をしなければならない。例えば絃を少しそらせるか、或は柱を活柱にでもして移動出来るようにするか、その孰れかの手段を取って、音律の制限を破り、臨機応変に必要な声を弾き出せるのである。万宝常の具さに論じた所の「改絃移柱の変」は明かにこれらのことを指すのではなかろうか？　万宝常は「改絃移柱」を称え、鄭訳は「絃柱相顧る」と呼ぶ。全く山彦のようにである。鄭訳が剽窃したのでなければ、万宝常が焼直した事になるが、このことの判決に就ては二人の性格が重要なる証言を提出し得ると思う。

宝常は直意径行な人で上述の通りであったが、鄭訳は甚だ物議を醸した人で、卑劣、貪汚、親不孝では殊に有名であった。かような偉い人物であるから、剽窃や焼直位は朝飯前のことであったろう。而も彼れ氏のやった剽窃はこの八十四調には限っていない。音樂志に彼れ氏の工夫したと云われている今一つの発明がある。

又、編懸八あるを以て、因みに八音の楽を作る。七音の外に更に一声を立てて、之を「応声」と謂ふ。訳は因って書二十餘篇を作り、以てその指を明かにす。

この七音の外に別に新しく立てられた「応声」が、林謙三氏が『隋書』音樂志の大業年間に議修せられる百〇四曲の記事に根拠してその位置を再発見した。音樂志には「宮調は黄鐘なり、応調は大呂なり、商調は太簇なり、角調は姑洗なり、変徴調は蕤賓なり、徴調は林鐘なり、羽調は南呂なり、変宮調は応鐘なり」云々と述べてあるので所謂「応調」は即ち「応声」を調首とする調である。その位置は明かに宮声と商声の間であった。この一声を挿入すると、林氏の説によれば五度関係の転調をやる時に役立つ。例えば変徴の代りに応声を用いれば五度関係の転調が出来るのである。単独の応調は宮調のヴァリエテである。

林氏がこの「応声」の位置と効用を再発見したのは誠に慶すべきであるが、然し、この第八声の創立も同じく万宝常のものであった。宝常の伝に明かに「八音旋りて相ひ宮を為すの法」を宝常の「特創」としていたではなかったか？　旋宮をなすこの「八音」は必ず宮・応・商・角・変徴・徴・羽・変宮の八声であって、普通の所謂金・石・糸・竹・匏・土・革・木の八音では、決してない。此をみると鄭訳が応声設立の理由を説明するが為に著わした二十餘篇の書も万宝常の説を焼直したものであるに違いない。その他の著述も推して知るべしである。宝常が餓死せんとする時、自己の著書を焼かなければならなかった心理もこれで一層了解出来るような気がする。それは、鄭訳のような文化強盗に対する憤慨ばかりからではなく、後世の読者があべこべに自己が剽窃したと疑われるのを忌んだからだとも思えば思えるのである。

八十四調の創始者に就ては以上の外、また一二の異説がある。『五代史』の樂志に周の世宗代（九五四—九五九）に、時の兵部尚書の張昭の楽議を載せて梁の武帝にしていた。だが、全然根拠のない話で、信を措くべきものではない。而も同じ人の楽議に他の音楽史上の顕著な史実をも誤らしている所があった位である。其の次に同時代の音律専家の王朴も八十四調の創立を更に神話伝説中の人物たる黄帝に帰したが、全く一顧するだに値しないものである。

又、宝常の律に関しては本伝に「一百四十四律をつくり、変化一千八声に終はる」との二句があるが、此に向ての釈明は簡単である。原来黄鐘九寸を基準として三分損益法を施し、仲呂で終わるとその4/3で戻って黄鐘を上生する事を理想としているが、然し、仲呂管の4/3では九寸には少々足らずして黄鐘へ還元することが出来ない。此にまた三分損益法を施し、根気よく繰返し繰返しして行っても、結局は益々元の黄鐘から遠ざかり、永久に還元出来ない。漢元帝時代（前四八—三三年）の京房がかようなことをやって六十律迄を作った。後、劉宋の元嘉時代（四二四—四四六）の太史銭楽之が更に細分して三百六十律を作り、以て一年の三百六十日に当らしめた。然しこういうような微細の律分は聴分けられるものでなく、無用なものであった。宝常の百四十四律も勿論同様の方法で出来たのであるが、百四十四の数は十二の自乗で、宝常がこの数に興味を感じたのか、然らざれば彼れの鋭敏な聴覚で本当にこういう微細な律を聴分け得たのであろう。律が百四十四あればこれに旋宮法を施すと十二律から八十四調が出来たと同じく、百四十四律から一千八声が出来る訳である。（144×7＝1008；84×12＝1008）だが、かような律とかような声は同じく数学的遊戯に過ぎなく、実用には役立たなかったものであろう。

七

以上、万宝常の生涯と芸術に就て一通りの分析をしてみたが、彼れの足跡を振返ってみれば、確かに讃嘆に値すべきものがあるように思われる。彼れの音楽的才能は実に多方面的であった。実地の演奏に、楽理の闡発に、楽器の制造にあらゆる方面に向て独力で彼れ自己の勝れた天稟を、全幅的に発展させ、生活のどん底《ぞこ》から一個の完璧に近き芸術家を造り上げた。名こそ殆ど埋滅されていたと同様であったが、唐代乃至それ以後の、及び日本や朝鮮へ伝来して来たところの東方音楽が、悉く六世紀に萌した西域音楽と中国雅楽との一段高き合成品の嫡流であって、隋唐以来の東方音楽が半ば万宝常に由て培植されて来たと言っても、決して過言ではないと思う。何故なれば、万宝常の楽は生前に於ては受入れられなかったが、彼れの死後、僅か三十五年ほど立つか立たぬ内に悉く唐人に由て取上げられたからである。

先ず、かの有名な八十四調から言ってみよう。彼れの八十四調の発明は鄭訳に盗まれたけれども鄭訳の地位と権勢に由ても隋代に於ての実施を到頭、見ることが出来なかった。これは正に時代の制限であって如何ようにする事も出来ないのである。だが、僅か三十幾年後の唐高祖の武徳九年（西紀六二六年）には訳もなくその制限が撤廃された。八十四調が祖孝徴の同族たる唐の楽官、太常少卿の祖孝孫に由て実施されたのである。

祖孝孫の八十四調の組織仕方は、『新唐書』の禮樂志によれば、次のようになっておる。総て十二種の宮調は皆正声の十二律に於て調首の宮声を取り、正宮声の下に濁音がなく、十二種の商調なら、調毎に一つの下声があって即ち宮声がそれであり、十二種の角調の各々が二つの下声――宮と商、十二種の徴調の各々が三つの下声――宮商角、十二種の羽調の各々が四つの下声――宮商角徴がいるのである。また、十二種の変徴調の位は、角音の後と正徴の前にあるのであって、十二種の変宮調は羽音の後と清宮の前にあるのである。今左記の通りに表に示しておこう。

声律		黄鐘均	大呂均	太簇均	夾鐘均	姑洗均	仲呂均	蕤賓均	林鐘均	夷則均	南呂均	無射均	応鐘均
正声	黄	宮											
	大		宮										
	太	商		宮									
	夾		商		宮								
	姑	角		商		宮							
	仲		角		商		宮						
	蕤	変		角		商		宮					
	林	徴	変		角		商		宮				
	夷		徴	変		角		商		宮			
	南	羽		徴	変		角		商		宮		
	無	閏	羽		徴	変		角		商		宮	
	応		閏	羽		徴	変		角		商		宮
清声	黄			閏	羽		徴	変		角		商	
	大				閏	羽		徴	変		角		商
	太					閏	羽		徴	変		角	
	夾						閏	羽		徴	変		角
	姑							閏	羽		徴	変	
	仲								閏	羽		徴	変
	蕤									閏	羽		徴
	林										閏	羽	
	夷											閏	羽
	南												閏
	無												
	応												

（変＝変徴　閏＝変宮）

斯くの如きが祖孝孫の八十四調の全貌であるが、孝孫はもと隋の楽官であって、祖氏父子と万宝常の合成的芸術の氛囲気内に陶冶されて来た人であったから、彼れに由て実施されたこの八十四調の音制は、多少の改革があったにしても、宝常の業績の緒餘であることは問題のないことである。

然し、祖孝孫の律は必ずしも宝常のとは一致していない。『新唐書』の食貨志の記載によると、武徳四年に鋳造された「開元通宝」銭の直径は八分と規定されてあり、今その遺物の直径を実測して一二・五倍にすれば（0.8×12.5＝1）その当時の尺度の一尺の実長となる訳であるが、実測の結果の示す所では唐初に於ての尺度は鉄尺制であった。随て当時の音楽の律制も鉄尺律であったに違いない。然らば孝孫の調は鉄尺律によるものであって宝常のとは違う訳であったが、然し、唐の律制も間もなく宝常の水尺律に接近するように訂正されたのである。

唐代の度量衡制に就て一般の学者は、大抵三百年間に亙って鉄尺制を施行していたと認めているようだが、実際は然らずして色々の移動と改変があった。先ず武徳四年の十五年後の貞観十年には明かに玉尺制に改定されていた。『通典』一四四巻から左記の一節の文献を摘載することを許して貰おう。

大唐貞観中、張文収が銅の斛《こく》、秤、尺、升、合を鋳て、咸《みな》その数《すう》を得。……斛の左右の耳と臀は皆正方、十を積みて登り、以て斛に至る。銘に云はく『大唐貞観十年、歳は玄枵《げんけう》に次《やど》り、月は応鐘に旅《たびだ》つ。新令に依り黍尺を累し、律を定め、龠を校し、茲の嘉量を成す。古玉斗と相符す。律度量衡を同じくす。協律郎張文収、勅を奉じて修定す』と。……

又、『新唐書』の禮樂志にも同様のことを言っている。

文収が既に尺を定め、復銅律三百六十、銅斛二を鋳る。……斛の左右の耳と臀は皆正《ましかく》、十を積みて登り、以て斛に至る。古玉尺玉斗と同じ。

茲の所謂「古玉斗」と「古玉尺」は後周の玉斗玉尺を指すもので、『隋書』律暦志の第十一等尺である。後周の保定元年（五六一年）に古い倉庫から「古い玉斗」の偶然の発見があった。後五年目にそれを標準として律度量衡制を定め、年号をも「天和」と改めた。「古玉斗」はかかる由緒のあったもので、張文収の銅斛が此と「相符す」とみれば、貞観十年には明かに鉄尺制を改めて玉尺制にした。その後三十年位立って高宗の総章年間に鉄尺制へ戻り、武后時代に至って再び玉尺制へ逆戻ったりして唐代の尺度が決して一定不変ではなかったのだが、本論に於てはそのことに就てこれ以上触れることが出来ない。兎に角、貞観十年頃に於ける玉尺制の施行は文献の証明する通り確実である。

玉尺は劉歆尺の一・一五八尺に当り、メートル法に換算すれば〇・二六七四九mで鉄尺に比べては、〇・〇二一七一mだけ長いものである。万宝常の水尺よりは少々短いが、差は極く僅かで〇・〇〇六四七mである。玉尺律の黄鐘は略々洋楽のe[1]に相当し、水尺律より僅か半音に及ばない位高いのである。然らば、万宝常の律も八十四調実施後の十年目で張文収に由て復活されたと言っていいと思う。

かように宝常の調制は祖孝孫に由て取上げられ、宝常の律制も張文収に由て殆ど採用されたと同様、宝常の芸術は僅か三十幾年ほど隔てた唐の貞観年間に全線的な勝利を得た訳である。惜しいことには彼れの六十四巻の楽譜及びその他の著述は大抵焼失され、火から取上げられた残篇も唐初に於て現行されていながら、何時の間にか散逸してしまって、如何なる名曲や卓説を失ったか分らないのであるが、然し、それ等も、恐らくやはり何かの形式に変えられて採用されたのであろう。例えてみれば、日本に於て現に珍重されている「唐曲」の内でも、宝常の作曲が一二曲位もないと、誰が断言出来得よう。然りとすれば、没却されたのは彼れの名だけであった。誠なるかな、人生は短く、芸術は長しである。

要するに、万宝常の芸術は彼れの死後僅か三四十年も出でずして大いに歓迎された。三四十年後の時代は、合成芸術に対して充分に成熟したからである。『隋書』の編撰もその時代に於てであった。あの編撰者等の幾人かの大家がその時代に於ける文化戦線上の現役で彼等は宝常に対しては相等（ママ）の敬意と同情を以てし、何妥、蘇威、鄭訳等に対してはいささかの容赦もなく彼れらの仮面を剥ぎ、陰謀をあばき、醜態を晒して快哉を叫ばせねば止まないような、その厳粛な態度、此処に於て始めて充分に了解し得るのである。彼れ等は時代の声を放送していたのであった。万宝常が正しく三四十年ばかり時代より先に進んだ訳で、先駆者としての不幸を殆ど一人で引受けたような形だったが、然し、彼れと時代を同じくしたあの飛鳥も落す程の博士や官僚等がまた何を得たのであろう！　陰謀、詭詐、黙殺、排毀、剽窃……苦心惨淡、あらゆる卑劣な手段を用いて、時代の指針を逆転させたこと、幾何であったろう！


（註一）『通典』では「六樂譜十四巻」と作り、孰れが正しいか知らず。

（註二）『隋書』も『北史』も「一千八百聲」と誤刊されて、今『通典』に従う。理由は本文に見える。

（註三）魏徴、令狐徳棻、長孫無忌、顔師古、孔穎達、李淳風、李北海等である。

（註四）原文では「絃柱相飲」となっているが、意味をなさないので、飲の字は顧の草書の誤りであると思う。

翻刻者註

①「宮」のふりがなは、原本では呉音「く」とするが、漢音に改めた。
②「尚楽曲御」の「曲」字は、『隋書』音樂志中・『北齊書』祖珽傳・『通典』巻百四十二、樂二均しく「典」に作る。「曲」に作るは、誤植か、郭氏の誤認であろう。「樂」字は、武英殿本・百衲本『隋書』では「樂」に作るが、『北齊書』・『通典』及び宋本『隋書』では「藥」に作る。「尙藥典御」は『隋書』百官志に見え、薬官である。

③「清商三調」とは、清調、平調、瑟調（一説に側調）を指す。郭氏の誤認か。
④「無」のふりがなは、原本では呉音「む」とするが、漢音に改めた。
⑤「変宮」は、この表では、本来「応鐘」の段になければならないが、改めなかった。郭氏は、第五節で「羽の次に変宮を置いて」と言い、また第七節の八十四調の表でも、変宮を「閏」と言い換え、やはり、羽の一律上に置いている。ただし、中国語版「隋代大音樂家――萬寶常」（『文學』〔上海：生活書店〕第五巻第三号、一九三五年）では、変宮は羽の二律上に位置している。
⑥「学理」は「楽理」の誤りか。

あとがき

本書は、構想・着手から数えて約十年の歳月を経たが、幸運にも多くのご縁に恵まれ、ここに出版することができた。編訳者両名の個人的な思いを綴ることをお許しいただきたい。

『隋唐燕楽調研究』は、日本・中国に限らず、全世界の、中国歌辞文学、或いは東洋音楽を学ぶものに古典的名著として知られる。山寺も中国音楽学の研究を志し始めた頃に本書を複写し、座右に置いて通読を試みたが、その高度な内容に挫折すること度々であった。平成十七年（二〇〇五）年頃から、本格的に対峙しようと、少しずつ翻訳を進めていたが、その難解な内容に加えて、著作権の問題もあり、翻訳出版は現実味に乏しく、夢のまた夢であった。

そのような折、平成十八年（二〇〇六）、『隋書』音楽志の訳注を主な内容とする、日本学術振興会科学研究費助成事業、基盤研究（B）「南北朝楽府の多角的研究」（～二十一年度（二〇〇九））が計画され、山寺も参加することとなったが、その前身の研究会からすでに参加していた長谷部と意気投合、いつしか出版を意識するようになったのである。研究代表であった佐藤大志氏（広島大学教授）、また、山寺をお誘い下さった狩野雄氏（相模女子大学教授）、すべての契機を作って下さった知音であるお二人に心より感謝申し上げたい。また、その研究会には、我ら四名のほか、大形徹（大阪府立大学教授）、釜谷武志（神戸大学教授）、川合安（東北大学教授）、佐竹保子（東北大学教授）、林香奈（京都府立大学准教授）、柳川順子（県立広島大学教授）の諸先生方も参加されていた。毎年三回、泊まり込みによる研究会では、朝から晩まで『隋書』と向き合い、一語一語丹念に読み解くことの大切さを学ばせていただき、それを通じて、隋唐楽律研究への理解を深めることができた。我々にとっては一生の宝となる経験であった。諸先生方に厚く感謝申し上げたい。研究会の成果は、『『隋書』音楽志訳注』（和泉書院、平成二十八年〔二〇一六〕）として出版されている。本書の姉妹編というべきものであり、参照していただければ幸いである。（なお、この研究会は、その後、基盤研究（B）「隋唐楽府文学の総合的研究」〔研究代表：長谷部剛、平成二十四（二〇一二）～二十六年度（二〇一四）〕に継続され、未完ではあるが、『旧唐書』音楽志の訳注が作成されている。）

そして、平成十九年（二〇〇七）、さらなる転機が訪れた。この年、長谷部が、前任校から現任校である関西大学へ転職することになったが、当時、関西大学には、林謙三先生のご子息長屋紀氏が勤務されていたのであった。その偶然のご縁がきっかけとなり、幸運にも、出版許可を賜ることができたのである。

とはいえ、翻訳作業は困難を極めた。林謙三先生の楽理研究は難解なものが多いが、本書もまた例外ではなく、さらには、訳者郭沫若氏自身が訳者序において、「晦渋」で「不均整」と形容する訳文が、その難解な内容をどれだけ正確に捉えているかも疑わしかったからである。そのような中、平成二十二年（二〇一〇）十二月、狩野・佐藤両氏と、長谷部・山寺の四名は、長屋紀氏から特別に林謙三先生旧蔵書について調査する機会を頂戴し、その時、幸いにも、未発表自筆原稿「唐楽調の淵源」（本書所収）を発見したのであった。（なお、林謙三先生旧蔵書は、今後、関西大学にて保管・整理されることになっている。）これによって、『隋唐燕楽調研究』の骨子を理解することができ、さらには郭氏の訳文が、林先生の文体にある程度基づいていることを確信し、これまでの方針を根本的に見直して、より原著に近い形での翻訳、いわば復元を目指すことにしたのである。それ以降、郭氏の訳文の向こう側に、林先生の口吻をいくらか感じ取ることができるようになり、時には林先生と対話しているような感覚すら覚えることもあった。（林謙三先生の隋唐楽理研究を一から理解したいと思われる読者諸氏におかれては是非とも「唐楽調の淵源」

から読まれることを推奨したい。）

それでもなお、専門的な議論については解しがたいものも散見されたが、それらのうち、日本雅楽については、雅楽の楽理研究の第一人者であり、林謙三先生の研究を受け継いでおられる遠藤徹先生（東京学芸大学教授）に、また、中国楽律については、当該分野の権威であり、中国において林先生の楽理研究を最も理解されている陳応時先生（上海音楽学院教授）、そして陳先生の弟子である山寺美紀子氏（関西大学東西学術研究所非常勤研究員）にご助言をいただき、解決することができた。

以上のように、幸運にも、多くのご縁に導かれ、また、多くの方々のご助力を得て、ようやく完訳・出版に至ることができた。ここに皆様に重ねて心より感謝の意を表したい。

このたびの翻訳作業を通じて、原書の勘誤表にはない誤植もいくつか訂正することができた。とはいえ、訳者の力量不足によって、林謙三先生の真意をどこまで再現できたのか、かえって先生の業績を傷つけてはいまいか等、不安は尽きない。先達に失礼なきよう、翻訳のみならず、翻刻についても、一つ一つ丹念に作業するように努めたが、一方で、推敲・校正の不十分さも自覚している。誤訳・誤植・不備等も随所に見受けられるであろう。これらの点については、読者諸氏の批正を仰ぐ次第である。また、体裁について言えば、例えば、『隋唐燕楽調研究』の邦訳では、林先生の著書に倣うとの方針から、漢籍の引用文を書き下し文としたが、陳応時先生の論文では、論旨を理解していただきたいがために、漢籍は現代日本語訳とした等、それぞれの文章の性質を考慮して、あえて体裁をそろえることはしなかった。この点、ご了承願いたい。

最後に、本書を通じて、隋唐楽理研究の精髄、そして東洋音楽学の神髄と言うべき林謙三先生の『隋唐燕楽調研究』の学術的価値を、少しでも多くの読者の皆様に再認識していただければ幸甚である。奇しくも、平成二十八年度は『隋唐燕楽調研究』初版発行から八十年、また、林謙三先生没後四十年という節目の年である。記念すべき年にあたり、このような貴重な学術遺産を残して下さった林謙三・郭沫若両先生に感謝申し上げ、謹んで本書を泉下の両先生に捧げたい。

平成二十九年三月二十日

長谷部　剛
山寺　三知

【編訳者紹介】

長谷部剛（はせべ　つよし）

関西大学文学部教授。専門は中国古典文学。
【主な著作】
『『隋書』音楽志訳注』（共著、和泉書院）
『中国詩跡事典』（共著、研文出版）
「囲繞林謙三『隋唐燕楽調研究』」（『楽府学』第９輯）
「内藤湖南的唐代文献研究簡介」（『唐代文学研究』第15輯）
「杜甫「兵車行」と古楽府」（『日本中国学会報』第57集）他

山寺三知（やまでら　みつとし）

國學院大學北海道短期大学部教授。専門は中国古代音楽文化史。
【主な著作】
『『隋書』音楽志訳注』（共著、和泉書院）
「琴の古楽譜「減字譜」を読む」（『楽は楽なりⅡ』好文出版）
「林謙三と郭沫若－『隋唐燕楽調研究』誕生秘話－」（『國學院雑誌』第117号第11号）
「『隋書』音楽志標点瑣議」（『黄鐘大呂』北京：文化芸術出版社）
翻訳：陳応時著「中国楽律研究の回顧と展望」（『國學院短期大学紀要』第25巻）他

林謙三『隋唐燕楽調研究』とその周辺

2017年３月20日　発行

編訳者　長谷部剛・山寺三知

発行所　関　西　大　学　出　版　部
〒564-8680 大阪府吹田市山手町3-3-35
電話 06-6368-1121　FAX 06-6389-5162

印刷所　協　和　印　刷　株　式　会　社
〒615-0052 京都市右京区西院清水町13

ISBN 978-4-87354-654-4　C3073　